lonely planet

Dubai & Abu Dhabi

Christabel Lobo, Hayley Skirka, Natasha Amar, Sarah Hedley Hymers

Yas Waterworld (S. 175), Abu Dhabi

INHALT

Reiseplanung

Abu Dhabi Falcon Hospital (S. 159)

Reiseziele Dubai

Reiseziele Abu Dhabi

Dubai Garden Glow (S. 68)

Praktisches

Storybook

Abra, Khor Dubai (S. 57)

WILLKOMMEN IN DUBAI & ABU DHABI

Die Vereinigten Arabischen Emirate (VAE) umfassen sieben Emirate, von denen sich zwei besonders hervortun. Ganz so wie Geschwister zeigen die Nachbarn Abu Dhabi und Dubai eine verblüffende Ähnlichkeit, mit gigantischen Skylines, turmhohen Dünen, schroffen Bergen und sonnigen Sandstränden. Ihr Ursprung geht auf dieselben beduinischen Nomad:innen und Perlentaucher:innen zurück, die von Erdölfunden angezogen wurden. Doch beide Länder schlugen ganz unterschiedliche Richtungen ein. Das konservativere Abu Dhabi hat sich verpflichtet, Kunst und Kultur zu erhalten und auszustellen. Es eröffnete das erste Louvre (S. 166) im Nahen Osten und weitere Museen von Weltklasse. Das hedonistische Dubai hat sich ganz der Zukunft (auch Thema des berühmtesten Museums des Landes) verschrieben. Celebritys geben sich die Türklinke in die Hand und es ist das Sujet von Reality-TV-Shows, alles mit ein- und demselben Ziel: zur populärsten Touristendestination der Welt zu avancieren. Heute verwirklichen die beiden Emirate weiter ihre Pläne und es ist der beste Zeitpunkt für einen Besuch.

Sarah Hedley Hymers

@hedleyhymers

Sarah ist TV-Moderatorin, Redakteurin und Autorin mit dem Spezialgebiet Reisen. Sie lebt seit über 15 Jahren in den VAE.

Mein Top-Erlebnis ist mit einer traditionellen hölzernen *abra* den Khor Dubai (S. 57) zu überqueren. Eine Fahrt in diesen Taxibooten mutet einer Zeitreise an.

LIEBLINGSPLÄTZE

Hier schlägt für unsere Autor:innen und Expert:innen das Herz von Dubai und Abu Dhabi.

MATTEO COLOMBO/GETTY IMAGES ©

Dubai ist eine der schillerndsten Städte der Welt mit jeder Menge einzigartiger Erlebnisse, von klassisch bis innovativ. Das Land hat sich mit seiner futuristischen Vision einen Namen gemacht und blickt auf eine lange Geschichte zurück, die man an Orten wie dem Bur Dubai Souk (Bild; S. 70) spüren kann.

Hayley Skirka

@hayleyscottie

Die Schottin Hayley lebt in den VAE und arbeitet als Autorin für Reiseliteratur.

KARIM SAHIB/AFP/GETTY IMAGES ©

In Abu Dhabi findet man an jeder Ecke das kulturelle Erbe der VAE. Die Kulturszene der Stadt ist phänomenal und für Naturliebhaber ist Abu Dhabi ein Traum, mit seinen Manroven, Parks und den Landschaften der Wüste und der Oasen in Liwa (Bild; S. 181).

Natasha Amar

@thebohochica

Natasha ist Schriftstellerin, Fotografin und Bloggerin und lebt in Dubai.

M7KK/SHUTTERSTOCK ©

Wer das Qasr Al Hosn (Bild; S. 130) betritt, erhält einen Einblick in die geschichtsträchtige Vergangenheit der VAE. Die Anlage umschließt die ältesten Steinstrukturen der Stadt, ein spektakuläres Zentralfundament im Bauhausstil, sowie Al Musallah, eine höhlenartige Gebetshalle, die zugleich als urbane Ruheoase dient.

Christabel Lobo

@whereschristabel

Christabel ist als freiberufliche Autorin zu den Themen Essen und Reisen sowie als Journalistin tätig und lebt in Abu Dhabi.

KUNST & SEELE

Jorge Marins Statue *Wings of Mexico* ist ein beliebtes Instagram-Motiv und berühmtes Beispiel der Freiluft-Kunstwerke in den VAE. Entlang der öffentlichen Kunstwege gibt's jede Menge aufstrebende Galerien. In Abu Dhabi konzentriert sich die Kunstszene auf Saadiyat Island und in Dubai auf das Industriegebiet Al Quoz. Kleinere Galerien, die sich an Investoren richten, befinden sich im Dubai International Financial Centre (DIFC) neben den Auktionshäusern Sotheby's und Christie's.

Kulturhauptstadt

Abu Dhabi ist auf dem besten Weg, die Kulturhauptstadt der VAE zu werden. Neben dem Louvre Abu Dhabi (Bild) wird es bald auch ein Guggenheim und ein Naturhistorisches Museum auf Saadiyat Island geben.

Ausstellungen in Dubai

Dubais beeindruckendste Kunst im Inneren und im Freien erkunden, von Skulpturenwegen in Downtown bis zu den Galerien im DIFC, in Al Jaddaf und in Al Quoz.

Kunstmesse

Die beste Reisezeit für Kunstbegeisterte ist während der Kunstmessen Art Dubai im März und Abu Dhabi Art im November (Bild).

Louvre Abu Dhabi (S. 166)

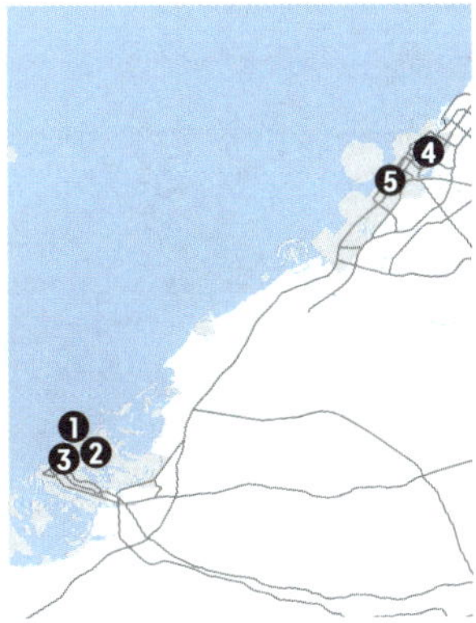

DIE BESTEN KUNSTERLEBNISSE

Die spektakuläre Architektur des ❶ **Louvre Abu Dhabi** (S. 166) sowie seine faszinierenden Ausstellungen über die Menschheitsgeschichte bewundern.

Werke aufstrebender lokaler Künstler:innen sowie internationale zeitgenössische Ausstellungen und Independent-Film-Vorführungen im ❷ **Manarat Al Saadiyat** erleben (S. 169).

Mehr über die Kultur der Emirate bei Präsentationen zeitgenössischer Kunst im Kunstzentrum ❸ **421** erfahren (S. 170).

Durch die angesagten Galerien des ❹ **Jameel Arts Centre** (S. 68) an der Al Jaddaf Waterfront schlendern, in dem es spannende Ausstellungen und das vom Guide Michelin mit einem Grünen Stern ausgezeichnete Restaurant Teible gibt.

Viele der besten Galerien Dubais befinden sich an der **Alserkal Avenue** (S. 97) in den umgewandelten Lagerhäusern in Al Quoz.

Fallschirmsprung über Palm Jumeirah (S. 107)

NERVEN-KITZEL PUR

Die rekordverdächtige Architektur in den VAE muss man aus jedem Blickwinkel bewundern. Dafür gibt's zahlreiche Möglichkeiten in atemberaubender Höhe, vom Schwimmen in Dachpools übers Fliegen an einer Zipline zwischen Wolkenkratzern hindurch bis hin zu einem Sprung aus einem Flugzeug. Die Frage ist nur, wie mutig man ist.

Ins Wasser springen

Nahezu senkrechte Rutschen aus schwindelerregender Höhe in Wasserparks und unter anderem der weltweit höchste Pool auf einem Dach, der über Palm Jumeirah thront.

Hinauf in die Höhe

Es gibt spektakuläre Aussichten aus durchsichtigen Tunneln, die um Glastürme herumführen, und von der Aussichtsplattform des höchsten Gebäudes der Welt.

DIE BESTEN ERLEBNISSE IN SCHWINDELERREGENDER HÖHE

Bahnen im spektakulären weltweit höchsten 360-Grad-Infinitypool ❶ **Aura Skypool** (S. 109) ziehen.

Gemeinsam mit einem Fallschirmlehrer von ❷ **SkyDive Dubai** (S. 107) bei einem Tandem-Fallschirmsprung über Palm Jumeirah fliegen.

Die weltweit längste Zipline in einer Stadt, ❸ **XLine Dubai** (S. 102), die auf einem Wolkenkratzer in Dubai Marina startet, hinuntersausen.

Sightseeing in luftiger Höhe von der Aussichtsplattform im 148. Stockwerk des ❹ **Burj Khalifa** (S. 78), dem höchsten Gebäude der Welt.

Die ❺ **Sky Slide** (S. 81), ein durchsichtiges Rohr vom Dach des Hotels Address Sky View, hinunterrutschen.

Kite Beach (S. 91)

STRAND AN STRAND

Da ganzjährig die Sonne scheint, sind die VAE eine sichere Bank für alle, die Sonne, Meer und Strand suchen. Das warme Salzwasser des Persischen Golfs ist ein Spielplatz für alle. Jetskifahrer:innen und Wakeboarder:innen schlängeln sich zwischen Bootspartys hindurch, die an auf Instagram beliebten Wahrzeichen am Ufer vorbeifahren. Und im Meer tummeln sich Meeresschildkröten, Rochen und ab und zu ein Walhai.

Barfuß im Sand

Auf dem Festland und den vielen Inseln gibt's kilometerlange Küsten mit wunderschönen öffentlichen und privaten Sandstränden.

Beach Clubs

Entlang der langen und malerischen Küste befinden sich jede Menge glamouröse Beach Clubs mit schicken Hütten, aufblasbaren Flamingos und coolen Cocktailbars.

DIE BESTEN STRANDERLEBNISSE

Zu ❶ **The Beach at JBR** (S. 111) gehören der weltweit größte aufblasbare Wasserpark sowie zahlreiche Restaurants und Umkleidekabinen.

Der ❷ **Kite Beach** (S. 91), benannt nach den zahlreichen Kitesurfenden im Wasser, ist perfekt für Wassersport und Morgenspaziergänge geeignet.

Im schicken ❸ **Summersalt Beach Club** (S. 114) des Jumreirah Al Naseem kann man tolle Urlaubsfotos vom Burj Al Arab machen.

Zum Angebot des ❹ **Saadiyat Beach Club** (S. 170) gehören Livemusik, eine Poolbar, Restaurants und ein Padel Court an dem nachhaltigen Strand.

Eine Partie Volleyball lockt an den entspannten ❺ **Yas Beach** (S. 175). Es gibt zahlreiche Wassersportaktivitäten und klimatisierte Hütten zu mieten.

WELLNESS-URLAUB

Hammams gibt's in nahezu jeder Wellnesseinrichtung in den VAE. In dampfenden marmorverkleideten Räumen wird man auf Platten gelegt und von Kopf bis Fuß abgeschrubbt. Danach folgt eine Massage mit immer verrückteren, luxuriöseren und exotischeren lokalen Produkten. Neben Spa-Erlebnissen auf höchstem Niveau findet man auch jede Menge Fitnesskurse, darunter Yogastunden auf der Aussichtsplattform des Burj Khalifa und kostenloses Zirkeltraining im Freien, das im Herbst im Rahmen der Dubai Fitness Challenge angeboten wird.

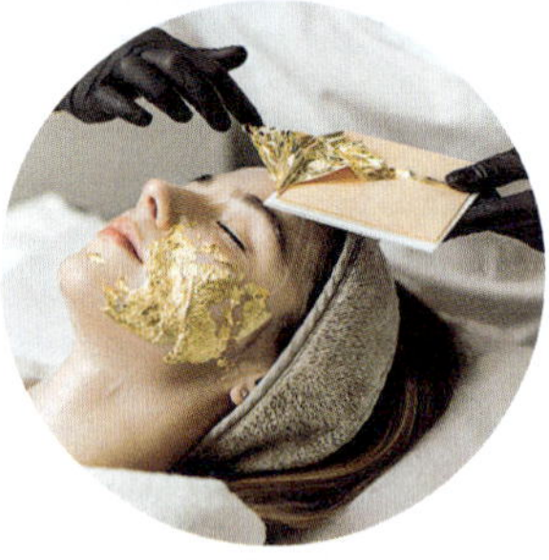

VON LINKS NACH RECHTS: LANABENDINA/SHUTTERSTOCK ©, ABIE DAVIES/SHUTTERSTOCK ©, CRISTINA BERNARDO/SHUTTERSTOCK ©

Hammam-Hype

Sind Gold und Diamanten gut für die Haut? Das kann man in den Spas der Fünf-Sterne-Hotels herausfinden, wo sie dekadenterweise bei Massagen verwendet werden.

Dubai Fitness Challenge

Ab Ende Oktober finden im Rahmen der 30-tägigen Dubai Fitness Challenge (Bild) zahlreiche Fitness-Events statt, darunter auch kostenlose Fitnesskurse. Unbedingt mitmachen!

Arabische Zutaten

In den Spas kommen Produkte aus der Region zum Einsatz, darunter Weihrauchöl bei der Aromatherapie, Wüstensand beim Peeling und reinigendes Rosenwasser als Hauttonikum.

Aura Skypool (S. 109)

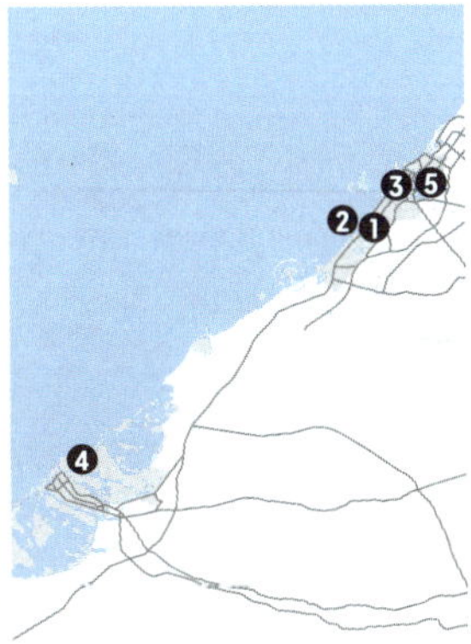

DIE BESTEN WELLNESS-ERLEBNISSE

Das herausragende Spa ❶ **Talise** (S. 101) bietet neben Thalassotherapie-Pools auch einwöchige Wellness-Programme an.

Einige Touristenattraktionen veranstalten immer wieder Pop-up-Yogastunden, am ❷ **Aura Skypool** (S. 109) finden zum Beispiel sehr beliebte Yogastunden im Winter statt.

Im Wellnesszentrum ❸ **Seva** (S. 96) gibt's ein veganes Café, Wellnessprodukte zu kaufen und es werden Meditations- und Heilsitzungen veranstaltet.

Im St. Regis Hotel auf Saadiyat Island kann man sich im ❹ **Iridium Spa** (S. 171) ein Royal Hammam mit einer Maske aus Honig und Gelée royale gönnen.

Im ❺ **Palazzo Versace** (S. 101) wird eine Diamond und Gold Royal Hammam Journey angeboten, die eine Massage mit Öl, das mit echten polierten Diamanten versetzt ist, beinhaltet!

Dubai Miracle Garden (S. 87)

AB IN DEN PARK

Die VAE sind für ihre Wüsten und Strände bekannt, aber das warme und schöne Land hat noch mehr zu bieten. Zwischen den Dünen und der Küste liegt eine Fülle von überraschenden Parks und Gärten. Manche werden von Einheimischen besucht, die joggen, ihre Hunde Gassi führen oder bei einem Milchkaffee plaudern, andere ziehen Busladungen von Tagesausflüglern an.

Üppige Gärten

Gärten gibt's in den VAE in allen Formen und Größen, aber der Dubai Miracle Garden hat mit seinen rekordverdächtigen Blumenskulpturen und Schmetterlingspavillons neue Maßstäbe gesetzt.

Öffentliche Anlagen

Die Mischung aus städtischen und küstennahen Parks bietet öffentliche Plätze zum Entspannen, Picknicken und für Veranstaltungen, von Food Festivals bis hin zu Modeschauen.

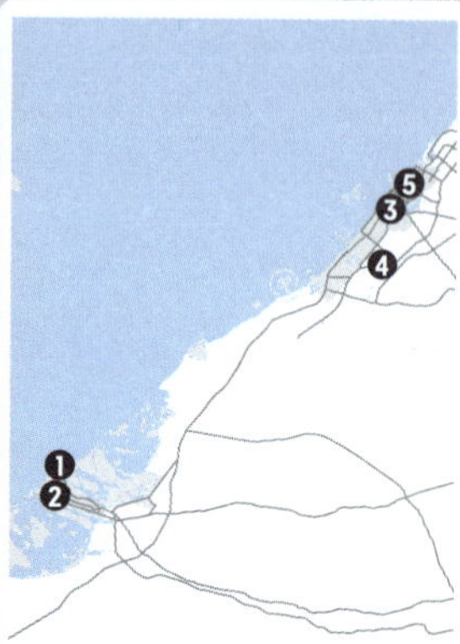

DIE BESTEN ERLEBNISSE IM GRÜNEN

Eine Pause im malerischen ❶ **Lake Park** (S. 134) mit seinem von gepflegten Rasenflächen umgebenen 15 m hohen Brunnen an Abu Dhabis Corniche einlegen.

Im benachbarten ❷ **Formal Park** (S. 134), um den eine Laufbahn führt, kann man kostenlos auf dem Fitnesspfad trainieren.

Im ❸ **Burj Park** (S. 82) gibt's im Schatten des Burj Khalifa die Dubai Fountain-Shows und Pop-up-Events zu bestaunen.

Neben dem Dubai Miracle Garden befindet sich der ❹ **Butterfly Garden** (S. 87), in dem man zwischen mehr als 15 000 Schmetterlingen umherwandern kann.

Optische Illusionen im Magic Park und lebensgroße elektronisch gesteuerte Dinosaurier im Dino Park sowie leuchtende Blumeninstallationen im ❺ **Dubai Garden Glow** (S. 68) bestaunen.

Yas Links (S. 178)

GROSS-ARTIGE NATUR

Die VAE sind für ihre Wolkenkratzer berühmt, verfügen aber auch über riesige Flächen, die dem Schutz der Tierwelt gewidmet sind und in denen man die Natur genießen und jede Menge Spaß haben kann. Vom Kajakfahren durch Mangroven bis zu einem Flug in einem Heißluftballon über die Dünen hat die Region viel zu bieten. Seit der Pandemie werden Mountainbiken und Golf immer beliebter.

Wüstensafaris

Wer nur Zeit für einen Ausflug hat, sollte eine Wüstensafari machen, die in der Regel Dünen-Bashing, Kamelreiten, Henna-Tattoos und ein Abendessen umfasst.

Hohe Berge

Im Hajar-Gebirge, dem höchsten in den VAE, befindet sich der Hatta Wadi Hub, ein Abenteuerspielplatz mit Zorbing und Seilrutschen sowie Übernachtungsmöglichkeiten.

DIE BESTEN OUTDOOR-ERLEBNISSE

Eine 30-minütige Wanderung vom ❶ **Hatta Wadi Hub** (S. 186) zum an das Hollywood-Zeichen erinnernden Hatta-Zeichen in den Bergen unternehmen.

Auf luxuriöse Wüstensafari mit ❷ **Platinum Heritage** (S. 101) gehen, mit der Option, in alten Jeeps zu fahren.

Mit dem Kajak durch Mangrovenwälder im ❸ **Eastern Mangrove National Park** (S. 159) paddeln, einem Hotspot für Biodiversität.

Wilde Oryx und Gazellen im ❹ **Al Marmoom Desert Conservation Reserve** (S. 122) beobachten, das 10 % der Fläche von Dubai umfasst.

Wie ein Profi eine Runde Golf auf dem ❺ **Yas Links** (S. 178) spielen, dem einzigen echten Links Course im Nahen Osten.

THEMEN-PARKS

In Abu Dhabi gibt's auf Yas Island jede Menge Themenparks für Adrenalinjunkies: Ferrari World Abu Dhabi, Yas Waterworld und Warner Bros. World Abu Dhabi bieten jede Menge Attraktionen. In Dubai erstrecken sich die Vergnügungsparks von Downtown Dubai bis Jebel Ali, mit einer ähnlichen Mischung aus Indoor- und Outdoor-Angeboten, von IMG Worlds of Adventure bis Dubai Parks and Resorts, einem Themenpark-Trio mit einer Neon Galaxy.

Rekordbrechende Fahrgeschäfte

Die VAE wollen unbedingt Rekorde brechen und bieten Fahrten mit den höchsten, schnellsten und furchterregendsten Fahrgeschäften der Welt.

Coole Wasserparks

Wem es zu heiß wird, kann sich in einem der vielen Wasserparks abkühlen. Yas Waterworld (oben), Aquaventure und Wild Wadi sind einfach großartig.

Virtual Reality

Arena Games und Play DXB bieten die besten VR-Abenteuer. Mit einem VR-Motorrad durch eine Fantasiewelt fahren oder Zombies in einer erweiterten Realität jagen.

VON LINKS NACH RECHTS: KRITSANA LAROQUE/SHUTTERSTOCK ©, VLADIMIR ZHOGA/SHUTTERSTOCK ©, KIEVVICTOR/SHUTTERSTOCK ©

Atlantis Aquaventure-Wasserpark (S. 112)

DIE BESTEN THEMENPARKS

In der ❶ **Ferrari World** (S. 176) beschleunigt man in der Formula Rossa (Bild ganz links), der schnellsten Achterbahn der Welt, von 0 auf 240 km/h in unter fünf Sekunden.

Aquaventures fast senkrechte Rutsche ❷ **Blackout** (S. 108) soll noch furchterregender als die „Leap of Faith" sein.

Legoland, Legoland Water Park, Motiongate und Neon Galaxy Indoor Playworld sind Teil des Freizeitpark-Viertels ❸ **Dubai Parks and Resorts** (S. 119).

❹ **Das Global Village** (S. 86) ist eine eigene Welt mit Stuntshows, Fahrgeschäften und länderbezogenen Pavillons, in denen Getränke und Souvenirs verkauft werden.

Mit einem Headset auf der Achterbahn durch verwüstete Landschaften im ❺ **Play DXB** (S. 82), der weltweit größten überdachten Virtual-Reality-Zone, fahren.

MIT KINDERN

Die familienorientierten Emiratis haben eines der kinderfreundlichsten Reiseziele der Welt geschaffen, das Kinder mit aufregenden Themenparks, Abenteuerspielplätzen und hochmodernen Attraktionen verwöhnt. Die Hotels kümmern sich um die Kleinen mit lustigen Angeboten und maßgeschneiderten Dienstleistungen wie Kinder-Spa-Behandlungen und kleinen Check-in-Schaltern. Wegen der erschwinglichen Kinderbetreuung, der attraktiven Kinderclubs und der familienfreundlichen Restaurants ist es nicht verwunderlich, dass so viele Kinder wiederkommen wollen.

Spielplätze

In Einkaufszentren und Parks, an Stränden und an Spazierwegen gibt's überall ausgewiesene Spielbereiche für Kinder. Dubais 19 m lange Stahlrutsche Downtown Slide (Bild) ist nur ein tolles Beispiel.

Kinder im Mittelpunkt

Kleine Reisende haben die Qual der Wahl, denn es gibt zahlreiche Attraktionen, die nur ihnen gewidmet sind, von den KidZania-„Edutainment"-Zentren (Bild) bis zum Kindermuseum.

Sommercamps

Während der Schulferien bieten einige auf Kinder ausgerichtete Attraktionen wie Play DXB und Ski Dubai Sommercamps an, die die Kinder den ganzen Tag über beschäftigen.

Candylicious (S. 85)

DIE BESTEN ERLEBNISSE FÜR KINDER

Schneehänge in der Skihalle ❶ **Ski Dubai** (S. 91) hinuntersausen.

Sich für Rollenspiele bei ❷ **KidZania** (S. 86), einer surrealen Miniaturwelt, verkleiden.

Im Indoor-Regenwald ❸ **Green Planet** (S. 83), in dem Faultiere, Ameisenbären und Gürteltiere leben, mehr über die Tierwelt erfahren und in einem Zelt übernachten.

Im ❹ **Candylicious** (S. 85), dem größten Süßwarenkaufhaus im Nahen Osten, mehr als 5500 verschiedene Süßigkeiten probieren.

Im ❺ **Kindermuseum** (S. 167) im Louvre Abu Dhabi in immersiven Ausstellungen in andere Welten eintauchen.

FREE

KOSTENLOS

Die VAE haben den Ruf, wahnsinnig teuer zu sein, und das können sie auch sein, aber man kann das Land auch mit einem geringen Budget bereisen. Einige der beliebtesten Attraktionen sind sogar kostenlos, von der herrlichen Großen Scheich-Zayid-Moschee bis hin zu dem „tanzenden“ Dubai Fountain, das Tourist:innen zu Tränen rührt. Man kann in erschwinglichen Restaurants wie dem beliebten Ravi's essen.

Religiöse Begegnungen

Um die Toleranz gegenüber allen Religionen zu fördern, bieten einige Moscheen wie die Jumeirah-Moschee (S. 95; Bild) kostenlose Führungen an, und man kann sogar eine Synagoge und eine Kirche besuchen.

Brunnen & Denkmäler

Im Zentrum von öffentlichen Flächen stehen Wasserspiele und spektakuläre Denkmäler wie das Founder's Memorial (Bild).

Strände mit wenig Geld besuchen

In den VAE gibt's kilometerlange Strandabschnitte mit kostenlosen Toiletten, Umkleideräumen und Duschen sowie Open-Air-Fitnessstudios und Laufbahnen.

Dubai Fountain (S. 79)

DIE BESTEN GRATISATTRAKTIONEN

Den ❶ **Dubai Fountain** (S. 79) am Burj Khalifa bewundern, der von 18 bis 23 Uhr alle 30 Minuten zu Musik und Lichtern tanzt.

Die ❷ **Große Scheich-Zayid-Moschee** (S. 156), das Wahrzeichen der VAE, auf einer kostenlosen Führung besichtigen.

Toleranz aller Glaubensrichtungen: Bei einer kostenlosen Führung an einem Tag eine Kirche, eine Moschee und eine Synagoge im Komplex ❸ **Abrahamic Family House** (S. 165) besichtigen.

Das ❹ **Founder's Memorial** (links; S. 139), ein 3-D-Porträt des Gründers der VAE, ist nach Einbruch der Dunkelheit am spektakulärsten.

Entspannte Tage an ❺ **kostenlosen Stränden** erleben, darunter der Corniche Beach (S. 144) und The Beach at JBR (S. 111), die mit Duschen und Umkleiden ausgestattet sind.

GUT VERSTECKT

In den VAE gibt's eine Vielzahl von versteckten Attraktionen, nicht nur den Honeybee Garden in Hatta. Nachdem man alle bekannten Sehenswürdigkeiten abgeklappert hat, sollte man sich den weniger bekannten Juwelen des Landes widmen. Abseits der ausgetretenen Pfade gibt's malerische Seen, Arthouse-Theaterproduktionen und schöne Geschäfte in Containerparks und Outletcentern am Stadtrand. Die Abende kann man in versteckten Boutique-Hotels voller arabischer Geschichte verbringen.

Underground-Kunstszene

Die spannende kleine Galerie im XVA Art Hotel oder das gemütliche Programmkino Cinema Akil an der Alserkal Avenue (Bild), das mit alten Kinosesseln ausgestattet ist, bieten zahlreiche kulturelle Angebote.

Schnäppchenjagd

In der Dubai Outlet Mall und im Outlet Village (Bild) kann man Schnäppchen bei Modemarken wie Birkenstock, Coach, Mango und Tommy Hilfiger ergattern.

Unnatürliche Wunder

Von akribisch gepflegten Parks bis hin zu eindrucksvoll angelegten Seen in allen Formen und Größen findet man überall versteckte Oasen.

XVA Art Hotel (S. 66)

DIE BESTEN VERSTECKTEN ERLEBNISSE

Im ❶ **XVA Art Hotel** (S. 66), das um einen historischen Innenhof herum liegt, übernachten.

Mehr über die Bienenhaltung im ❷ **Hatta Honeybee Garden** (S. 188), dem ersten Honigbienengarten der VAE, erfahren.

Mit den Kindern die ❸ **Children's City** (S. 52) in Deiras oft übersehenem Unterhaltungszentrum mit Planetarium, Park und Bücherei besuchen.

An den im Al Marmoom Desert Conservation Reserve angelegten ❹ **Al Qudra Lakes** (S. 122) picknicken. Einer ist sogar herzförmig.

Preisgünstige Sonnenbrillen von Burberry oder Oakley bei Al Jaber Optical im ❺ **Outlet Village** (S. 121) kaufen.

Perfekte Tage in Dubai

Von traditionellen Windturmhäusern bis zum höchsten Turm auf Erden: Man kann Dubais geschichtenreiche Vergangenheit und seine futuristische Gegenwart in einigen Tagen erkunden und sich dazu noch Zeit für preisgekröntes Essen nehmen.

Wasserfall in der Dubai Mall (S. 39)

TAG 1

Bur Dubai

Beginne den Tag in den Straßen des **Historischen Viertels Al Fahidi** (S. 66), einem Labyrinth staubiger Gassen, gesäumt mit traditionellen Windturmhäusern. Als Residenzen für Aristokraten errichtet, beheimaten sie heute Museen, Hotels und Cafés. Im **Kaffeemuseum** (S. 72) kannst du lokale Genussgewohnheiten kennenlernen.

Mittagessen Verkoste vegane Delikatessen im traditionellen Innenhof des **XVA Cafe** (S. 66).

Bur Dubai

Schlendere über den **Textil-** und den **Gewürzsouk** (S. 51), beide perfekt für Souvenirs. Der Ausflug macht noch mehr Spaß, wenn du den **Dubai Creek** (S. 57) im Abra überquerst: Die hölzernen Taxiboote sind eine beliebte Attraktion Dubais. Am späten Nachmittag geht's weiter nach Downtown, um die 828 m des **Burj Khalifa** (S. 78) zu bestaunen. Bleib dort bis etwa 18.00 Uhr, dann beginnt die erste der Nachtvorstellungen des **Dubai Fountain** (S. 79), die halbstündlich bis 23.00 Uhr vorgeführt werden.

Abendessen Bei **Thiptara** (S. 85) genießt du neben authentischer thailändischer Küche auch einen hervorragenden Blick auf den Dubai Fountain.

Downtown Dubai & Business Bay

Erlebe eine Vorführung in der **Dubai Opera** (S. 80), mache dich auf zu einem Nachteinkaufserlebnis in der **Dubai Mall** (S. 38) oder besuche den Brachiosaurus im Grand Atrium.

TAG 2

Dubai Marina & Palm Jumeirah

Los geht's am Morgen, bevor es voll wird, an **The Beach at JBR** (S. 111). Duschen und Umkleidekabinen sind gebührenfrei nutzbar. Zu viel Energie? Nimm es mit dem **AquaFun** (S. 111) auf, einem aufblasbaren Hindernisparcour vor der Küste. Er ist schwieriger, als er anmutet!

Mittagessen Schnapp dir einen trendigen Burger und mach ein paar schicke Fotos im **Bounty Beets** (S. 31).

Dubai Marina & Palm Jumeirah

Nach dem Essen geht's zum nahegelegenen Wasserpark **Jungle Bay** (S. 109) innerhalb des Le Meridien Mina Seyah-Komplexes. Der Name trügt jedoch: Der hübsche Wasserpark erinnert eher an Santorin als an den Urwald. Weiter geht's zur **Nakheel Mall** (S. 104) auf Palm Jumeirah, in der sich schicke Shops, der Depachika-Gastrobereich, ein Kino und ein Trampolinpark befinden. Die Sonnenuntergänge genießt man am besten im **Aura Skypool** (S. 109), einem 360 Grad-Infinitypool ganze fünfzig Etagen über der Mall.

Abendessen Erlebe ein erstklassiges, Michelin-prämiertes indisches Menü im **Trèsind Studio** (S. 115).

Dubai Marina & Palm Jumeirah

Feiere die Nacht im gleichen Gebäude durch, zum Beispiel in der Cocktailbar **Soho Garden Palm Jumeirah** (S. 104) oder im **Palm West Beach** (S. 105), wo es in der Bar auf dem Dach bis in die frühen Morgenstunden rundgeht.

TAG 3

Jumeirah

Läute den Tag mit einem Spaziergang am **Kite Beach** (S. 91) ein. Er ist bekannt für Kitesurfing, Tennis, Beach-Volleyball und Selfies mit dem Burj Al Arab drauf.

Mittagessen Als Nicht-Hotelgast führt der beste Weg in den **Burj Al Arab** (S. 92) durchs Restaurant. Je nach Laune empfehlen sich das eher lockere **Sal** und, wer's lieber gehoben mag, das **Al Muntaha** (S. 92).

Jumeirah

Suche Zuflucht vor der Hitze auf einer Führung durch die **Jumeirah-Moschee** (S. 95), die Samstag bis Donnerstag jeweils um 14.00 Uhr angeboten wird. Das andere Wahrzeichen Jumeirahs ist das prinzipiengetreu restaurierte **Union House** (S. 94), wo Vertreter der Stammesverbände 1971 die Erklärung zur Gründung der VAE unterzeichneten. Der Ort ist an dem großen Flaggenmast zu erkennen, während das nagelneue **Etihad Museum** (S. 94) nebenan die Geschichte der Emirate erzählt.

Abendessen Bei **Orfali Bros** (S. 42), benannt nach den syrischen Brüdern, die es betreiben, kann man Spezialitäten des Nahen Ostens kosten.

Al Quoz

Nach dem Essen geht's zum Künstlerviertel bei der **Alserkal Avenue** (S. 97), ein Hort für Galerien, Concept Stores und Hipster-Bars. Schau, ob es Late Night-Ausstellungen oder -Vorführungen gibt.

Perfekte Tage in Abu Dhabi

Schlendere durch die Kapitel der reichen Geschichte Abu Dhabis, erkunde seine kulinarische Tradition und entdecke die Top-Shopping-Spots mit unseren Routen, die alle Highlights abklappern.

Radfahren, Corniche Beach (S. 144)

TAG 1

Große Scheich-Zayid-Moschee & Umgebung

Bewundere die Marmorkuppeln und Goldminarette der **Großen Scheich-Zayid-Moschee** (S. 156) auf einer kostenlosen Führung, angemessene Kleidung erwünscht. Die Arkaden im Freien werden von über 1000 Säulen voller Blumenverzierungen aus Amethyst, Lapis Lazuli, Achat, Perlmutt und Abalone getragen. Eine zehnminütige Autofahrt entfernt befindet sich der **Eastern Mangrove National Park** (S. 159), wo ihr durch die Gezeitenwälder voller Krebse, Schildkröten und Reiher kajaken könnt.

Mittagessen Emiratische Küche bei **Al Mrzab** (S. 155) genießen.

Yas Island & Umgebung

Danach könnt ihr beim Marsch durch das gigantische **Louvre Abu Dhabi** (S. 166) ein paar Kalorien abschütteln. Das Gebäude selbst ist nicht weniger eindrucksvoll als die Kunst darin. Dann geht's zum Vergnügungspark **Ferrari World Abu Dhabi** (S. 176), wo die schnellste Achterbahn der Welt wartet!

Abendessen Maki-Rollen, Dim Sum und Robatayaki gibt's beim exotischen **Asia Asia** (S. 177) auf Yas Island.

Yas Island & Umgebung

Schau nach Veranstaltungen in der **Etihad Arena** (S. 177). Von *Hamilton* bis Maroon 5, den Backstreet Boys und Sting wird hier alles geboten. Alternativ könnt ihr den Abend im preisgekrönten **Café del Mar** (S. 177) ausklingen lassen.

TAG 2

Downtown Abu Dhabi

Beginne den Tag mit einer Erkundungstour des 8 km langen **Corniche Beach** (S. 144), inklusive Radstrecke und Promenade. Der kostenlose A'l Bahar-Strand am Westende beheimatet den Aqua-Dhabi-Wasserpark. Man kann dort Liegen, Kajaks und Tretboote mieten.

Mittagessen Auf zum Conrad Abu Dhabi Etihad Towers, wo das **Li Beirut** (S. 143) libanesische Küche bereitet.

Breakwater & Umgebung

Der Präsidentenpalast **Qasr Al Watan** (S. 140), bietet ein dramatisches Wirrwarr arabesker Torbögen, Kuppeln und wohlgepflegter Gärten. Auf einer Führung erfährst du von den diplomatischen Beziehungen der VAE, deren Erbe und Toleranzkultur. Zum Sonnenuntergang geht's auf zum **Founder's Memorial*** (S. 139). Das spektakuläre 3D-Porträt von Scheich Zayid bin Sultan Al Nahyan, Gründervater der VAE, wird ihm zu Ehren jeden Abend beleuchtet.

Abendessen Beim **Patron Meat House** (S. 143) am A'l Bahar Beach kommt sogar Kamel auf den Grill.

Breakwater & Corniche

Am Schluss könnt ihr noch durch das prächtige **Emirates Palace Mandarin Oriental** (S. 144) wandern, ein Hotel, das von Filmstars und Würdenträgern aufgesucht wird, und versuchen, die 1002 Kristallkronleuchter zu zählen. Privatführungen werden angeboten. Zurück in Corniche endet die Nacht mit einem Absacker in der locker-schicken West Bay Lounge.

TAG 3

Downtown Abu Dhabi

Blättere zu vergangenen Kapiteln im **Qasr Al Hosn** (S. 130), zugleich Palast und Festung und seit 2018 Museum. Ein Wachturm von 1793 (Abu Dhabis ältestes Gebäude) wird dort neben Möbeln und Kleidung ausgestellt, die den Besuchern helfen, sich das Leben der Herrscherfamilie vorzustellen. Die **Cultural Foundation** (S. 131) direkt gegenüber hat sich der Wertschätzung emiratischer Kunst verschrieben.

Mittagessen Koste den Lieblingskebap oder -shawarma der Gegend bei **Bait El Khetyar** (S. 134).

Al Mina & Saadiyat Island

Schieße atmosphärische Bilder der hölzernen Dau-Boote am **Mina Zayed** (S. 168) und erlebe das rege Treiben der kunterbunten **Mina Markets** (S. 168). Danach geht's zum **Dattelmarkt**, um ein paar Souvenirs aus lokalem Anbau zu kaufen, dann zum **Teppichsouk** auf der Mina Road.

Abendessen Den frischen Fang des Tages genießt man am besten mit libanesischem Wein beim **Em Sherif Cafe** (S. 149).

Al Maryah Island

Schlendere durch die Marmorgänge der **Galleria Al Maryah Island** (S. 148) mit ihren Designerboutiquen und schaue dir dort den neusten Film im Kino an. Danach lohnt sich ein Spaziergang auf der 5,4 km langen **Al Maryah Island Promenade** (S. 146).

BESTE REISEZEIT

Mildere Temperaturen in den teuren und überfüllten Wintermonaten genießen oder preisgünstiger im Sommer schwitzen.

Von November bis April ist Hauptsaison. Die Temperaturen sinken auf ein angenehmes Niveau, und es finden alle großen Outdoor-Sportereignisse sowie Food- und Kunstmessen statt. Einheimische und Urlauber:innen faulenzen am Wasser, machen lange Strandspaziergänge und genießen den Sonnenuntergang in Rooftop-Cocktailbars.

An Weihnachten und Silvester ist am meisten los, wenn Weihnachtsbrunchs und Feuerwerke Reisende in Scharen anlocken. Es ist auch die ideale Zeit, um in den Bergen zu wandern oder in der Wüste zu zelten.

Ab Mai steigen die Temperaturen wieder. Einige Rooftop-Bars und Beach Clubs sind zwar im Sommer geschlossen, aber Freizeitparks, Museen und Einkaufszentren bieten klimatisierte Zufluchtsorte.

Das Steigen & Fallen der Hotelpreise

Die Hotelpreise gehen je nach Wetter rauf oder runter. Je höher die Temperatur, desto niedriger die Kosten für die Unterkunft. Die besten Angebote gibt's im Juli und August.

LOCAL TIPP

ESSEN IM SOMMER

Foodbloggerin **Courtney Brandt** genießt die größere Verfügbarkeit von Tischen in Restaurants und den geringeren Verkehr im Sommer @_courtneybrandt_

Dubai im Sommer ist viel besser, als man denkt! Als langjährige Einwohnerin der Stadt freue ich mich auf die weniger hektischen Sommermonate. Während viele Restaurants in Europa im August schließen, findet man in Dubai leichter einen Tisch. Ich bekomme überall einen und kann meine immer länger werdende Liste mit zu besuchenden Restaurants ohne lästiges Anstehen abhaken.

LINKS: CRISTIANO BARNI/SHUTTERSTOCK © RECHTS: ALEXEY STIOP/SHUTTERSTOCK ©

Abu Dhabi Grand Prix

SELTENER REGEN

Man sollte nicht überrascht sein, wenn man Einheimische sieht, die den Regen genießen. Regen ist eine Seltenheit, auch wenn er jedes Jahr zwischen Dezember und März auftaucht. Bei Regen sollte man die Straßen meiden, da fehlende Entwässerungssysteme zu Überschwemmungen führen können.

Das Wetter im Laufe des Jahres

JANUAR	FEBRUAR	MÄRZ	APRIL	MAI	JUNI
ø-Temp. Max: **21 °C**	ø-Temp. Max: **22 °C**	ø-Temp. Max: **25 °C**	ø-Temp. Max: **29 °C**	ø-Temp. Max: **33 °C**	ø-Temp. Max: **35 °C**
Regentage: **6**	Regentage: **4**	Regentage: **6**	Regentage: **2**	Regentage: **0**	Regentage: **0**

SANDSTÜRME

Wenn der Winter in den Frühling übergeht und die Temperaturen im Sommer steigen, können starke Winde Sandstürme verursachen. Die Stürme bringen nicht nur Sand, sondern auch Schadstoffe mit sich, also lieber im Haus bleiben, falls ein Sturm aufzieht.

Religiöse Feste

Die Daten der Feiertage richten sich nach dem **Ramadan**, der sich jedes Jahr um 10 oder 11 Tage nach vorne verschiebt, je nach Sichtung des Mondes und dem muslimischen Kalender. Während des gesamten Heiligen Monats fasten die Muslime tagsüber, und es werden bestimmte Regeln eingehalten. Es ist verboten, in der Öffentlichkeit zu essen, Wasser zu trinken oder Kaugummi zu kauen. Die Öffnungszeiten der Restaurants und Bars sind kürzer. Nach Sonnenuntergang bieten Hotels *iftar*-Büfetts mit Datteln, arabischen Meze und gebratenem Fleisch wie Lamm-*ouzi* an.

Eid al Fitr, „das Fest des Fastenbrechens", dauert zwei bis drei Tage und markiert den Endpunkt des Ramadan.

Ein zweites, etwas längeres Fest, **Eid Al Adha**, „das Opferfest", findet ein paar Monate später statt. Hotels sind weiterhin geöffnet, aber Unternehmen und Behörden schließen über die Feiertage.

LOCAL TIPP

WINTERWANDERN

Wenn die Temperaturen fallen, erklimmt die Fotografin und begeisterte Wanderin **Ausra Osipaviciute** die herrlichen Berge der VAE. @theroadreel

Wenn es im Rest der Welt schneit, ist der Winter in den VAE die perfekte Zeit für Wanderungen im Hajar-Gebirge. Einige meiner liebsten gut markierten Wanderwege mit unterschiedlichen Schwierigkeitsgraden beginnen in Hatta. Für eine anspruchsvollere Route fahre ich zum Jebel Hafeet in Al Ain in Abu Dhabi. Die bienenkorbförmigen Gräber auf dem Jebel Hafeet sind 5000 Jahre alt.

Hajar-Gebirge (S. 185)

Sportveranstaltungen

Der ehemalige Gewinner Rory McIlroy ist nur eine der Golflegenden, die bereits am Golfturnier **Dubai Desert Classic European Tour** teilgenommen haben, das auf dem sonnenverwöhnten grünen Rasen des Majlis-Kurs im Emirates Golf Club stattfindet. **Januar**

Serena und Venus Williams, Novak Djokovic, Rafael Nadal und Roger Federer haben schon alle bei den **Dubai Duty Free Tennis Championships** teilgenommen. **Februar–März**

Beim höchstdotierten Pferderennen der Welt, dem **Dubai World Cup**, werden gerne Hüte getragen. Bevor die Pferde um die Preisgelder von 12 Mio. US$ rennen, wird noch der Preis für das beste Outfit verliehen. **März**

Der spektakuläre **Abu Dhabi Grand Prix** findet jedes Jahr statt. Die beeindruckende Rennstrecke auf Yas Island verläuft teilweise durch das W Hotel und am Jachthafen voller riesiger Boote, auf denen After-Partys stattfinden, vorbei. **November**

KÜHLE HÖHEN

Wenn die Temperaturen steigen, flüchten viele Einheimische in die Berge. Die Temperatur auf dem Jebel Jais in Ras Al Khaimah, dem höchsten Berg der VAE, kann bis zu 10 °C kühler sein als auf Meereshöhe.

JULI	AUGUST	SEPTEMBER	OKTOBER	NOVEMBER	DEZEMBER
ø-Temp. Max: **37 °C**	ø-Temp. Max: **37 °C**	ø-Temp. Max: **35 °C**	ø-Temp. Max: **32 °C**	ø-Temp. Max: **27 °C**	ø-Temp. Max: **23 °C**
Regentage: **0**	Regentage: **0**	Regentage: **0**	Regentage: **0**	Regentage: **1**	Regentage: **4**

Palace Downtown (S. 39), Dubai

BESTENS VORBEREITET AUF DUBAI & ABU DHABI

Nützliches zum Vorbereiten und Einstimmen.

Kleidung

Bequeme Schuhe sind für die riesigen Einkaufszentren sehr zu empfehlen. Im Winter sollte man sogar Wanderschuhe einpacken, um die majestätischen Berge zu erkunden.

Hüte und Sonnenbrillen Es gibt selten graue Tage in dem sonnenverwöhnten Wüstenstaat.

Mehrere Lagen Die Außentemperaturen können von ca. 20 °C auf mehr als das Doppelte ansteigen, aber im Inneren gibt es fast überall Klimaanlagen. Innenräume werden auf bis zu 17 °C heruntergekühlt. Also eine leichte Jacke oder zumindest eine Strickjacke einpacken, auch im Sommer.

Zurückhaltende Kleidung Die multikulturelle Gesellschaft in den VAE ist im Großen und Ganzen von Toleranz geprägt, aber Expats und Tourist:innen sind Gäste in einem Land, in dem zurückhaltende Kleidung als ein Zeichen des Respekts gilt. Badebekleidung und andere freizügige Kleidungsstücke sollte man nur am Strand und nicht auf der Straße tragen.

Etikette

Unzüchtiges Verhalten ist eine Straftat. Unhöfliche Gesten und aggressives Fluchen können einen in ernsthafte Schwierigkeiten bringen.

Niemanden ohne seine Einwilligung fotografieren. Das Veröffentlichen von Bildern anderer in den sozialen Medien ohne deren Einwilligung ist eine Straftat.

Keine öffentlichen Zuneigungsbekundungen. Öffentliche Zuneigungsbekundungen wie Küssen oder Anfassen ist nicht erlaubt, egal ob man heterosexuell, homosexuell, verheiratet ist oder nur herumalbert.

LESEN

Arabian Sands (Wilfred Thesiger; 1959) Die Reise eines Entdeckers durch das „Leere Viertel" der Arabischen Halbinsel in den 1940er-Jahren.

Vom Wüstensand zum Reichtum (Mohammed Al-Fahim; 1995) Aufstieg vom barfüßigen Beduinen zum wohlhabenden Bürger der Emirate.

The Sand Fish: A Novel from Dubai (Maha Gargash; 2009) Interessante Memoiren über die epische Wandlung des Landes.

Rigged (Ben Mezrich; 2007) Die „größtenteils wahre Geschichte" eines Wall-Street-Brokers, der den Ölhandel der Region mit aufbaute.

Sprechen

Man sollte in jeder Sprache höflich sein. Mit 200 verschiedenen Nationalitäten, die in den VAE leben, trifft man auf Einheimische, die ebenso Tagalog wie Arabisch sprechen. Im Gastgewerbe arbeitende Menschen können beeindruckend gut zwischen mehreren Sprachen wechseln, aber Englisch ist die gängigste Sprache. Straßenschilder, Geschäftsnamen und Speisekarten gibt es meist auf Englisch. Wer sich auf Arabisch verständigen möchte, kann mit ein paar Wörtern und Sätzen schnell das Eis brechen.

„As salam alaykum" ist eine Begrüßungsformel, die „Friede sei mit dir" bedeutet. Dies wird mit „*Wa alaykum as-salaam*" – „Friede sei auch mit dir"– beantwortet. „*Salam*" bedeutet „Frieden", und bei einer zwanglosen Begegnung kann man zur Begrüßung oder Verabschiedung auch nur *salam* sagen. **„Ahlan"** ist ebenfalls eine Grußformel.

„Inshallah" bedeutet „so Gott will" und steht auch für „hoffentlich". Bei der Absicherung einer Information kann es auch als Bekundung von Frust verwendet werden. „Wird der Bus pünktlich kommen?" kann z.B. mit „*Inshallah*" beantwortet werden.

„Yalla!" kann verschiedene Bedeutungen haben. Es kann „los geht's!, „Beeilung", „komm schon" oder „alles klar!" bedeuten.

„Habibti" folgt häufig auf „*yalla*", was die Dringlichkeit mit einem Kosewort abschwächt, und „Liebling" oder „mein Schatz" bedeutet.

„Shukran" wird informell und formell in allen Arabisch sprechenden Ländern benutzt und bedeutet „Danke".

ANSCHAUEN

Mission: Impossible – Phantom Protokoll (Brad Bird; 2011) Agent Ethan Hunt am Burj Khalifa (Bild).

City of Life (Ali F Mostafa; 2009) Aufeinandertreffen dreier Bewohner Dubais: ein indischer Taxifahrer, eine rumänische Flugbegleiterin und ein reicher Araber.

Star Wars: Das Erwachen der Macht (JJ Abrams; 2015) In einer weit fernen Galaxie schwebt der Planet Jakku, der teilweise von der Wüste Rub al-Khali dargestellt wird.

Dubai Bling (Netflix; 2022) Reality-TV-Serie über den luxuriösen Lebensstil von Dubais erfolgreichsten Influencer:innen.

REINHÖREN

Deep Fried Eine Podcast-Serie von Frying Pan Adventures, Dubais beliebtestem Food-Tour-Unternehmen mit Tipps zu den besten Köstlichkeiten.

Afternoons with Helen Farmer, Radioshow und Podcast über das Leben in den VAE mit Experten, die Tipps zu tollen Aktivitäten liefern.

Inspiring UAE Women Ein Podcast über Vorreiterinnen in der Geschäftswelt der VAE.

The People of Dubai Die Podcasterinnen Annie und Hollie interviewen die normalen Menschen in Dubai und liefern interessante Einblicke in die Emirate.

OBEN RECHTS: AXEL MEL/SHUTTERSTOCK ©; UNTEN RECHTS: ARABIANEYE FZ LLC/ALAMY STOCK PHOTO ©

Lamm „Ouzi"

ESSEN GEHEN

Die vielseitige Gastronomielandschaft der VAE erzählt die Geschichten der Menschen aus 200 Nationen, die hier leben.

Wer beim Reisen den Geschmacksknospen folgt, sollte sich in den VAE zwei Ziele nicht entgehen lassen: Eine Michelin-prämierte Lokalität und **Ravi's**: Diese authentische und doch günstige pakistanische Restaurantkette serviert auf seinen Plastik-Tischdecken schon seit den 1970er-Jahren Curry für Emiratis und Expats, Arme und Reiche. Das Aushängeschild dieser im Familienbesitz befindlichen Institution liegt in Al Satwa, wo ihr auch günstige und hübsche philippinische Lokale findet, die mit Adobo und Pancit den Geschmack Ostasiens an den Persischen Golf bringen.

Multiethnische Speisen aus den mitgebrachten Erinnerungen ansässiger Diasporas findet man in den Straßen von Bur Dhabi, auch genannt Alt-Dubai, Al Karama und Deira, nördlich des Dubai Creek. In Abu Dhabi empfiehlt sich der Nachtmarkt in Madinat Zayed und die kleinen Cafés in Al Khalidiya, welche indisches Paratha-Fladenbrot und *karak*-Tee reichen.

In den Fünf-Sterne-Hotels findet man die vom Guide Michelin ausgezeichneten Restaurants, die von Syrisch bis Portugiesisch eine Mischung von allem auftischen.

Emiratische Küche

Bei einer so großen Auswahl internationaler Kochkunst kann man die lokale Küche schnell mal vergessen. Das sollte man aber nicht! **Al Fanar**, das landesweit Lokale betreibt, serviert Gerichte in traditioneller Umgebung. Einige der Süßspeisen-Rezepte stammen von der Mutter des Besitzers.

Leckere Gerichte aus den Emiraten

CHEBAB
Fluffige Pfannkuchen, ertränkt in Dattelsirup.

RIGAG-BROT
Eine dünne und knusprige Crêpe, meist mit Käse-Dreiecken serviert.

DANGO
Simple, aber köstliche Beilage aus Kichererbsen, die mit roten Chilis gekocht wurden.

MACHBOOS
Die emiratische Version von Biriyani, also Gewürzreis mit Fisch oder Fleisch.

Die emiratische Küche ist stark von umliegenden Ländern, Diasporas und lokalen Zutaten beeinflusst, darunter Datteln, Gewürze, Ziege, Lamm, Kamelmilch und Rotflecken-Zackenbarsch. Wer sich vegan ernährt, kommt vielleicht zu kurz: Abseits von speziell veganen indischen Restaurants gelten einige Lokale als veganerfreundlich, servieren jedoch oft auch Fleisch und Fisch.

Deftige emiratische Gerichte werden mit der Gewürzmischung *baharat* geschärft, das lokale Äquivalent zu indischem Masala, von dem jede Mutter hier ihr Geheimrezept hat. Klassische Gerichte beinhalten fast immer Datteln, ob gebacken, püriert oder als Sirup. Halal-Essen gibt es überall, Schwein jedoch weniger, denn dafür benötigen Restaurants genauso wie für Alkoholausschank eine Lizenz. Sei nicht überrascht, wenn du am Frühstücksbüfett auf Rinderspeck und Hähnchenwurst stößt!

Dinnerclubs

In Dubai gibt es neben den Restaurants einen wachsenden Trend hin zu Dinnerclubs. Alles begann mit A Story of Food, ein Etablissement mit Fokus auf Ramen, betrieben von der Nudelkönigin Neha Mishra, die später ihr eigenes japanisches Restaurant Kinoya (S. 43) eröffnete. Mit **Hawkerboi** folgte ein weiterer Dinnerclub, welcher in der JLT-Nachbarschaft in Dubai modernes asiatisches Street Food serviert. Angeregt von diesen Erfolgsgeschichten erwuchsen in dem Land weitere Dinnerclubs, vom **Haus of Vo**, in dem ‚Madame Vo', inspiriert von ihren deutschen und asiatischen Wurzeln, Neun-Gänge-Menüs zubereitet, bis hin zu **Girl and the Goose**, in dem die nicaraguanische Autodidaktin Gabriela Chamorro mit ihrer Kochkunst beglückt. Tische kann man per Instagram-Nachricht reservieren (@hausofvo, bzw. @girl.and.the.goose).

Al Fanar

BESTE VEGANE RESTAURANTS

Avatara (avatara.ae) In diesem vegetarischen, Michelin-prämierten Lokal bietet Rahul Rana ein gehobenes indisches Dinnererlebnis (S. 115).

XVA Cafe (xvahotel.com/cafe) Bewundert die hauseigene Kunstgalerie bei einem farbenfrohen 'Creek Salad' mit Melone, Minze und Schafskäse oder 'XVA Thali', einem Kichererbsencurry (S. 66).

Bounty Beets (bountybeets.com) Schmause einen veganen Burger, Avocado-Toast und Açai-Bowls in diesem Insta-reifen Café (S. 109) mit seinen geflügelten Wandmalereien voller Pfauen.

Wild & the Moon (wildandthemoon.ae) Alles in diesem Restaurant, das sich auf Rohkost fokussiert, ist vegan, bis hin zu den Tacos, den Orangenblütenpfannkuchen und dem geradezu göttlichen Goldenen Kurkuma-Latte.

Raw Place (therawplace.com) Vegane Powerbowls, Superfood-Suppen, Nussmilch und Bio-Säfte, im Café serviert oder direkt an die Zimmertür geliefert.

Luqaimat

LAMM „OUZI"
Die Lammteile, traditionell von Beduinen in Sandgruben geschmort, sind fester Bestandteil der lokalen Küche.

KAMELMILCH-EISCREME
Reichhaltiger und cremiger als normales Eis, wegen des hohen Fettgehalts der Milch.

OM ALI
Sagenhaftes Dessert mit Pistazien und Kokos, einst zur Feier des Todes der Herrscherin Schadschar ad-Durr zubereitet.

LUQAIMAT
Leichte und schwammige, frittierte Teigbällchen, beträufelt mit Dattelsirup.

Siddharta Lounge by Buddha Bar (S. 178)

AN DER THEKE

Was auch immer du am liebsten trinkst – Bier, Wein oder Sprudelndes aus aller Welt, heiße Schokolade oder belebender Kaffee: In den Emiraten bleibt keine Kehle trocken.

Modische Nachtclubs teilen sich eine Postleitzahl mit bierlustigen Sportbars und chronisch-hippen Coffeeshops: Ganz egal, worauf du fliegt, irgendwo in den Emiraten ist ein Barhocker für dich frei.

Viele Reisende im Land fragen sich, ob sie dort überhaupt Alkohol konsumieren dürfen. Die Antwort lautet: Ja. Mit Ausnahme von Schardscha darf Alkohol an Besucher über 21 in lizenzierten Hotels, Restaurants, Bars und Clubs ausgeschenkt werden. In verschiedenen Geschäften in Dubai können Reisende auch eine temporäre Alkohollizenz von den behördlichen Verkaufsstellen A&E und MMI kaufen. Mit einer solchen ist der Genuss von Alkohol im privaten Umfeld gestattet. Da viele der Expat-Communitys auf Alkohol verzichten, stehen auch heiße Schokolade und Kaffee hoch im Kurs. In den Malls (in denen Alkoholverbot herrscht) findet ihr eine Schwemme an Schokoexperten und Märsche durch die Einkaufszentren finden oft mit einer Tasse der geschmolzenen Schokolade in der Hand statt. Als arabisches Nationalgetränk ist natürlich auch Kaffee überall verfügbar.

Kaffeegesellschaft

Mit Blick auf die kaffeegetränkte Geschichte und das Museum, das dem Stoff gewidmet ist, ist es kein Wunder, dass es in den VAE so viele kleine und besondere Coffeeshops gibt. Einige der weltweit beliebtesten Arabica-Bohnen, darunter Jamaica Blue Mountain und Geisha, findet man im Mokha 1450

Lonely Planets Lieblingsbars

SIDDHARTA LOUNGE BY BUDDHA BAR
Mediterran-asiatische Knabbereien und schicke Cockails mit Blick auf Yas Bay (S. 178).

LOCK, STOCK & BARREL
Happy Hour mal vier bietet diese fotogene Kette (S. 178).

LOCA UAE
Fühle die Fiesta in diesem Bar-Restaurant mit Zapfhähnen am Tisch (S. 92).

in Jumeirah in Dubai, geradezu ein Tempel für Kaffeegläubige.

Dubais alteingesessene Rösterei, die Raw Coffee Company in Al Quoz, bezieht ihren besten Arabica-Kaffee von Farmen im ‚Bohnen-Gürtel', der Gegend zwischen den Tropen 1000 m über dem Meeresspiegel, und beliefert lokale Cafés, verkauft diesen aber auch selbst in der Tasse und der Tüte.

Themen-Coffeeshops kommen gerade in Mode. Wer Benzin im Blut hat, sollte den Gang in Richtung des Café Rider in Al Quoz oder DRVN Coffee (S. 161) in Abu Dhabi einlegen, wo man sein Heißgetränk im Beisein von Boliden genießen kann.

Sparsam genießen

Beim Alkoholtrinken können lange Öffnungszeiten und hohe Preise ein Loch ins Budget reißen. Daher ist es weise, Angebote auszunutzen. Happy Hours sind generell zwischen 16 Uhr und 17 Uhr, Lady's Nights können immer stattfinden, genaue Infos sucht man am besten online.

Club-Nation

Das Nachtleben der VAE ist wild und lebendig. Dubai-Veteranen können ein Lied von langen Nächten im Rock Bottom singen – der Club im Ramee Rose Hotel, der keinem etwas vormacht. In den 1990ern als einer der ersten Clubs Dubais eröffnet, sind die Nächte dort noch heute lang und laut, auch wenn heute dort statt Rock eher R&B läuft.

Am anderen Ende der Fahnenstange ist das Penthouse Dubai im Five Palm Jumeirah das Bild eines protzigen Rooftop-Clubs, in dem Kellner sich mit diamantbesetzten Champagnerflaschen durch die Menge winden.

Das White Abu Dhabi in Yas Bay ist ein Mega-Hightech-Club mit Podiumtänzerinnen. Freitag ist Lady's Night und Eintritt plus drei Drinks kostet nur 100 Dhs.Uhr

***Gahwa* (Arabischer Kaffee)**

WISSENSWERTES

Öffnungszeiten
Öffnungszeiten variieren stark, viele Bars sind von 09 Uhr bis 03 Uhr geöffnet. Nachtclubs schließen meist um 04 Uhr.

Preise
Einfuhrsteuern und Aufschläge auf Alkohol sind hoch. Außerhalb der Angebotszeiten (wie Happy Hours und Lady's nights) sollte man mit gut 40 Dhs für ein Glas Bier oder Wein rechnen. Für ein Glas Champagner können mehr als 100 Dhs fällig werden.

Alkoholgesetze
Alkoholregeln variieren zwischen den Emiraten. Es ist ein Straftatbestand, in der Öffentlichkeit zu trinken oder betrunken zu sein. In privaten, lizenzierten Umfeldern kann Alkohol von Personen ab 21 konsumiert werden, außer in Schardscha, wo ein generelles Alkoholverbot herrscht.

FOLLY
Ein Must-see in Madinat Jumeirah, bekannt für seine Prosecco-Eis-Cocktails (S. 115).

ABOVE ELEVEN
Rooftop-Bar in West Beach mit Palmen und Tanz-Shows (S. 115).

ATTIKO DUBAI
Das Kronjuwel des W Dubai Mina Seyahi. Schicke Cocktails garantiert (S. 115).

IRISH VILLAGE
Einfach das echte Irish Pub. Hier gibt's Stimmung und Livemusik.

GOLDEN LION
Deine Gelegenheit, ein Pint auf der Queen Elizabeth II zu schlürfen! (S. 73).

Dubai Desert Classic

SHOWTIME

Von der Jachtparty der Reichen und Schönen während des Grand Prix bis zum reichsten Pferderennen der Welt: In den VAE strotzt jedes Event nur so von Pomp und Trara. Zwar gibt es bei jeder Veranstaltung Standard-Tickets, nur mit einem VIP-Paket ist man aber erst so richtig an Bord – und zwar in der Regel an Bord einer Privatjacht.

Die Unterhaltungswelt von Abu Dhabi kreist um die Etihad Arena und den Etihad Park auf Yas Island, wo ein maßloses Programm aus Sportveranstaltungen, Stand-up-Comedy, Konzerten und Shows geboten wird. Die Bühnen von Dubai sind über das Emirat verteilt und zeigen eine vielseitige Mischung aus Vorstellungen, von der Akrobatikshow La Perle by Dragone bis zu Motivationscoaches wie Tony Robbins in der Coco-Cola Arena am City Walk.

Sportveranstaltungen

Die VAE sind ein Hort für Zuschauersport. Trendsetter aus aller Herren Länder machen sich zu den weltberühmten Events auf in Richtung VAE. Zu diesen gehören die Dubai Duty Free Tennis Championships, die Golfturniere Dubai Desert Classic und DP World Tour Championship sowie die Abu Dhabi Showdown Week, bei der Ultimate Fighting Championship-Wettkämpfe ausgetragen werden.

Die Emirates Airline Dubai Rugby Sevens ist das Event der Wahl für Kontaktsportfans. Zu den Events für den großen Geldbeutel (während deren für eine Penthouse-Suite schon mal eine fünfstellige Dirham-Summe fällig werden kann) gehören der Abu Dhabi Grand Prix am letzten Wochenende im November und der Dubai World Cup Ende März, das weltweit reichste Pferderennen, bei denen die hochkarätigsten Vollblüter der Welt über einen 12 Millionen-Dollar-Preis entscheiden.

Comedy & Konzerte

In der Coca-Cola Arena in Dubai und der Etihad Arena in Abu Dhabi trifft man auf Comedians, die sich überraschend weit unter die Gürtellinie wagen. Auch bei der Musik hat schon alles, was Rang und Namen hat, den Boden emiratischer Bühnen berührt: Beyoncé, Coldplay, Jennifer Lopez, Robbie Williams und Lady Gaga sind hier keine Fremden. Superstars treten oft bei Sportevents auf, besonders dem Grand Prix oder dem Dubai World Cup. Für die Gäste heißt das also: Zwei zum Preis von einem.

Theater

Von ausgezeichneten Musicals wie *Hamilton* und *Westside Story* bis *Disney on Ice* schaffen große Produktionen es in der Regel in die Etihad Arena und die Dubai Opera. Auch kleinere Aufführungen gibt es, Dinner-plus-Show-Events kommen gerade in Mode.

LONELY PLANETS TOP...

Dinner-plus-Show-Ereignisse

Billionaire Dubai (billionairesociety.com/dubai) Dieses gehobene Cabaret im Hotel Taj Dubai in Business Bay hat Ableger in Italien und Monaco und ist bekannt für seine hohe Prominentendichte.

Dream (dreamdxb.com) Choreo und Musik im Las Vegas-Stil sorgen im Address Beach Resort an der Dubai Marina dafür, dass die Grenze zwischen Fantasie und Realität verschwimmt.

Krasota (krasota.art) Mit Kochkunst von Vladimir Mukhin, Bühnenbild von Boris Zarkov und Kunst von Anton Nenashev ist dieses Restaurant im Address Downtown ein echter Hit.

Sublimotion Dubai (mandarinoriental.com/en/dubai/jumeira-beach) Erweiterte Realität spielt eine Rolle bei diesem alle Sinne ergreifenden, saisonalen Event im Mandarin Oriental Jumeira.

Tabū (tabudubai.com) In diesem Restaurant im St Regis Hotel Downtown Dubai gibt's Shows von Tanzen bis Sumo-Ringen!

UNTERHALTUNG IN DEN STADTVIERTELN

Al Habtoor City	Wenn du nicht gerade in einem der drei Hotels in Al Habtoor City schläfst, kommst du vielleicht nicht direkt dort vorbei. Allerdings wäre es eine Schande, die spektakuläre Wassertheaterproduktion *La Perle* by Dragone zu verpassen. Franco Dragone hat schon mit dem Cirque du Soleil zusammengearbeitet.
Al Quoz	Das Industriegebiet von Dubai wurde von der Künstlercommunity umgebaut. Zwischen den Galerien gibt's das Cinema Akil-Programmkino und das kleine Courtyard Playhouse, welches Impro-Shows und Liveübertragungen aus dem National Theatre in London zeigt.
Al Wasl	Neben der Coca-Cola Arena mit ihren 17 000 Sitzen gibt's am City Walk auch eine Menge Bars und Restaurants, in denen man mit seiner Reisebegleitung noch ein Getränk vor der Show einnehmen kann.
Downtown Dubai & Business Bay	Neben der Dubai Opera steigt am Dubai Fountain zwischen 18 Uhr und 23 Uhr alle 30 Minuten ein Wasserspektakel. Das Publikum ist gebannt, wenn die Laser und Wasserkanonen zu den Balladen von Whitney Houston und Andrea Bocelli gen Himmel zielen. In dieser Nachbarschaft findet man auch die besten Dinner-plus-Show-Events der Stadt.
Yas Island & Umgebung	Neben der Etihad Arena finden auch im Yas Marina Circuit Vorführungen statt. Die Yasalam After-Race-Konzerte dort sind legendär.

LINKS: ZHUKOV OLEG/SHUTTERSTOCK ©, RECHTS: HEMIS/ALAMY STOCK PHOTO ©

Goldsouk in Dubai (S. 50)

SCHATZSUCHE

Shopping ist Nationalsport in den VAE. Allein in Abu Dhabi gibt es 25 Malls und 3500 Händler. Zu den größten Malls der Hauptstadt gehört die Yas Mall, auf deren 230 000 m² über 400 Marken zu finden sind, sowie die Al Wahda Mall (die nach dem lokalen Fußballclub benannt ist, dessen Stadion direkt nebenan ist), mit 310 000 m² und über 350 Läden.

Im nahegelegenen Dubai ist die Mall of the Emirates vermutlich am besten für ihre Indoor-Skihalle bekannt, aber auch für ihre 500 Geschäfte. Im Schatten des rekordhohen Burj Khalifa befindet sich mit doppelt so vielen Geschäften die weltberühmte Dubai Mall – inklusive Indoor-Eislaufbahn.

Offen gesagt werden viele Menschen kleine Malls weniger anstrengend finden, wie die Abu Dhabi Mall mit ihren knapp 200 Geschäften oder die Dubai Marina Mall mit unter 120. Selbst vergleichsweise kleine Einkaufszentren wie diese haben jedoch Extras wie Kinos und Restaurants.

Abseits der Malls locken Souks besonders die, die auf der Suche nach einem authentischen arabischen Einkaufserlebnis sind.

Der Reiz der Souks

Besuche einen arabischen Souk für frische Zutaten, Schmuck, Düfte, *oud*-Räuchergefäße, und Textilien, von Abayas (die Gewänder, die viele emiratische Frauen tragen) bis hin zu Kissen im *madschli*-Stil.

Die beliebtesten Souks von Dubai – der Gold-, Gewürz-, Textil-, sowie der Al Seef Heritage Souk – besetzen beide Seiten des Deira Creek, man kann sie also alle an einem Tag erleben. Die Bootsanlegestellen der traditionellen *abra* säumen die Flussufer, man kann für nur 1 Dhs ans jeweils andere Ufer gelangen.

Die Souks in der Hauptstadt liegen weniger eng beisammen. Zu ihnen gehören moderne Versionen von Märkten wie der Souk an der World Trade Center Mall, sowie traditionellere Souks in Al Ain, eine 90-minütige Fahrt von der Stadt entfernt.

Shopping Festivals

Es gibt ganze Festivals in den VAE, die der Schnäppchenjagd gewidmet sind. Die **Summer Shopping Season** von Abu Dhabi und die **Dubai Summer Surprises** wurden ins Leben gerufen, um Shoppingbegeisterte Tourist:innen auch in den heißeren Monaten mit klimatisierten Malls, Tombolas und saftigen Rabatten ins Land zu locken. Darauf folgt das **Dubai Shopping Festival** von Dezember bis Januar, mit Gelegenheiten für Weihnachtseinkäufe und Sales zum Jahresende. Begleitet werden die Festivals von einem Unterhaltungsprogramm für Kinder. Nicht erschrecken, wenn dir in den Malls lebensgroße Zeichentrickfiguren über den Weg laufen.

Arabische Souvenirs

Aus gutem Grund wird Dubai auch Stadt des Goldes genannt, denn das Handelsvolumen des Metalls ist hier groß. Eins der beliebtesten Souvenirs ist eine personalisierte Goldkette mit dem Namen des Besitzers auf Arabisch. Man bekommt sie beim Goldsouk oder im Gold & Diamond Park, oder im Madinat Zayed Gold Centre (S. 133) in Abu Dhabi.

Arabische Parfüme und Räuchermittel sind sehr stark. Auf den Souks wird demonstriert, wie man die Räuchergefäße verwendet. Als Mitbringsel kauft man am besten Datteln und arabischen Kaffee (auch gut in Kombination) oder Kamelmilchprodukte wie Schokolade oder Seife.

LONELY PLANET'S TOP...

Unabhängige Geschäfte

Lighthouse Teils Café, teils Concept Store, und voll mit trendigen Souvenirs.

Sneaker District Schuhwerk von Adidas bis Nike macht ‚Sneaker-Freaks' glücklich.

Sauce Beliebte Modekette aus den VAE, betreibt Boutiquen in Dubai und Abu Dhabi.

Mirzam Chocolate Makers Riegel, Bonbons und Trüffel mit arabischen Aromen.

Edit Oo La Lab Mische deinen ganz eigenen Duft in der Alserkal Avenue.

Odd Piece Dubais Fundgrube originaler und restaurierter Antikmöbel.

Flip Side Schallplatten jeden Genres und DJ-Workshops.

Comptoir 102 Hipster-Boutique, die Mode und Einrichtungsgegenstände verkauft, mit Café im Haus.

Sauce (S. 85), Dubai

SHOPPING IN DEN STADTVIERTELN

Stadtviertel	
Downtown Dubai & Business Bay	Die Dubai Mall bildet mit den Souks von Al Bahar eine überwältigende Auswahl an Geschäften.
Jumeirah	Die Mall of the Emirates dominiert Al Barsha mit einer schwindelerregenden Menge an Mode- und Einrichtungsgeschäften.
Al Quoz	Die Lagerhäuser in der Alserkal Avenue, einst ein bescheidenes Industriegebiet in Dubai, wurden zu Galerien und Boutiquen umfunktioniert, die alles von Kunst bis Kimonos verkaufen.
Al Zahiya, Al Maryah Island & Al Reem Island	Die noble Galleria Mall ist das Shoppingjuwel von Al Maryah Island, hier kann man bei Hermès oder Zadig & Voltaire fündig werden, und dabei einen trendigen Kaffee schlürfen.
Al Mina & Saadiyat Island	Die Märkte rund um Mina Zayed, der Hafen in Abu Dhabi, der nach dem Gründervater der VAE benannt ist, sind der Ort für frische Produkte, zum Beispiel lokal angebaute Datteln.

SYLVAIN SONNET/GETTY IMAGES ©

Dubai Aquarium & Underwater Zoo (S. 79)

WIE... In der Dubai Mall zurechtfinden

Die Dubai Mall ist eins der größten Einkaufszentren der Welt. Sich dort zu orientieren kann sich überwältigend anfühlen und es ist unmöglich, alles an einem Tag zu sehen. Mit genug Vorbereitung kann man jedoch Fallstricken aus dem Weg gehen und den perfekten Einkaufstag für sich planen.

Anfahrt

Die Mall im Herzen von Downtown Dubai ist Sonntag bis Dienstag von 10 Uhr bis 23 Uhr und Mittwoch bis Samstag jeweils bis Mitternacht. Es gibt ausgewiesene Taxistellen zum Aus- und Einsteigen. Nur an diesen dürfen Taxis halten, versuch also nicht, von irgendeinem Ausgang aus eines herzuwinken. Die nächstgelegene Straßenbahnhaltestelle heißt Burj Khalifa/Dubai Mall, und die Mall liegt über die klimatisierte Metro Link-Bridge fünf Gehminuten entfernt.

Plane voraus

Trage gemütliche Schuhe und nimm reichlich Wasser mit. Teil dir die Laufzeit durch häufige Trinkpausen ein oder besuche das Reel Cinema. Nimm dir nicht zu viel vor, sondern setze Prioritäten: Welche Läden und Attraktionen sind dir am wichtigsten? Eine vollständige Liste und eine interaktive Karte der Mall findest du auf thedubaimall.com oder in der Dubai Mall-App. In der Mall gibt es kostenfreies WLAN, du kannst aber auch eine Papierkarte von einem der acht Infostände schnappen, die über die Mall verstreut sind.

Shop-Auswahl

Es gibt über 1200 Geschäfte, die von Nobel bis Casual alles bieten, ganz egal ob Mode, Accessoires, Kosmetik und Pflege, Essen und

MANIEREN!

Mall-Etikette wird hier großgeschrieben. Security-Leuten steht es frei, Besuchern eine Warnung auszusprechen, wenn diese die kulturellen und/oder religiösen Grenzen übertreten. Verzichtet in der Öffentlichkeit auf Zuneigungsbekundungen. Händchen halten ist in Ordnung, aber Küsse sind keine gute Idee. Man sollte angemessen gekleidet sein. Bikinis gehören an den Strand. Eng geschnittene oder durchsichtige Kleidung oder Kleidung mit tiefem Ausschnitt werden an diesem Ort nicht gerne gesehen.

Trinken, Einrichtungsgegenstände, Elektronik und Spielzeug. Die meisten Besucher verbringen gerne viel Zeit mit Schaufensterbummel bei den High-end-Boutiquen, von Cartier bis Christian Louboutin.

Wichtigste Attraktionen

Tauche im **Dubai Aquarium & Underwater Zoo**, fahr Schlittschuh im **Dubai Ice Rink** oder lass dich im **Hysteria**, einem Erlebnis-Spukhaus, erschrecken, fahre eine 3D-Achterbahn oder lass die Kleinen im KidZania spielen, einer Miniaturwelt mit Fokus auf Rollenspiele. Egal, was du tust, verpasse auf keinen Fall den Dubai Fountain (S. 79) in Aktion. Die Shows mit Wasser, Licht und Musik finden jeden Tag halbstündlich zwischen 18 Uhr und 23 Uhr statt.

Bestes Essen

Die 200 Restaurants und Stände mit Essen können die Auswahl erheblich erschweren. In den Imbissbereichen findet man die üblichen Ketten, aber mit so etwas muss man sich nicht abgeben.

Luxuriös, todschick und köstlich: Der französische Teeraum **Angelina** ist die Anlaufstelle für Kuchen. Jedoch werden in dem unfassbar hübschen Restaurant auch einige herzhafte Gerichte serviert, von Steak bis Garnelenrisotto.

Galeries Lafayette Le Gourmet ist ein Spezialitätengeschäft, aufgebaut wie ein altmodischer europäischer Supermarkt, mitsamt einem Essbereich mit Häppchen. Hier findet man auch die **Izu Bakery**, die der bekannten Gastronomin Izu Ani gehört.

Eataly ist ein Restaurant und Geschäft zugleich, das eine Vielzahl italienischer Premium-Güter unter einem Dach verkauft.

Raus aus der Mall und einmal die Promenade entlang, gelangt man zum Al Bahar-Souk, wo sich der **Time Out Market Dubai** befindet. Hier erhält man eine Kollektion der feinsten lokalen Restaurants. Probier doch mal die Pizza mit dem luftigen Rand bei **Pitfire**, die turmhohen Burger und Chicken Tenders mit scharfer Soße nach Geheimrezept bei **Pickl**, oder Reif Othman's Wagyu-Sandwich.

Übernachten

Sollte Shopping der Grund deiner Reise sein, buche am besten ein Zimmer in der Mall.

Das **Address Dubai Mall** ist ein mit Schaukästen voll Designer-Gegenständen dekoriertes Hotel. Die Designer-Gegenstände sind selbstverständlich käuflich. Es gibt dort einen Spa-Bereich, ein Fitnessstudio, eine Club-Lounge und einige Restaurants. Die Poolbar **Cabana** ist der perfekte Ort für einen Absacker im Freien mit mediterranen Snacks, selbst, wenn du kein Hotelgast bist. Das Hotel erreichst du von der Mall aus zu Fuß, indem du den Zugangskorridor bei Bloomingdale's hinuntergehst.

Das **Palace Downtown** ist verbunden mit dem Al Bahar-Souk, ein Einkaufszentrum im *madinat*-Stil, nur einen Steinwurf von der Mall entfernt. Zu den Essgelegenheiten gehört das romantische Thai-Restaurant **Thiptara**, von dem aus man einen perfekten Blick auf den Dubai Fountain hat. Im Spa-Bereich des Hotels gibt's Hammams, Dampfräume, Whirlpools und Monsunduschen, außerdem gibt es einen Infinitypool im Außenbereich, wo man auch auf trendige Hüttchen mit Blick auf den Burj Khalifa trifft.

BESTE ATTRAKTIONEN DER DUBAI MALL

Infinity Des Lumières Dubai Ein 2700 m² großer Ausstellungsraum, der 130 Projektoren, 58 Lautsprecher und 3000 Bewegtbilder umfasst. Dieses immersive Kunsterlebnis erweckt Werke der bekanntesten Künstlerinnen und Künstler der Geschichte zum Leben, von Van Gogh bis Kandinsky.

Hysteria Diese „Spuk-Attraktion" lädt seine Gäste ein, durch seine spärlich beleuchteten Korridore zu wandern, wo Geister und Gespenster auf einen lauern. Obwohl es natürlich nur Schauspieler sind, kommt man wohl kaum ohne Schrecken davon.

Dubai Mall Waterfall Dieser 24 m hohe, von dem Architekten Toh Sze Chong erschaffene Wasserfall zeigt Fiberglas-Statuen, die mit dem Kopf voraus in das rauschende Wasser springen. Es soll an die Perlentaucher aus den frühen Tagen der Region erinnern.

LINKS: HORST FRIEDRICHS/ALAMY STOCK PHOTO ©; RECHTS: QUENTIN BARGATE/ALAMY STOCK PHOTO ©

Zuma (S. 42)

REISEPLANUNG

DINIEREN IN DEN VAE

Die VAE erleben gerade eine kulinarische Revolution – und alle sind dazu eingeladen. Die Restaurantszene hat sich in den letzten Jahren mit den renommiertesten Auszeichnungen und bei internationalen Gourmets in Szene gesetzt. All jene, die wegen des Essens kommen, werden überwältigt sein von den Köstlichkeiten, die heutzutage aufgetafelt werden. Am besten schon mal den Gurt weiter schnallen!

Im Glanz der Michelin-Sterne

Mit der Herausgabe des ersten Dubai-Guides im Mai 2022 feierte Michelin sein Debüt im Nahen Osten. 2023 zählte die zweite Ausgabe drei Zwei-Sterne und 11 Ein-Stern-Restaurants. Und schon im November 2022 erschien der Guide Michelin Abu Dhabi, der drei Restaurants einen Stern zuschrieb.

Zur selben Zeit entstand eine erste regionale Liste der World's 50 Best Restaurants, die Middle East and North Africa's 50 Best Restaurants, in der die VAE mit 18 Einträgen dominieren. Diese Auszeichnung sowie die neu gewonnenen Michelin-Sterne ließen die VAE in den kulinarischen Rängen von Welt aufsteigen. So lockte die Restaurantszene immer mehr Talente an, die wiederum die Entwicklung vorantrieben. Kurzum: Noch nie hat man so gut gespeist in den VAE wie heute.

Für Furore ist gesorgt

Die kulinarische Szene des Landes entwickelt sich stetig weiter. Während man gerade noch seinen Aperitif bestellt, öffnet womöglich gerade ein neues Restaurant in den VAE seine Pforten. Zu den bevorstehenden Neueröffnungen, die gerade Furore machen, zählt **StreetXO** von Dabiz Muñoz in Dubais neuem Stadtresort One&Only One Za'abeel. Im Alter von 33 Jahren erzielte Muñoz' Madrider Restaurant DiverXO drei Michelin-Sterne, sodass alle Augen auf sein erstes Vorhaben im Nahen Osten gerichtet sind.

BERÜHMTE KÖCHE IN DEN VAE

Gordon Ramsay Eine Kostprobe von Ramsays Künsten erwartet dich im Bread Street Kitchen im Atlantis, The Palm, und im Hell's Kitchen im Caesar's Palace Dubai.

Heston Blumenthal Hestons Ableger in Dubai verbuchte innerhalb weniger Monate nach seiner Eröffnung schon einen Michelin-Stern.

Jason Atherton Das City Social Restaurant im Zeichen von Jason Atherton bietet auf drei Stockwerten des Grosvenor House Küche ersten Ranges.

José Avillez Portugals berühmtester Chefkoch brachte die Gerichte aus seinem Michelin-Haus in Lissabon ins Tasca im Mandarin Oriental Jumeira.

Massimo Bottura Massimo wird als bester Koch der Welt gehandelt und serviert im Torno Subito klassische Pasta und Pizza.

Weitere angesehene Chefköch:innen, die ihre Lokalitäten im neuen One&Only One Za'abeel vorstellen, sind Anne-Sophie Pic, bekannt für ihr Drei-Sterne-Etablissement Pic in Valence, Frankreich; TV-Chefkoch Mehmet Gürs, dessen Mikla in Istanbul seit 2015 auf der Liste der World's 50 Best Restaurants rangiert; und Paco Morales, der Mann hinter dem Zwei-Sterne-Haus Noor in Cordoba.

In Atlantis, The Palm, hat **Studio Frantzén** den Platz des ehemaligen Nobu übernommen. Während hier à la carte diniert wird, soll das **FZN** (in Anlehnung an Frantzéns Nachname) gehobene Degustationsmenüs im neuen Mezzanin oberhalb des Studios auftischen. Björn Frantzéns gleichnamiges Vorzeigelokal ist das einzige in Stockholm, das drei Michelin-Sterne zählt und auf der Liste der World's 50 Best Restaurants steht. Den Foodies läuft bereits das Wasser im Mund zusammen.

Im Hotel Marina's Grosvenor House in Dubai machte Jason Atherton das Restaurant **City Social** und die Kneipe **7 Tales** auf, bevor er mit der Neuigkeit aufwartete: Künftig soll sein **Row on 45** mit den Tischen der raffiniertesten Chefköch:innen der Stadt wetteifern.

Al Muntaha (S. 92)

Four-Hand-Dinners

Zeitgleich mit dem kulinarischen Höhenflug der VAE kommen immer mehr preisgekrönte Chefköch:innen ins Land, um mit heimischen Sternelokalen zusammenzu-

GRÜNE STERNE

Umweltbewusste Gourmets, die auf Nachhaltigkeit Wert legen, können sich an den grünen Michelin-Sternen orientieren. Sie werden den Vorreitern unter den Restaurants verliehen, die auf nachhaltige Praktiken setzen. In den VAE haben nur drei Restaurants einen grünen Stern.

Boca Hier gibt's frische mediterrane Kost und der Geschäftsführer Omar Shihab hält an einem unglaublichen Nachhaltigkeitskonzept fest, das den Einsatz lokaler Erzeugnisse, erneuerbarer Energien und ein zukunftsfähiges Abfallmanagement umfasst.

Lowe Als erstes Restaurant in den VAE, das einen grünen Stern einheimste, hat sich das Lowe mit seinen Gerichten aus Produkten direkt vom Bauernhof Lob und Anerkennung verschafft. Dazu zählen gegrillter Spargel mit weißen Macadamia Nüssen und Grapefruit-Butter.

Teible Die Bäckerei Teible (ausgesprochen „Täbl") ist im Jameel Arts Centre untergebracht und kredenzt aus saisonalen Zutaten von den Farmen der Umgebung himmlische Speisen wie fermentierten Hummus mit Sauerteig.

arbeiten. Die Four-Hand-Dinners ermöglichen Köch:innen sich auszutauschen, während die Gäste in den Genuss eines einmaligen Menüs in einem höchst kreativen Setting kommen.

In vergangenen Kollaborationen tat sich etwa Joan Roca von El Celler De Can Roca in Girona, der gemeinhin zu den Weltbesten in seinem Metier zählt, mit Grégoire Berger in Dubais Ein-Sterne-Restaurant **Ossiano** zusammen, das eine ganze Reihe von Four-Hand-Dinners das ganze Jahr über austrägt.

Im Zwei-Sterne-Haus **Trèsind Studio** in Dubai hat Chefkoch Himanshu Saini mit Größen wie den deutschen Zwillingen Thomas und Mathias Sühring zusammengewirkt, die aktuell in Bangkok leben und deren Restaurant ebenfalls auf zwei Sterne blickt.

Unterdessen feiert das **Hakkasan** seine Standorte in Dubai und Abu Dhabi, die je mit einem Stern ausgezeichnet wurden, und lädt Chefköche aus den beiden Londoner Ein-Sterne-Gaststätten in die Vereinigten Arabischen Emirate zu einem Eight-Hand-Dinner ein!

Die Kooperationen sind in der Regel auf den Instagram-Seiten der Restaurants angekündigt. Am besten vor der Reise mal reinschauen!

Aufgepasst!

Nach nur einem Jahr erreichte der chinesisch-kanadische Chefkoch Kelvin Cheung mit seinem Restaurant **Jun's** in Downtown Dubai

Das Bistro Orfali Bros

Best of the Rest

ZUMA

Ein populäres japanisches Restaurant mit Niederlassungen in Abu Dhabi und Dubai, wo es auch eine preisgekrönte Bar gibt.

LPM

Feinschmecker:innen in Abu Dhabi und Dubai lieben diese bewährte Kette, die Tomaten zum Würzen auf den Tischen bereitstellt.

ORFALI BROS BISTRO

Die fabelhaften Orfali-Brüder verfeinern ihre modernen Gerichte mit syrischen Aromen. Ein Muss: Kaviar-Brötchen.

Rang 44 der Middle East and North Africa's 50 Best Restaurants. Und seine Gerichte werden immer noch besser. Die XO-Soßen-Hummer-Spaghettini mit hausgemachter XO sind unvergesslich, und die angebratenen Regenbogenkarotten mit geräuchertem Labneh, kandierten Nüssen und Sojahonigbutter werden gerade unter den besten fleischlosen Gerichten Dubais aller Zeiten gehandelt.

Ein Joint-Venture des Sushi-Meisters Takashi Namekata und Wagyu-Meisters Hisao Ueda, **TakaHisa**, ist ein weniger bekanntes gehobenes Omakase-Restaurant. Hier schwingt man sich auf einen Barhocker an der Theke und lässt sich verzaubern von Meeresfrüchten direkt vom Toyosu-Markt in Tokio eingeflogen und von japanischem Premium-Rind. Auf der Speisekarte stehen Kobe-Beef-Carpaccio mit Kaviar und Abalone direkt aus der Muschel.

Chez Wam – die französische Slangversion für *„chez moi“* oder „bei mir“ – ist ein heimeliges Restaurant in Dubais St. Regis Gardens auf Palm Jumeirah, in den Händen von Chefkoch Hadrien Villedieu, der zuvor für die kulinarischen Tausendsassas Alain Passard und Joel Robuchon arbeitete. Klassische Gustostücke wie gebackener Camembert und aufregende Kreationen von geschmorten Tomaten und Nektarinen mit Yarah-Valley-Ziegenkäse und Blaubeerdressing zeigen Villedieus gekonnte Geschmackskombinationen.

Die berühmteste Brasserie der Hauptstadt, **Fouquet's**, ist ein weiteres französisches Lokal, das heimischen Kritiker:innen positiv auffiel. Das ursprüngliche Fouquet's eröffnete 1899 auf den Champs-Elysees; der Ableger in den VAE befindet sich beim Louvre Abu Dhabi auf Sa'adiyat. Die Kulisse ist entsprechend eindrucksvoll mit schickem weißen Interieur und roten Ledersesseln und die Gerichte ausgeklügelt, wie Bretonischer Hummer mit Zitrusnote und Spargel, Sahne und Kaviar sowie traumhafte Desserts, wie Keks-*Soufflé au Chocolat*.

MICHELIN-GEKÜRT ESSEN

Zwei Sterne in Dubai

Il Ristorante – Niko Romito Giacomo Amicucci bereitet Niko Romitos erlesene italienische Kost zu.
Stay by Yannick Alléno Renaud Dutel serviert Allénos Version von französischer Haute Cuisine.
Trèsind Studio Eins von weltweit nur zwei indischen Restaurants mit zwei Michelin-Sternen.

Dubai ein Stern

11 Woodfire Akmal Anuar kreiert ein Festmahl im legeren Grillrestaurant, das gänzlich auf Alkohol verzichtet.
Al Muntaha Wer ins Burj Al Arab kommt, diniert am besten in diesem französisch-italienischen Glanzstück.
Armani Ristorante Ein dekadentes italienisches Etablissement im höchsten Turm der Welt.
Avatara Das einzige gehobene vegetarische Lokal in den VAE, das indische Aromen einsetzt.
Dinner by Heston Blumenthal Hier gibt's die Fleischfrucht, und sie ist genauso gut wie jene in der Londoner Zweigstelle.
Hakkasan Hier warten vollendete Dim Sum und veredelte kantonesische Klassiker.
Hoseki Sicherlich das beste Sushi-Lokal in den VAE.
Moonrise Solemann Haddad fusioniert Nahost- und asiatische Kochkünste in seinem 12-Gäste-Haus.
Ossiano Der führende französische Chefkoch Grégoire Berger leitet dieses „Unterwasser“-Paradies.
Tasca by José Avillez Leckerbissen aus Portugal, von üppigen Eintöpfen bis zu Riesengarnelen.
Torno Subito Massimo Botturas Hommage an die italienische Küche seiner Kindheit.

Abu Dhabi ein Stern

Hakkasan Dubais Schwesterlokal serviert dieselben Gerichte in noch prächtigerem Ambiente.
99 Sushi Japanische Haute Cuisine im eleganten Four Seasons auf Maryah.
Talea by Antonio Guida Im todschicken Emirates Palace Mandarin Oriental schlürft man teure Nudelgerichte.

3 FILS

Ein zwangloses, zeitgenössisches asiatisches Lokal an einem alten Fischereihafen in Jumeirah.

KINOYA

Das Club-Restaurant aus Dubai hat nun auch eine Filiale im Harrods in London und beweist, wie herrlich Ramen schmecken.

REIF KUSHIYAKI

Reif Othmans Speiselokal in der Dar Wasl Mall hat einen Ableger in Dubai Hills, wo man fein dinieren kann.

GAIA, DUBAI

Die gehobene Taverne überzeugt im DIFC mit Fischtheke, Ziegenbraten und anderen Gaumenfreuden aus der Ägäis.

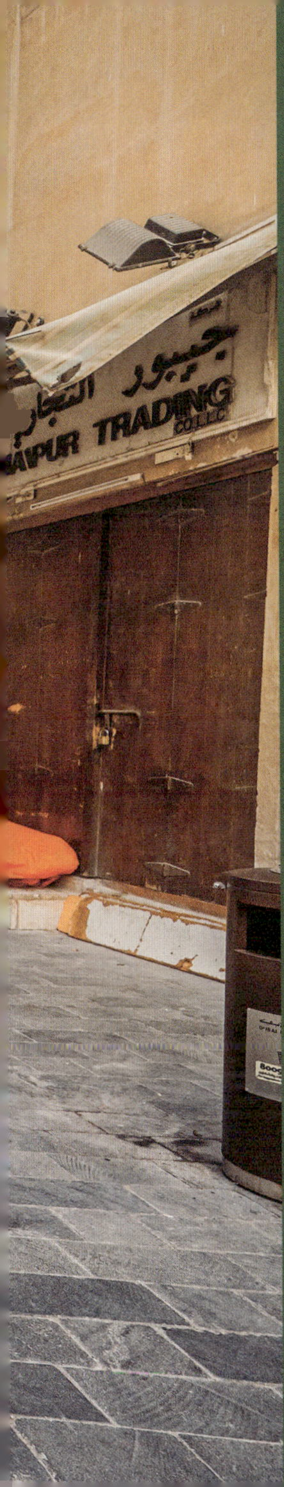

DUBAI

REISE-ZIELE

In jedem Stadtviertel starten wir mit dem perfekten Standort, um die Umgebung zu erkunden. Entdecke einzigartige Erlebnisse, Tipps unserer Autor:innen und Expert:innen, Hintergründe und Empfehlungen.

Bur Dubai Souq (S. 70)

AUF EINEN BLICK: DUBAI

Entdecke dein Sehnsuchtsziel.

Dubai Marina & Palm Jumeirah

AUSBLICKE AM WASSER

Palm Jumeirah wurde von Menschen erschaffen und ist stolz darauf. Urlauber:innen strömen hierher, um Luxusresorts, Infinitypools und unberührte Strände zu genießen, während das fußgängerfreundliche Dubai Marina Besucher:innen und Einheimische gleichermaßen mit belebten Restaurants, dem Nachtleben und dem Hafenviertel lockt.

S. 103

Bur Dubai

DAS ÄLTESTE VIERTEL DER STADT

Das älteste Stadtviertel des Emirats verzaubert mit labyrinthartigen Gassen voller traditioneller Windtürme und historischer Gebäude, alle verbunden durch atmosphärische Blicke auf das Wasser und eine multikulturelle Gemeinschaft. Das blühende Al Jaddaf sorgt für einen Hauch von moderner Kultur.

S. 61

Jumeirah

KÜSTEN-VIBES

Weiß getünchte Villen und Meerblicke bietet dieses Küstenviertel, das sich parallel zur Sheikh Zayed Road erstreckt. In wenigen Jahrzehnten hat sich Jumeirah von einer verschlafenen Gegend zu einem Urlaubsparadies entwickelt, in dem man gut essen, ausgehen und shoppen kann und das außerdem nur einen Steinwurf vom Strand entfernt ist.

S. 89

Deira

VIERTEL AM FLUSS

Das farbenfrohe, charismatische und belebte Viertel ist eine der frühesten Siedlungen Dubais und der alte Teil einer Stadt, die in der ganzen Welt für ihre futuristischen Attraktionen bekannt ist. Berühmt für den geschäftigen Hafen, sind die verwinkelten Straßen voll mit atmosphärischen Souks, bunten Daus und sehenswerten historischen Stätten.

S. 49

Downtown Dubai & Business Bay

DAS HERZ VON DUBAI

Dubais pulsierendes Zentrum wird beherrscht vom Burj Khalifa, dem höchsten Gebäude der Welt. Mit seiner von Türmen geprägten Skyline, zahlreichen Unterhaltungsmöglichkeiten und einem der größten Einkaufszentren der Welt, ganz zu schweigen von der beeindruckenden Dubai Opera, hat dieses Viertel einiges zu bieten.

S. 75

Dubai South

AUSDEHNUNG DER STADTGRENZEN

Die neue Expo City Dubai mit ihren Pavillons, Attraktionen und Stadtparks hat es in sich. Dank der vielen Themnparks, entspannten Resort-Hotels und der Möglichkeit, die Wüstennatur zu erleben, ist die Gegend auch ein Hotspot für Familien.

S. 117

TOP TIPP

Dubai Islands vor Deiras Küste befinden sich noch im Aufbau, beheimaten aber bereits zwei Hotels. Beide eignen sich hervorragend für Familien und bieten viele kinderfreundliche Einrichtungen zu einem Bruchteil des Preises, der für ein entsprechendes Hotel in einem anderen Strandresort Dubais zu zahlen ist.

Oben: Dubais Goldsouk (S. 50); Rechts: Gewürzsouk (S. 51)

LOCAL TIPP: DEIRAS MUST-DOS

Sarah Ameen, in Dubai geboren und aufgewachsen, ist Influencer Marketing Consultant. Hier ihre Tipps, was man in Deira unternehmen und sehen kann..

Dubai Creek Resort & Golf Club
Mehrere Restaurants und Bars, darunter mein Lieblingsrestaurant QDs – eine Lounge mit Blick auf den Creek und die Skyline von Dubai – und ein fantastisches alljährliches Ramadan-Zelt.

Dampa Seafood Grill
Die richtige Adresse für authentische philippinische Meeresfrüchtegerichte direkt vom Tisch. In diesem zwanglosen Lokal ist großartiges Essen garantiert.

Mit einem Abra ins Historische Viertel Al Fahidi gondeln
Hüpf auf einen Abra und mach dich auf den Weg über den Creek in dieses alte Viertel, wo jede Menge Motive für Insta und TikTok warten.

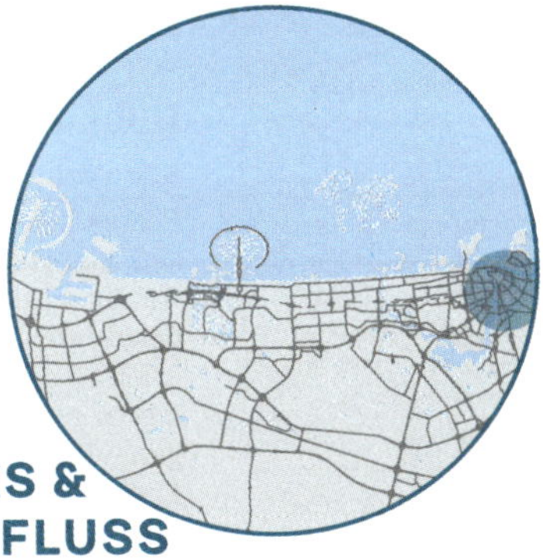

Deira

DUBAIS CHARISMATISCHES & LEBENDIGES VIERTEL AM FLUSS

Als eine der Siedlungen, die das frühe Dubai bildeten, ist Deira im Wesentlichen die Altstadt.

Auf der anderen Seite des Creeks gegenüber von Bur Dubai ist Deira berühmt für seinen geschäftigen Hafen, wo sich auf farbenfrohen Kais die Waren türmen. Die ersten Häuser der Region bestanden aus Palmwedeln und wurden bald durch stabilere Bauten aus Korallenstein und Gips ersetzt, von denen heute noch viele erhalten sind und eine Idee davon vermitteln, wie das Leben in der Stadt einst ausgesehen hat. Von der Al Ahmadiya School, der ersten formalen Bildungseinrichtung, bis zu Dubais erster Polizeistation zeigt ein Spaziergang durch Deira eine Stadt, die in nur wenigen Jahrzehnten eine enorme und rasante Entwicklung erlebt hat.

Deiras berühmtestes Wahrzeichen ist der Goldsouk – ein weitläufiges Netz von Geschäften im Viertel Al Ras nahe der Creek-Mündung. Der streng regulierte Handelsplatz ist einer der größten Goldmärkte der Welt. Hier stapeln sich Ohrringe, Halsketten, Armbänder, Diademe und Ringe aus dem Edelmetall. Mit etwas Geschick beim Feilschen kann hier so manches Schnäppchen ergattert werden. Der Gewürz- und der Parfümsouk, gleich hinter dem Goldsouk, waren die Vorläufer von Dubais luxuriösen Einkaufszentren.

Dank der großen multiethnischen Einwohnerschaft wartet Deira zudem mit Kost aus der ganzen Welt auf. Ob indisches Essen, Gerichte aus dem Nahen Osten oder Speisen aus allen Teilen Asiens, in diesem multikulturellen Viertel ist alles zu finden.

NICHT VERSÄUMEN ...

DUBAIS GOLDSOUK
Nahezu alles Glänzende ist Gold in diesem Labyrinth von Läden, in denen sich das Edelmetall türmt.
S. 50

DEIRA CREEK
Zusehen, wie Waren auf dem Dock ein- und ausgeladen werden, oder auf einem Abra eine der preiswertesten Pflichtaktivitäten in Dubai erleben.
S. 57

DUBAI CREEK RESORT & GOLF CLUB
Das palmengesäumte Resort nicht nur fürs Golfen bietet exzellente kulinarische Optionen und ein erstklassiges Spa.
S. 54

GOLD-TIPPS

Was immer man auf dem Markt sucht, hier sind ein paar Tipps für den besten Deal. Zuerst sollte man den Marktpreis kennen für das, was man kauft; diese Aufgabe wird durch die Preise auf Plakatwänden am Eingang des Souks erleichtert. Nun sieht man sich um und beginnt, wenn man etwas Interessantes gefunden hat, mit der Kunst des Feilschens. Der Goldkurs ist fix, aber mit etwas Überzeugungskraft ist der Preis oft verhandelbar. Barzahlung kann die Verhandlungsposition stärken.

Dubais Goldsouk

KARTE S. 50

Shoppen in der Stadt des Goldes

Dieses Gewirr von aneinandergereihten Geschäften, in denen sich glänzende Ringe, schillernde Halsketten und blendende Anhänger türmen, ist bekannt als die **City of Gold** und Deiras berühmteste Attraktion. Der zentrale hölzerne Arkadengang führt zu einem überwältigenden Angebot dieses Edelmetalls, das in rund 300 Läden zum Verkauf steht. Nach dem Niedergang der Perlenindustrie und lange vor der Entdeckung des Erdöls begann Dubai mit dem Goldhandel, der für das Emirat seit Langem ein wichtiger Markt ist. Heute ist der gesamte Goldhandel staatlich reguliert, sodass man nicht fürchten muss, eine Fälschung zu kaufen. Die Preise sind fair, Feilschen gehört dazu. Hier gibt's nicht nur Gold: In den Schaufenstern strahlen auch Silber, Platin, Perlen, Diamanten und wertvolle Edelsteine. Wer durch Tor 3 geht, steht vor dem schwersten Goldring der Welt. Dieses Monstrum mag nicht besonders schön sein, aber seine 21-karätige Fassung wiegt satte 64 kg und ist mit 5 kg Diamanten und 615 Swarovski-Kristallen besetzt.

HIGHLIGHTS
1 Deira Creek
2 Dubais Goldsouk

SEHENSWERTES
3 Al Ahmadiya School
4 Deira Corniche
5 Heritage House
6 Museum des Dichters Al Oqaili
7 Naif Markt
8 Naif Museum
9 Parfümsouk
10 Gewürzsouk
11 Women's Museum im Bait Al Banat

ÜBERNACHTEN
12 Hyatt Regency Dubai

ESSEN
13 Al Bait Al Qadeem Restaurant and Café

Al Ahmadiya School

KARTE S. 50

Die Ursprünge des städtischen Bildungswesens

Nahe dem Goldsouk wurde dieses gut erhaltene Beispiel einer der ersten Schulen Dubais mit authentischen Materialien wie Korallenstein, Sandelholz und Gips liebevoll restauriert. Zu den berühmten Absolventen der 1912 gegründeten Schule gehören Sheikh Mohammed Bin Rashid Al Maktoum, Dubais derzeitiger Herrscher, sowie sein verstorbener Vater. Heute ist sie ein kleines Museum mit Klassenzimmern, Korridoren und Außenhof. Das Heritage House daneben ist das restaurierte Heim des wohlhabenden Perlenhändlers und Gründers der Al Ahmadiya School.

Al Ahmadiya School

Parfümsouk

Parfümsouk

KARTE S. 50

Ein Ort, der die Sinne weckt

In diesem **Souk** wirken die Läden wie alte Apotheken und sind mit bauchigen Glasflaschen bestückt, die mit Hunderten Parfüms auf Ölbasis gefüllt sind. Die Aromen sind ein traditioneller Bestandteil der nahöstlichen Welt und reichen von schweren holzigen Düften bis hin zu milden blumigen Noten. Der Favorit wird in ein kleineres Fläschchen abgefüllt. Wer einen Lieblingsduft hat, sollte ihn mitbringen – manche Händler fertigen Parfüms nach Wunsch an. Hier erfährt man auch mehr über *oud*, ein duftendes, bei den Emiratis sehr beliebtes Öl aus Adlerholz, sowie über *bakhoor* – duftende Holzspäne.

Gewürzsouk

KARTE S. 50

Berauschende Düfte auf einem lebhaften Basar

Steigt man an der Abra-Station Deira Old Souq aus, steht man direkt vor dem **Gewürzsouk**. Der Markt ist kleiner als früher und besteht aus engen Gassen mit Ständen, die Safran, Weihrauch, Kardamom, Zimt, Rosenblüten und andere im Nahen Osten übliche Kräuter und Gewürze aus bunten Reihen von Leinensäcken verkaufen. Beim Shoppen bieten sich tolle Fotomotive und die freundlichen Händler laden zum Probieren und Riechen ein. Weiter drinnen im Souk-Labyrinth wandelt sich der Markt zum **Deira Old Souk** mit Lebensmitteln und Küchenutensilien – am besten kehrt man um, denn Interessanteres gibt's nicht mehr zu entdecken.

Deira Clocktower

Deira Clocktower

KARTE S. 56

Die Zeit im Auge behalten

Deiras Uhrenturm lässt sich im Vorbeifahren besichtigen. Er befindet sich am Kreisverkehr zwischen der Umm Hurair Road und der Al Maktoum Street, der ersten asphaltierten Straße des Viertels. Er wurde anlässlich der ersten Ölexporte der Vereinigten Arabischen Emirate errichtet – ein Wendepunkt für die Stadt. Das Wahrzeichen von 1963 dient häufig als Orientierungshilfe und wurde 2023 mit bunten Lichtern und Pflanzen am Sockel aufgehübscht.

Al Ghurair Centre

KARTE S. 56

Dubais erste Shoppingmall

Bevor die Stadt als Shopping-Metropole bekannt wurde, war das 1980 eröffnete **Al Ghurair Centre** in Deira das erste Einkaufszentrum Dubais. Etwa vier Jahrzehnte später steht es im Schatten der berühmteren gehobenen Einkaufszentren, eignet sich aber nach wie vor gut für einen Einkaufsbummel mit rund 400 Geschäften, darunter Mango, Marks and Spencer, Aldo und Bath & Body Works. Es gibt auch einen großen Carrefour-Supermarkt, eine gute Restaurantauswahl und Food-Court-Optionen. An die Mall angeschlossen ist das Swissotel Al Ghurair mit tendenziell günstigeren Zimmerpreisen als sonstige Fünf-Sterne-Hotels.

Al Ghurair Centre

Children's City

KARTE S. 56

Fantasievoller Spaß

Am Rande von Deira ist **Children's City** im Creek Park eine häufig übersehene Attraktion, die mit kleinen Kindern einen Besuch lohnt. Das Unterhaltungszentrum soll Spaß machen und lehrreich sein und bietet interaktive, praktische Aktivitäten zu Themen wie dem menschlichen Körper, der arabischen Kultur und der Natur. Es gibt auch ein Planetarium mit regelmäßigen Vorführungen, die den Nachthimmel, Sterne und Galaxien zeigen, und eine Abteilung für Luftfahrt, wo Kinder etwas über Schwerkraft lernen, einen Tornado erzeugen und ein Flugzeug fliegen können. Ein Softplay-Bereich hält jüngere Kinder bei Laune, es gibt einen Außenpark, eine Bibliothek und ein Café. Der 50-Dh-Eintritt ist viel günstiger als für andere kinderfreundliche Attraktionen.

Naif Museum

KARTE S. 50

Dubais erste Polizeistation

Das ehemalige Naif Fort bietet den Besuchern einen Einblick in das Justiz- und Strafsystem der VAE. Das 1939 erbaute Festungsgebäude mit runden Wachtürmen war Dubais erste Polizeistation und früher auch ein Gefängnis. Das Museum ist voller Artefakte, darunter Polizeiuniformen aus verschiedenen Jahren, Waffen und schmiedeeiserne Kanonen, die zeigen, wie sich die Polizeiarbeit im Emirat von einer bescheidenen Sicherheitstruppe zu Dubais Superautos fahrendem Kommando heute entwickelt hat.

Naif Museum

Museum des Dichters Al Oqaili

Museum des Dichters Al Oqaili

KARTE S. 50

Ein gut erhaltenes historisches Haus

Hinter schweren Teakholztüren und unter einem Haus mit Balkendecken wurde dieses kunstvolle Gebäude am Rande des Gewürzsouks 1923 erbaut und war einst das Heim von Mubarak Bin Al Oqaili, einem in Saudi-Arabien geborenen Dichter, der nach Dubai zog und als einer der bedeutendsten Poeten des klassischen Arabisch gilt. Das Gebäude errichtete ein Team von Arbeitern, die Al Oqaili aus der saudischen Region Al Ahsa mitbrachte, und ist gefüllt mit kunstvollen Schriften und Ornamenten. Das heutige **Museum** hat neun Flügel, die Beispiele seiner Schriften und Gedichte sowie Originalmanuskripte und einige seiner Besitztümer zeigen, darunter sein viel benutzter Schreibtisch und sein Stift.

Women's Museum im Bait Al Banat

KARTE S. 50

Hinter jedem großen Mann steht eine noch größere Frau

Zwar spielen Männer in Dubais Entwicklungsgeschichte die Hauptrolle, doch wurden sie stets von einem großen Netzwerk von Frauen unterstützt, die das Land entscheidend mitgestaltet haben. Im **Women's Museum im Bait Al Banat**, dem einzigen Museum in den VAE, das die Geschichte der Frauen des Emirats dokumentiert, kann man den Spuren dieser Pionierinnen folgen. Versteckt im Goldsouk können Reisende die Werke von Ousha Bint Khalifa Al Suwaidi, einer der berühmtesten Dichterinnen des Landes, oder von Muneera al Mazrou, der ersten Fotografin aus Sharjah, bewundern. Außerdem gibt's Pop-up-Ausstellungen zu verschiedenen Leistungen einheimischer Frauen in Sport, Literatur, Politik und Wissenschaft.

OEBN LINKS: MHAR DELABEN/SHUTTERSTOCK ©; UNTEN RECHTS: RUS S/SHUTTERSTOCK ©

Deira Waterfront Market

Deira Waterfront Market

KARTE S. 50

Der größte Fisch- und Meeresfrüchtemarkt im Nahen Osten

Dieser ganztägig geöffnete, aber vor allem morgens betriebsame **Markt** befindet sich an der Corniche auf dem Gelände des ehemaligen Fischmarktes. Auf dem aktuell größten Fisch- und Meeresfrüchtemarkt des Nahen Ostens verkaufen über 400 Ständen fast alles von Thunfisch und Schnapper bis zu Zackenbarsch, Sardinen und mehr. Karren mit dem Fang des Tages werden durch die überdachten Markthallen geschoben, während Handelnde laut ihre Waren anpreisen. Hungrige Reisende können vom Fang wählen und ihn an einer der Live-Cooking-Stationen zubereiten lassen.

Bait Al Mandi Restaurant

KARTE S. 56

Gigantische Portionen zu nicht ganz so gigantischen Preisen

Dieses zwanglose **Restaurant** gehört zu einer Kette und ist auf *mandi* spezialisiert – ein traditionelles nahöstliches Gericht, das aus dem Jemen stammt und aus Fleisch und Reis besteht, die in einer speziellen Gewürzmischung gekocht werden – so etwas wie eine hiesige Version von Biryani. Auf der Karte gibt's weitere Gerichte der Emirate sowie einige erlesene indische Optionen. Die Portionen sind riesig, zum Glück im Gegensatz zur Rechnung.

Dubai Creek Resort & Golf Club

Dubai Creek Resort & Golf Club

KARTE S. 56

Luxus am Wasser im alten Dubai

Der **Sportclub** am Ufer des Creeks wurde vom Magazin *Golf World* als einer der 100 besten Golfplätze der Welt gelistet; er ist daher ein beliebter Golf-Spot, doch lohnt sich auch ein Besuch wegen des Resorts. Die abseits des Stadttrubels gelegene Anlage wird über eine gewundene, palmengesäumte Auffahrt erreicht. Es gibt einen temperierten Swimmingpool, einen Minigolfplatz im Freien sowie Padel- und Tennisplätze. Die beliebte Lounge **QDs** am Wasser ist der beste Ort für einen Sundowner mit Blick auf den Creek und im **Casa De Tapas** gibt's einige der besten spanischen Gerichte der Stadt. Außerdem steht hier das **Park Hyatt Dubai**, ein wunderschönes Fünf-Sterne-Resort, das wirkt, als wäre es direkt von einer ägäischen Küste nach Dubai verpflanzt worden.

Dubai Islands

KARTE S. 50

Ein schwimmender Archipel und ein Projekt in Arbeit

Die früher als Deira Islands bezeichnete **Inselgruppe** ist noch in Entstehung. Auf den fünf Inseln vor Deiras Küste befindet sich der **Souk Al Marfa**, ein überdachter Basar im traditionellen Stil mit Kunsthandwerk, Kosmetika, Gewürzen und Kleidung, sowie der **Thai Market**, wo asiatisches Kunsthandwerk und authentisches Streetfood verkauft werden. Zwei familienfreundliche Hotels machen Dubai Islands zu einer beliebten Basis für Reisende mit Kindern – das All-inclusive-Hotel **Riu Dubai** und das auf Kinder ausgerichtete **Centara Mirage Beach Resort** mit eigenem Wasserpark und Spa mit Süßwaren-Motiven.

Stadtzentrum von Deira

Al Mamzar Beach Park

Al Mamzar Beach Park

KARTE S. 56

Einer der besten Strände der Stadt

So nördlich, wie es in Dubai geht, beherbergt diese riesige, 106 ha große Fläche in den **Dubai Public Parks** mehr als 1600 Palmen und 300 Kokospalmen. Im Inneren gibt's fünf Sandstrände, grüne Parks, Spielplätze, Grillplätze, Fahrradwege, ein Amphitheater sowie drei Swimmingpools. Wer nach einem billigen Pooltag in Dubai sucht, ist hier richtig, der Preis für ein Tagesticket ist kaum zu unterbieten. Es gibt Umkleidekabinen, Duschen und Toiletten, ein Chalet kann ganztägig gemietet werden. Dies ist auch einer der ersten Smart Parks der Stadt mit solarbetriebenen Bänken für kostenloses WLAN und kabelloses Aufladen sowie Smart Oasis Pods, die Meerwasser in kühlende Sprühsysteme umwandeln.

Deiras Stadtzentrum

Shoppen, Wellness und eine lebende Kräuterwand

Eins der größten **Einkaufszentren** in Deira mit einer großen Auswahl an hochwertigen Marken und Schnäppchen. Nahe Port Saeed und mit einer U-Bahn-Haltestelle direkt vor der Tür zieht diese weitläufige Mall Kauflustige an, die Mode, Schmuck, Technik, Inneneinrichtung und Spielzeug suchen. Es gibt ein **Vox Cinema** und zahlreiche Gastro-Optionen. Die **Food Central Hall** bietet Gerichte aus aller Welt; es gibt eine Kräuterwand und eine Wellness-Ecke, in der am Wochenende kostenlose Yogakurse stattfinden. Im angeschlossenen Hotelkomplex findet man lizenzierte Restaurants.

SÜD-DEIRA

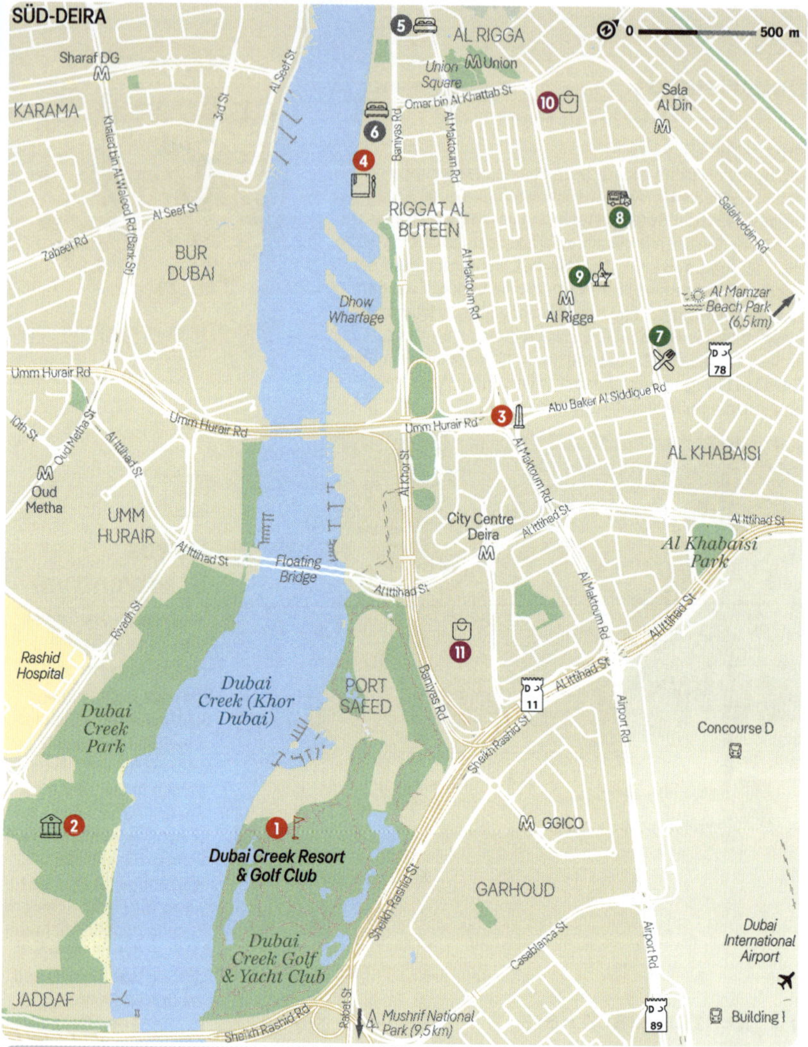

HIGHLIGHTS
1 Dubai Creek Resort & Golf Club

SEHENSWERTES
2 Children's City
3 Deira Clocktower
4 National Bank of Dubai

SCHLAFEN
5 Radisson Blu Dubai Deira Creek
6 Sheraton Dubai Creek Hotel and Towers

ESSEN
7 Bait Al Mandi Restaurant
8 Sultan Dubai Falafels

AUSGEHEN
9 Juice World

SHOPPEN
10 Al Ghurair Centre
11 Deira City Centre

Deira Creekside entdecken

KARTE S. 56

Die Geschichte der Anfänge Dubais

Der im Arabischen als Al Khor bekannt **Creek** ist seit Langem Dubais Handelszentrum. Dieser Wasserkanal schlängelt sich zwischen Deira und Bur Dubai und war Anfang des 20. Jhs. ein Umschlagplatz der lokalen Fischerei- und Perlenindustrie und auch der erste Flughafen der Stadt – lange vor Eröffnung des Dubai International Airport. Von 1935 bis 1947 war der Creek ein Landeplatz für die riesigen „Flugboote" der Imperial Airways, auf der Deira-Seite wurde ein fester Anlegesteg gebaut, der bis zu acht Flüge pro Woche aufnahm.

Die Uferpromenade auf der Deira-Seite ist viel belebter als die Küstenlinie von Bur Dubai, nicht zuletzt wegen der dortigen Dau-Werften. Die Holzboote, die lange Zeit den Gütertransport von und nach Dubai besorgten, werden heute noch genutzt. Ein Spaziergang zeigt fleißige Seeleute und Schiffsarbeiter, die am Kai Waren stapeln oder in schwindelerregender Höhe auf den Schiffen balancieren.

Heute sind die Ufer des Creeks durch vier Brücken, einen Tunnel und die Dubai-Metro miteinander verbunden, aber die beste Art, den Fluss zu überqueren, ist die Fahrt mit einem *abra*. Diese kleinen Holzboote tuckern Tag und Nacht übers Wasser und die fünfminütige Fahrt kostet nur 1 Dh. Für eine längere Tour mietet man an einer der Anlegestellen einen Abra für etwa 120 Dh pro Stunde. Die beste Zeit ist bei Sonnenuntergang: einsteigen und den stimmungsvollen Blick auf die Skyline genießen, wo die jahrhundertealten Gebäuden und Souks der Altstadt mit den modernen Wolkenkratzern in der Ferne eindrucksvoll kontrastieren.

Überquerung des Dubai Creek

KARTE S. 56

Das Alte Dubai vom Wasser aus erleben

Traditionelle **Abras** – hölzerne Wassertaxis, deren Name auf Arabisch „überqueren" bedeutet – liegen an beiden Seiten des Dubai Creek und werden auch heute noch von vielen Menschen genutzt, um von Deira nach Bur Dubai zu gelangen. An Bord eines dieser Schiffe macht man einen Schritt zurück in die Vergangenheit und erlebt das Dubai vergangener Tage.

Mehrere Abras legen an der Abra-Station Deira Old Souk an und fahren zur Station Bur Dubai, gleich hinter dem Textilsouk. Von etwa 6 Uhr morgens bis Mitternacht sind die Boote täglich in Betrieb. Sie bieten Platz für etwa 20 Passagiere, zur

DUBAI INTERNATIONAL AIRPORT

Der Dubai Creek war zwar Dubais erster Flughafen, aber das wichtigste Luftdrehkreuz der Stadt liegt heute nördlich des Viertels. Der Dubai International Airport ist einer der betriebsamsten Flughäfen der Welt und fertigt jährlich mehr als 80 Mio. Passagiere ab. Ein Hochgeschwindigkeitszug pendelt zwischen den Terminals und es gibt Spas, Einkaufsmöglichkeiten, Getränke und Restaurants in Hülle und Fülle. Der Flughafen hat eine eigene Spielhalle und ein Hotel mit Swimmingpool im Terminal. Er ist das Drehkreuz für Emirates Airline – Dubais einheimische Fluggesellschaft, deren Flüge ausschließlich im Terminal 3 ankommen und abfliegen.

ORTE ZUM AUFTANKEN IN DER NÄHE DER SOUKS

Juice World
Weitläufige saudi-arabische Saftbar, die über 200 verschiedene Fruchtmischungen anbietet. $

Sultan Dubai Falafels
Palästinensisches Streetfood mit vielleicht der besten Falafel der Stadt und allen Beilagen. $

Al Bait Al Qadeem Restaurant & Café
Traditionelles Essen aus dem Nahen Osten, nur wenige Schritte vom Goldsouk entfernt.

Abras, Dubai Creek

DEIRA CORNICHE

Die **Deira Corniche** auf der nordöstlichen Seite des Viertels, nicht zu verwechseln mit der Deira Creekside, wird derzeit in eine breite Uferpromenade umgewandelt. Der erste Teil der Corniche ist hauptsächlich eine Dau-Anlegestelle, die weitaus größere Schiffe aufnehmen kann als die Anlegestellen am Creek. Hier befinden sich auch einige gute Hotels am Wasser, in denen die Zimmerpreise wesentlich günstiger sind als an anderen Küstenabschnitten der Stadt. Weiter nördlich bietet die Brücke, die zu den Dubai Islands führt, einen großartigen Blick auf die Stadt; hier befinden sich zudem der Hafenmarkt und neue Wohngebiete.

morgendlichen oder abendlichen Rushhour sieht man aber auch Schiffe, die ein paar mehr Passagiere geladen haben.

Einfach zum Pier gehen und einsteigen. An Bord sitzt man auf einer Holzbank in der Mitte und der Abra-Fahrer oder sein Helfer geht durch das Boot und kassiert den Fahrpreis von 1 Dh von jedem Fahrgast – unbedingt in bar mitnehmen.

Die Fahrt führt vorbei an traditionellen Häusern, hohen Minaretten und beeindruckenden Windtürmen, die neben modernen Wahrzeichen wie gläsernen Gebäuden und mehrstöckigen Hotels stehen. Man sieht Handeltreibende, die am Ufer vor Anker gehen, und hält Ausschau nach hölzernen Daus – die großen, bunten Boote erinnern an Dubais Erbe der Perlenfischerei. Nach einer gut fünfminütigen Fahrt können die Fahrgäste an der Abra-Station Bur Dubai aussteigen, von wo das Historische Viertel Al Fahidi sowie mehrere Märkte der Stadt leicht zu Fuß zu erreichen sind.

Auf den Spuren der Geschichte Dubais in Deira

KARTE S. 56

Verwandlung im Zeitraffer

Zwischen renovierten Souks und modernen Bauten stehen jahrhundertealte Gebäude in diesem **historischen Viertel**, das Zeugnis einer sich ständig wandelnden Stadt ist. Am Ufer werden Holzschiffe mit allem Möglichen beladen, von Fernsehern und Autoreifen bis zu Gewürzen und Instantkaffee. Diese traditionellen arabischen Segelschiffe waren jahrhundertelang das Rückgrat des regionalen Hafenhandels und ermöglichten den Handel mit Ländern wie Oman, Pakistan, Indien und Iran. Lange vor der Entdeckung des schwarzen Goldes wurde mit dem gelben Stoff gehandelt, und der Goldsouk (S. 50), einer

DEIRAS BESTE DAU-TOUREN

Deira Dhow Cruise
Eine kleine Flotte von Booten mit günstigen Preisen ab 30 Dh bis zu luxuriösen Dinner-Kreuzfahrten.

Al Mansour Dhow Cruise
Zu den Lunch- und Dinner-Cruises auf dieser hölzernen Dau gehören eine Bar und Livemusik.

Tour Dubai
Luxuriöse Dinner-Kreuzfahrten auf einer traditionellen Holzdau mit offenem Oberdeck und klimatisiertem Unterdeck.

der größten Goldmärkte der Welt, ist einen Halt wert, um eine Idee von der Bedeutung des Edelmetalls für die Stadt zu bekommen, ganz abgesehen von den Tausendundeine-Nacht-Fotomotiven. Am Ufer des Creeks liegt der Hauptsitz der **National Bank of Dubai**. Dieser Turm aus den 1990er-Jahren in einem schimmernden, goldbeschichteten Glas- und Granitgebäude in Form eines bauschenden Schiffssegels war eines der ersten modernen Gebäude im bewusst auf Luxus ausgerichteten neuen Dubai. Die sich ständig weiterentwickelnde Stadtgeschichte verdeutlicht auch ein Besuch der Al Ahmadiya School (S. 51), die erste formale Bildungseinrichtung der Stadt, des **Burj Nahar**, ein Wasserturm und eine der ursprünglichen Sicherheitsfestungen des Emirats, und des Deira Clocktower (S. 52), der den ersten Ölexport markierte, einen Wendepunkt in der Geschichte der VAE.

Ein Tag in der Natur im Mushrif National Park

KARTE S. 56

Reiten, Wandern und historische Häuser

Östlich von Deira ist der **Mushrif National Park** Dubais Urgestein unter den Freiflächen und der ideale Ort, um Natur zu erleben. Dieser 1974 eröffnete Nationalpark beherbergt eine große Anzahl indigener Tiere und Pflanzen, darunter einen 35 000 m² großen geschützten Wald aus Ghaf-Bäumen. Bei Vogelbeobachtungen geraten Graudrosslinge, Gelbkehlsperlinge und seltene Streifenohreulen vors Fernglas.

Diese weitläufige Grünfläche ist größer als alle anderen Parks der Stadt und bietet Picknick- und Grillstellen, zwei Schwimmbäder, Basketball-, Volleyball- und Tennisplätze sowie eine Joggingstrecke. Ein neu eröffneter Wanderweg bietet Aktivreisenden 10 km markierte Trails; alle sind kostenlos, ganzjährig geöffnet und für jeden geeignet, vom Anfänger bis zu erfahrenen Wandernden. Also Schuhe schnüren und los geht's über die sandigen, hügeligen und grasbewachsenen Flächen des Parks. Der neue Trail ist mit öffentlichen Toiletten, Skulpturen und Brücken ausgestattet.

Einen Nachmittag im Sattel bietet der **Winners Equestrian Club**, den man am besten in den Wintermonaten für Ausritte durch die Wüste und den Wald oder sogar für Reitstunden besucht. Eine der skurrileren Attraktionen im Mushrif National Park ist das **World Village**, eine Sammlung von Miniaturmodellen traditioneller Häuser aus aller Welt. Adrenalinsüchtige können sich im **Aventura Nature Adventure Park** austoben, einem Hochseilgarten in den Baumwipfeln mit Ziplines, Netzfällen und Seilklettermöglichkeiten, der allerdings nur saisonal geöffnet ist.

DEIRAS MULTIKULTURELLE RESTAURANTSZENE

In einem der multiethnischsten Viertel Dubais hat man die Qual der Wahl: von bodenständigen indischen Restaurants über authentische asiatische Lokale bis zu einer schier endlosen Auswahl an nahöstlichen Optionen. Gönn dir ein Schawarma im **Ashwaq** und syrische Gerichte im **Aroos Damascus**. Im **Pravin Bhai Naashata Wala** im Goldsouk – eines der ältesten Lokale der Stadt – wird indisch gekocht, im **Al Tawasol** lässt man sich für jemenitische Gerichte auf dem Teppich nieder. Dampfende Köstlichkeiten gibt's im **Xia Wei Yang Hotpot**, authentische lokale Küche im **Aseelah** im Raddison Blu Hotel, wo die Gerichte der Emirate mit Blick von der Terrasse serviert werden.

UFERHOTELS IN DEIRA

Hyatt Regency Dubai
Fünf-Sterne-Service und Blick auf den Golf, dazu Dubais erstes und derzeit einziges rotierendes Rooftop-Restaurant. **$**

Radisson Blu Dubai Deira Creek
Das erste Fünf-Sterne-Hotel der Stadt verfügt über 15 Restaurants und Bars. **$**

Sheraton Dubai Creek Hotel and Towers
Geräumige Zimmer mit Blick auf die historische Wasserstraße. **$**

TOP-TIPP

In den historischen Straßen Bur Dubais sind viele Attraktionen nicht gut ausgeschildert. Hier ist GPS eine große Hilfe, darum sollte man viele GPS-Daten parat haben. Man kann auch ruhig verschlossen wirkende Türen aufstoßen und in scheinbare Sackgassen hineingehen – schlimmstenfalls muss man wieder umkehren, doch im besten Fall entdeckt man vielleicht etwas völlig Neues.

Oben: Abra, Dubai Creek; rechts: Historisches Viertel Al Fahidi (S. 66)

LOCAL TIPP: LIEBLINGSORTE IN BUR DUBAI

Saeed Saeed (@Saeed_squared) ist ein Musikjournalist in Dubai. Er verrät uns seine Lieblingsorte in Bur Dubai.

Historisches Viertel Al Fahidi

Es ist etwas touristisch, aber auch wunderschön und wirkt ein wenig wie ein Open-Air-Museum. Danach kann man mit einem *abra* fahren, das ist billig und sehr cool.

Coffee Museum

Ein Tipp für alle, die Kaffee lieben. Es wurde von einem Kaffee-Aficionado entworfen und erzählt die Geschichte des Kaffees und wie er nach Arabien kam.

Q's Bar & Lounge im Palazzo Versace

Eine der besten Livemusik-Locations in den VAE. Sie ist nach Quincy Jones benannt, bietet Musik an fünf Tagen der Woche und authentische Flüsterkneipen-Vibes – einfach Dynamit!

Bur Dubai

DAS ÄLTESTE VIERTEL DER STADT

Bur Dubai liegt am Wasser und ist das älteste Viertel der Stadt mit stimmungsvollen engen Gassen, traditionellen Windtürmen und einem lebhaften Creek.

Bur Dubai ist ein Erlebnis für alle Sinne. Hier kann man sich großartig treiben lassen und die Bilder, Geräusche und Gerüche auf sich wirken lassen.

In Al Shindahga erkundet man die Geschichte der Stadt. Der einst eigenständige Stadtteil ist heute in Bur Dubai aufgegangen. Dort lagen vermutlich die Ursprünge der Fischerei und des Perlentauchens in Dubai.

Im Straßenlabyrinth des Historischen Viertels Al Fahidi mit Galerien, Cafés, Museen und anderen versteckten Juwelen kann man einen ganzen Nachmittag verbringen. Im Sheikh Mohammed Centre for Cultural Understanding erfährt man mehr über die lokale Kultur, Bräuche und Traditionen und kann bei einer authentischen Mahlzeit Brot mit den Einheimischen brechen.

Abseits des Wassers haben die Viertel Bur Dubais wenig mit dem Luxus zu tun, der oft Dubai versinnbildlicht, doch das heißt nicht, dass sie nicht ihren Charme haben. Auf dem indisch geprägten Meena Bazaar bekommt man billigen Tand, wunderschöne Stoffe und funkelnden Schmuck, in Karama können Schnäppchenfans nach Souvenirs jagen und günstig essen. Wafi war eines der ersten thematisch gestalteten Viertel der Stadt: Hier erwacht das alte Ägypten mit Hieroglyphen, Gräbern und Pyramiden zu neuem Leben. Am Port Rashid schließlich zeigt sich, dass Dubais Wachstum noch nicht beendet ist. Der Tiefseehafen erfreut sich ebenso wachsender Beliebtheit wie die Kreuzfahrtindustrie der Stadt, die kurz davorsteht, 100 000 Reisende pro Jahr zu begrüßen.

NICHT VERSÄUMEN ...

HISTORISCHES VIERTEL AL FAHIDI
Das restaurierte Viertel aus dem 19. Jh. bewahrt Dubais traditionellen Charme.
S. 66

ARABIAN TEA HOUSE
Hübsche Tischdecken, freundliche Mitarbeiter und authentische lokale Küche.
S. 70

DUBAI FRAME
Bilderbuchaussichten auf das alte und neue Dubai von einem goldenen Aussichtspunkt 150 m über der Stadt.
S. 65

HIGHLIGHTS
1 Historisches Viertel Al Fahidi
2 Arabian Tea House

SEHENSWERTES
3 Al Shindagha Museum
4 Grand Mosque
5 Coffee Museum
6 Sheikh Mohammed Centre for Cultural Understanding
7 Sheikh Saeed Al Maktoum House

SCHLAFEN
8 QE2

ESSEN
9 Al Khayma Heritage Restaurant
10 Bait Al Jeyran
11 Bayt Al Wakeel

AUSGEHEN & FEIERN
12 Golden Lion

SHOPPEN
13 Bur Dubai Souq
14 Meena Bazaar

Grand Mosque

KARTE S. 62

Islamische Kultur erleben

Diese auch **Grand Bur Dubai Masjid** genannte Moschee im Historischen Viertel Al Fahidi ist die größte der Stadt. Sie bietet 1200 Gläubigen Platz. Das 70 m hohe Minarett, das höchste Dubais, ragt wie ein Leuchtturm in die Höhe. In der Vergangenheit war die Moschee eine Koranschule. Sie ist eine der wenigen Moscheen im alten Dubai, die für Nichtmuslime zugänglich sind. Sonntags, dienstags und donnerstags finden vormittags kostenlose Führungen statt, die mit Vorführungen von Waschungen und Gebeten einen einzigartigen Einblick in die islamische Kultur geben. Teilnehmende können Fragen stellen und nach den Führungen werden Erfrischungen angeboten.

HIGHLIGHTS
1 Dubai Frame

SEHENSWERTES
2 Al Jaddaf
3 Al Seef Dubai
4 Dubai Garden Glow
5 Wafi City
6 Zabeel Park

SCHLAFEN
7 Hyatt Regency Dubai Creek Heights

ESSEN
8 Chappan Bhog
9 Ravi's

AUSGEHEN & FEIERN
siehe 7 Eve Penthouse and Lounge
10 McCafferty's Bar and Restaurant

SHOPPEN
11 Karama Market

Al Shindagha Museum

KARTE S. 62

Wie das Leben früher war

Dieses **Museum** an der Mündung des Dubai Creek ist ein Zentrum des restaurierten historischen Viertels, in dem einst die herrschenden Scheiche lebten. Mit interaktiven Ausstellungen, Multimediaelementen, Artefakten und historischen Häusern wunderschön gestaltet, gibt es Reisenden beim selbst geführten Rundgang eine Vorstellung vom Leben in der Stadt vor der Kommerzialisierung. Man betrachtet den alten Wachturm, ein Teil der städtischen Verteidigungsanlagen, und folgt der Nase zum **Perfume House,** um mehr über die Düfte der Emirate zu erfahren, vom traditionellen Parfümöl *oud* bis zu den begehrten exotischen Parfüms, die einst den Seehandel beeinflussten.

FRANTICOO/SHUTTERSTOCK ©

Sheikh Saeed Al Maktoum House

Sheikh Saeed Al Maktoum House

KARTE S. 62

Ein Blick ins frühere Haus einer Dubaier Herrscherfamilie

Die zweistöckige Residenz mit einem Innenhof liegt an einem ruhigen Abschnitt der Promenade am Creek und war einst der Wohnsitz von Scheich Said, dem Großvater des heutigen Herrschers der VAE Mohammed bin Rashid, der hier geboren wurde. Das Haus aus Korallengestein hat hohe Gewölbedecken und ist ein schönes Beispiel der Architektur der Emirate. Heute zeigt ein Museum die Anfangstage Dubais und eine der umfangreichsten Sammlungen der Stadt zum früheren Leben in den Emiraten, darunter bisher unbekannte Fotos der königlichen Familie. Oben wirft man einen Blick in die *madschli,* wo Balkons auf den Dubai Creek blicken.

Bait Al Jeyran

KARTE S. 62

Charmantes traditionelles Restaurant

Das unauffällige **Restaurant** direkt am Creek bietet sich während der Besichtigung von Al Shindagha zu einer tollen Pause an. Es serviert traditionelle nahöstliche Speisen wie gemischte Grillteller, Hummus und *taboulé* und bietet eine Riesenauswahl an Smoothies, Säften und Mocktails. Drinnen gewähren die steinernen Wände Schutz vor der Hitze, bei schönem Wetter kann man auch auf Bänken unter Bambusdächern im Stil von *madschli* sitzen und den Blick aufs Wasser genießen.

Dubai Frame

KARTE S. 63

Aussicht von oben

Das kilometerweit sichtbare, hoch über Bur Dubai thronende goldene Wahrzeichen ist eine der neueren Bauten in der Skyline Dubais. Der Dubai Frame, der sich im **Zabeel Park** befindet, ist 150 m hoch, über 93 m breit und wurde wie ein gigantischer Bilderrahmen gestaltet, der von beiden Seiten einzigartige Aussichten aufs alte und neue Dubai ermöglicht. Im Inneren bringt ein Fahrstuhl in die oberste Etage, wo Glaswände einen 360-Grad-Blick auf die Stadt ermöglichen. Eine Galerie im Erdgeschoss widmet sich der Vergangenheit der Stadt, die sich vom Fischer- und Hafendorf zu einem der beliebtesten touristischen Ziele der Welt gemausert hat.

Dubai Frame

QE2

QE2

KARTE S. 62

Das einzige schwimmende Hotel der Stadt

Die einzigartige *Queen Elizabeth 2* – besser bekannt als **QE2** – wurde ausgemustert und genießt ihren Ruhestand nun in der Sonne Dubais. Der historische Ozeandampfer liegt dauerhaft an den Docks von Port Rashid und ist heute ein schwimmendes Hotel. Die historische Tour durchs Schiff gleicht einer Zeitreise, anschließend nimmt man im **Golden Lion**, Dubais ältestem Pub, einen Drink und zieht sich für die Nacht in eine liebevoll restaurierte Kabine zurück; die Preise sind sehr vernünftig.

Historisches Viertel Al Fahidi

KARTE S. 62

Geschichte, Kultur, Kunst und Architektur

Das früher als Bastakiya bekannte und auch heute zuweilen noch so bezeichnete restaurierte **Viertel** aus dem 19. Jh. ist ein faszinierender Ort, um abseits der modernen Metropole einen Vormittag lang durch labyrinthische Gegenden voller Galerien, Museen, Ausstellungen und Cafés zu spazieren. Am Dubai Creek gelegen, fängt es den Charme des traditionellen Dubais ein, wo viel der Originalinfrastruktur erhalten ist. Hier lässt sich auch am besten die ursprüngliche „Klimaanlage" der Stadt bewundern – die Windtürme aus Sandstein, Palmenholz und Korallengestein. Bei einem Streifzug durch die kurvigen Straßen trifft man auf verborgene Schätze, etwa das Coin Museum, das fast 500 Münzen ausstellt, einen sandigen Spielplatz und Stände, die Textilien, Kerzenhalter und mehr verkaufen. Hölzerne Türen führen zu einzigartigen Galerien wie **Akkas Visual Art** oder **Art Connections** mit Arbeiten lokaler und internationaler Kunstschaffender. Anschließend lohnt ein Besuch im Coffee Museum (S. 72), das die Geschichte der Kaffeebohne zurückverfolgt bis zu äthiopischen Ziegenhirt:innen, die das dunkle Gebräu entdeckt haben sollen. Das **Al Fahidi Fort** ist das älteste erhaltene Gebäude Dubais und beherbergt das Dubai Museum. Es ist wegen Renovierungsarbeiten längerfristig geschlossen, doch man kann das Gebäude von 1787 selbst und Al Fahidis Boot bewundern, die hölzerne Dau eines früheren Herrschers der Stadt.

XVA HOTEL DUBAI

Das frühere Wohnhaus im Historischen Viertel Al Fahidi ist heute das **XVA Hotel Dubai,** ein verstecktes Boutique-Hotel im ältesten Viertel Dubais. Die 15 individuell eingerichteten Zimmer warten mit hängenden Laternen, Holzbalken und gemütlichen Alkoven auf. Das charmante **XVA Cafe** serviert vegetarische und vegane Küche in einem schattigen grünen Innenhof abseits des Großstadttrubels und die auf zeitgenössische Kunst spezialisierte **XVA Gallery** zeigt das ganze Jahr über wechselnde Ausstellungen.

PHOTOPANKPL/SHUTTERSTOCK ©

Historisches Viertel Al Fahidi

Al Seef Dubai

Sheikh Mohammed Centre for Cultural Understanding

KARTE S. 62

Dubais Vergangenheit und Gegenwart

Bei einem Besuch in diesem **Zentrum** im Historischen Viertel Al Fahidi erfährt man mehr über die Kultur der Emirate. Es wurde vor etwa 25 Jahren vom Herrscher Dubais gegründet, um Reisende über Traditionen, Religion und Bräuche in den VAE zu informieren. In restaurierten Windtürmen kann man an einfachem Arabischunterricht und Kalligrafie-Workshops teilnehmen, eine historische Führung machen und eine authentische Mahlzeit der Emirate einnehmen, bei der man auf beduinische Art auf Teppichen und Kissen sitzt. Ein örtlicher Guide begleitet die Heritage Express Tour, die in einer Art Tram durch das älteste Viertel Dubais flitzt.

Al Seef Dubai

KARTE S. 63

Lebendiges Viertel am Wasser

Dieses lebhafte **Viertel** am Ufer des Dubai Creek ist ein Mix aus Altem und Neuem. Der 2017 entwickelte Uferbereich ist von Dörfern des Nahen Ostens inspiriert und kombiniert Märkte, Restaurants, Cafés und Hotels mit Fußgängerpassagen. Die Architektur mit traditionellen Windtürmen, kurvigen Gassen und steinfarbenen Häusern ist eine Hommage an das historische Erbe der Stadt. Ein schwimmender Markt erinnert an die Bedeutung des Creeks und die wichtige Rolle des Handels, der das heutige Dubai formte. Übers Jahr verteilt gibt's immer wieder Pop-up-Events, von Modemärkten über Kunsthandwerksmessen bis zu Weihnachtsfestivals.

Wer im **Al Seef Heritage Hotel** übernachtet, fühlt sich wie in eine andere Zeit versetzt. Die Zimmer haben hölzerne Fensterläden und private *madschli*-Bereiche. Die Speisenauswahl ist groß, von traditioneller Küche der Emirate im **Al Fanar** und gehobenen ägyptischen Speisen im **Khofo** bis zu palästinensischen Gerichten im **Nablus**. Hier gibt's den schönsten **Starbucks** der VAE im nahöstlichen Stil mit Strohdach, hölzernen Fensterrahmen und Laternen beleuchtung.

Dubai Garden Glow

OBEN LINKS: LIUDMILA LEGKAIA/SHUTTERSTOCK ©; UNTEN RECHTS: BSIP SA/ALAMY STOCK PHOTO ©

Dubai Garden Glow

KARTE S. 63

Ein magischer Garten

Eine der surrealeren Attraktionen Bur Dubais ist dieser illuminierte **Themenpark** im Zabeel Park. Er umfasst mehrere Fantasieländer, ist eine Mischung aus Kunst und Technik und kommt bei Kindern garantiert gut an. Er hat täglich geöffnet und wird ab Einbruch der Dunkelheit mit mehr als 10 Mio. Energiesparleuchten erhellt. Hier befinden sich auch der **Dino Park** mit beweglichen, lebensgroßen prähistorischen Reptilien und der **Magic Park**, dessen optische Illusionen jeder Logik widersprechen.

Karama

KARTE S. 63

Schnäppchen in Hülle und Fülle

Günstiges Essen und tolle Schnäppchen finden sich in diesem Wohnviertel mit niedrigen Häusern. Der **Karama Market** umfasst etwa 300 Geschäfte und Stände in mehreren Gebäuden, die alles verkaufen, von Kamel-Schlüsselanhängern bis zu Luxushandtaschen – das Handeln nicht vergessen. Großflächige Wandbilder bringen Farbe an einige Wände in der Gegend und in zahlreichen informellen Lokalen bekommt man leicht ein südasiatisches Abendessen für zwei Personen für unter 100 Dh – das **Patiala House Restaurant** mit unbegrenzten *pani puri* ist zu empfehlen.

Kamel-Schlüsselanhänger

Al Jaddaf

KARTE S. 63

Eine wachsende Vorstadt am Ufer

Direkt am Westufer des Dubai Creek liegt eines der am schnellsten wachsenden **Stadtviertel** Dubais. Es ist vor allem eine Wohngegend, doch die Zahl der Geschäfte und Restaurants an Al Jaddafs Ufer wächst stetig. Das lohnende **Jameel Arts Centre** präsentiert Kultur, Ausstellungen und Kunst. Hier befindet sich auch die **Mohammed Bin Rashid Library**, ein literarisches Zentrum, das in Form eines traditionellen islamischen Rednerpults über dem Wasser aufragt. Der Eintritt ist frei, es gibt Belletristik und Sachliteratur, einen Kinderbereich und die Abteilung „Treasures of the Library" mit Hunderten seltenen Objekten in Vitrinen. Entlang des Ufers zieht sich ein 4 km langer, von Bäumen gesäumter Boulevard um Al Jaddafs Küste. Meist ist wenig los, hier kann man schön mit Blick auf die Skyline Dubais spazieren gehen.

Bayt Al Wakeel

KARTE S. 62

Speisen in einem historischen Restaurant

Dieses historische **Restaurant** neben dem Textilsouk am Dubai Creek stammt von 1935 und wurde aus Lehm, Korallenkalk und Holz gebaut. Als Zeuge des sich stetig entwickelnden Meereshandels beherbergt es ein kleines maritimes Museum und ein beliebtes Restaurant, das eine Mischung aus nahöstlicher und fernöstlicher Küche serviert. Die Gäste können drinnen sitzen oder draußen auf der Terrasse Platz nehmen und Abras und Daus übers Wasser gleiten sehen.

Wafi City

Wafi City

KARTE S. 63

Wie im alten Ägypten wandeln

Dieser pyramidenförmige **Komplex** im Herzen von Bur Dubai versetzt in die Zeit der Hieroglyphen, Pharaonen und Gräber. Das Zentrum eines der ersten thematisch gestalteten Bezirke Dubais bildet die **Wafi Mall** – gigantische steinerne Sphinxe bewachen den riesigen Einkaufskomplex. Das ägyptische Thema setzt sich im Inneren fort mit Luxusgeschäften und Modeketten und dem pyramidenförmigen Fünf-Sterne-Hotel **Raffles Dubai.** Es gibt mehrere Restaurants, darunter auch schanklizenzierte wie das **McCafferty's Irish Pub**, Käsespezialisten und die beliebte Pizzeria **Biella**. Der unterirdische Markt **Khan Murjan** ist eine Soukpassage rund um einen marmornen Innenhof und in vier arabische Länder unterteilt: Ägypten, Syrien, Türkei und Marokko. Der eindringliche Licht- und Soundpark **Aya Universe** verspricht umwerfende visuelle und nachdenklich machende Erfahrungen.

Meena Bazaar

KARTE S. 62

Dubais Klein-Indien

Meena Bazar ist kein Basar im klassischen Sinn, sondern ein dicht besiedeltes **Viertel** mit internationalen Geschäften, die von Schmuck bis zu Souvenirs alles verkaufen – dies ist Dubais Klein-Indien. Hier bekommt man auch maßgeschneiderte Anzüge, Jacketts und Kleider, und viele Textilgeschäfte werben mit schneller Anfertigung und günstigen Preisen. Außerdem gibt's Stoffe in allen Farben und Materialien. Man sollte aber Geduld mitbringen, denn in der geschäftigen Gasse geht es sehr lebhaft zu und die Handeltreibenden sind zwar harmlos, aber ziemlich hartnäckig. Wer genug hat, kauft sich günstiges Streetfood und genießt es mit Blick auf den Dubai Creek.

Arabian Tea House

Ravi's

KARTE S. 63

Legendäre pakistanische Speisen mit passendem T-Shirt

Das authentische familiengeführte pakistanische **Restaurant** bringt seit 1978 *chicken handi*, frisches *naan* und leckere Currys auf den Tisch. Es befindet sich in Satwa und servierte ursprünglich heimwehkranken Gastarbeitenden in Dubai traditionelle pakistanische Speisen. Inzwischen wurde es zu einer Institution in der Stadt. Es ist schlicht eingerichtet und bietet Tagesgerichte zu bezahlbaren Preisen. Hier gibt's auch funkige Ravi's Streetwear; unlängst kreierte es gemeinsam mit dem Sportartikelgiganten Adidas einen grün-weißen Retro-Sportschuh.

Arabian Tea House

KARTE S. 62

Das beste Frühstück in Bur Dubai

Dieses **Teehaus** in Al Fahidi ist eines der schönsten Restaurants Dubais und lockt schon von Weitem mit intensivem Duft nach frisch gebackenem Brot. Es serviert ganztägig Speisen – das Frühstück erfreut sich ungebrochener Beliebtheit. Man sitzt auf türkisen Holzbänken an weißen Tischen, umgeben von weißen Spitzenvorhängen und schön arrangierten Pflanzen. Schwarz-Weiß-Fotos an den Wänden erinnern an das alte Dubai. Das Frühstück im Stil der Emirate zum Teilen wird in hübschem Blümchengeschirr auf einem großen Silbertablett serviert.

Bur Dubai Souq

Bur Dubai Souq

KARTE S. 62

Traditioneller Markt im alten Dubai

Der traditionelle Souk, auch **Bur Dubai Grand Souq** genannt, liegt an der Südseite des Creeks und ist für seine große Auswahl an Textilien, Inneneinrichtung, Gewürzen, Parfüms und Spielzeug in einem Labyrinth enger Einkaufsstraßen und sandfarbener Häuser bekannt. Der Besuch ist ein intensives Erlebnis für alle Sinne, von den Farben der unzähligen Textilien und den Düften des arabischen *oud* bis zu den Rufen der Handeltreibenden, um Kundschaft anzulocken. Hier gibt's sowohl Kaftane, Kaschmirschals, kunstvoll gemusterte *abayas* und frische *kandouras* (lange Gewänder für Männer) als auch billige Souvenirs wie Plüschkamele und Schlüsselanhänger – zu günstigeren Preisen als in den Malls.

BANANAHUB/SHUTTERSTOCK ©

Historisches Viertel Al Fahidi

MEHR BUR DUBAI

Ein geführter Stadtspaziergang durch das alte Dubai

Hinter den Kulissen der Stadt

Man stelle sich vor, wie die Stadt Dubai vor Hunderten Jahren ausgesehen hat, lange vor der Zeit der Luxusmalls und Strandhotels. In Begleitung eines lokalen Guides erkundet man die Nebenstraßen des alten Dubais auf einem kuratierten außergewöhnlichen Stadtspaziergang. Die von **Dubai by Foot** organisierte zweistündige Geschichts-, Kultur-, Kunst- und Architekturtour beginnt im historischen Viertel Al Fahidi, führt immer wieder in traditionelle Wohnhäuser, historische Gebäude, Kunstgalerien und Cafés, dabei bieten sich Kontakte mit Menschen, die hier leben und arbeiten. Der Guide erzählt faszinierende Geschichten über die Stadt und ihre Persönlichkeiten, von Kunstschaffenden bis zu Architekt:innen. Dann setzt man in einer hölzernen *abra* auf die andere Seite des Dubai Creek nach Deira über und erfährt während der Überfahrt, dass die Stadt schon immer reizvoll für Einwandernde war – heute leben hier Menschen aus mehr als 120 Ländern. Am anderen Ufer wartet eine Sinnenattacke, denn es geht zum Goldsouk (S. 50) und zum geruchsintensiven Gewürzsouk (S. 51). Am Ende bleibt die Be-

ESSEN IN AL JADDAF

Als immer noch im Entstehen begriffenes Viertel hat Al Jaddaf einige tolle Restaurants, die typisch für die Dynamik des Stadtteils sind. Zu empfehlen ist das entspannte, rustikale **Mandi Man**, das jemenitische *mandi* – Reisgerichte mit gekochtem Fleisch und Gewürzen – serviert; man sitzt auf dem Boden und isst mit den Händen. Am anderen Ende der Skala ist das **Enigma** im Hotel Palazzo Versace. Das iranische Nobelrestaurant bleibt seinem Konzept traditioneller Hausmannskost treu – wie von Oma gekocht, nur in eleganterem Ambiente. Das **Teible** im Jameel Arts Centre ist eine Craft-Bäckerei mit Restaurant, deren Motto „Vom Hof auf den Tisch" ist und die viel Wert auf regionale Produkte legt.

DIE BESTEN LEGEREN RESTAURANTS IN BUR DUBAI

Chappan Bhog
Das Budgetrestaurant tischt nord- und südindische Gerichte auf, wobei vegetarische *thali* einen Schwerpunkt bilden. **$**

Ravi's
Pakistanische Gerichte in lockerer Atmosphäre gibt's in diesem beliebten alteingesessenen Restaurant. **$**

Al Khayma Heritage Restaurant
Das nahöstliche Restaurant im Historischen Viertel Al Fahidi serviert sehr gut zubereitete regionale Küche. **$$**

COFFEE MUSEUM

Im **Coffee Museum**, einem kleinen Privatmuseum in einer ehemaligen Villa im Historischen Viertel Al Fahidi, kann man seine Koffeinsucht befriedigen. Die schön gestaltete Ausstellung verfolgt die Geschichte der Kaffeebohne von äthiopischen Ziegenhirt:innen bis zu den kultivierten Kaffeepflanzungen in Jemen. Reisende erfahren mehr über das Getränk und seine Rolle bei sozialen Anlässen im Nahen Osten. Wer dann dem Geruch frisch gebrühten Kaffees folgt, stößt auf traditionell gekleidete Mitarbeitende, die *gahwa* und Datteln servieren. Eintritt frei.

Sheikh Mohammed Centre for Cultural Understanding (S. 67)

wunderung dafür, wie ein kleines Fischerdorf sich in nur einer Generation in eine globale Marke verwandelt hat, zudem werden einige verbreitete Mythen über das Leben im Nahen Osten entlarvt. Die Touren finden von Oktober bis Mai statt und kosten ab 155 Dh.

Das Wunder des arabischen Kaffees

KARTE S. 62

Ein Symbol der Großzügigkeit

Aromatischer, heißer, gelber **arabischer Kaffee** *(gahwa)* ist ein wichtiger Teil der Gastfreundschaft der Emirate und wurde Gästen traditionell als Geste der Großzügigkeit serviert. Früher wurde der Kaffee frisch zubereitet, wenn Gäste in ein Haus kamen. Bei der traditionellen Methode werden Kaffeebohnen in einer flachen Pfanne leicht geröstet und in einem Mörser zer-

LOHNENDE SOUVENIRS

Sandkunst
Ein Stück Wüste ist ein tolles Mitbringsel und stilvoll in Form eines bunten Sandkunstwerks einheimischer Sandkünstler:innen.

Datteln
Wesentlicher Bestandteil der Kultur der Emirate; mit der Frucht wird im Ramadan das Fasten gebrochen.

Kamelschokolade
Diese Süßigkeit aus Kamelmilch anstelle von Kuhmilch ist cremig und erstaunlich lecker.

stoßen. Der gemahlene Kaffee wird mit Wasser in eine große Kaffeekanne gegeben und aufs Feuer gestellt. Nach dem Brühen wird die Flüssigkeit in eine kleinere Kanne gefüllt und der Kaffee wird in winzige Tassen, nicht viel größer als ein Schnapsglas, eingeschenkt. Wer mehr über den *gahwa* erfahren will, besucht das Sheikh Mohammed Centre for Cultural Understanding (S. 67), wo der kulturelle Sprecher Khawla Al Marzooqi erklärt, dass arabischer Kaffee traditionell direkt nach dem Eintreffen der Gäste serviert und während des Zusammenseins ständig nachgeschenkt wird. Normalerweise wird die älteste Person im Raum zuerst bedient, dann geht es rechts herum weiter. Da Kaffee immer wieder nachgeschenkt wird, sollte man höflich darauf hinweisen, wenn man keinen mehr möchte – dazu schwenkt man die Tasse leicht von einer Seite zur anderen, wenn die Kanne naht. Früher galt es als höflich, mindestens drei Tassen zu trinken, heute ist es akzeptabel, schon vorher aufzuhören oder den Kaffee sogar ganz abzulehnen, wenn man keinen mag.

Bur Dubais Schneiderszene entdecken

KARTE S. 62

Etwas Maßgeschneidertes für zu Hause

Es lohnt sich, mal eine Mall zugunsten der belebten Straßen Bur Dubais auszulassen, wo zahlreiche **Schneidereien** maßgefertigte Kleidung nach Wunsch anbieten. Alles startet mit dem Wichtigsten, dem Stoff, für dessen Auswahl man sich Zeit nehmen sollte. Der Bur Dubai Grand Souq (S. 70) südlich des Creeks und die Geschäfte in Meena Bazaar (S. 69) haben jede Art Stoff und alle Farben vorrätig. Man fragt nach, wie der Stoff fällt, wie robust er ist oder gereinigt wird; ein Foto des gewünschten Kleidungsstücks ist ebenfalls hilfreich. Der Stoff sollte im Tageslicht angeschaut werden, auch wenn man dafür das Geschäft verlassen muss. Zur Menge des benötigten Stoffs gibt man ein, zwei Meter hinzu. Die meisten Schneidereien Bur Dubais befinden sich in Meena Bazaar, es gibt alles von klitzekleinen Läden in Seitenstraßen bis zu mehrstöckigen Geschäften voller Stoffe und ratternden Nähmaschinen. Zu den beliebten alteingesessenen Schneidereien der Stadt gehören **Parmar**, wo mehrere Generationen seit 1956 maßgeschneiderte Kleidung fertigen, das **Sartor** in der Nähe des Royal Ascot Hotel und **Tichi's Tailoring Boutique**. Man teilt seine Vorstellungen mit und prüft, ob man verstanden wurde. Der erste Besuch dient der Stoffabgabe und dem Maßnehmen, es folgt mindestens noch ein zweiter, um den fertigen Auftrag abzuholen. Je nach Komplexität und Auftragslage dauert es einige Tage bis Wochen, bis das gewünschte Kleidungsstück fertig ist.

WAS TRAGEN DIE EINHEIMISCHEN?

Wenn sich Männer aus den Emiraten traditionell kleiden, tragen sie ein langes Gewand, das *kandoura* genannt wird und in der Regel weiß ist, zusammen mit einer *gutra* (Kopftuch), die von einer dicken Kordel *(agal)* gehalten wird. Die Kordel war früher multifunktional – sie verhinderte nicht nur, dass das Kopftuch vom Wind weggeweht wurde, mit ihr wurden auch die Kamelhufe zusammengebunden, damit die kostbaren Tiere nachts nicht vom Beduinenlager davonspazierten. Frauen tragen traditionell lange schwarze Gewänder, *abaya* genannt, die es heute aber in allen Farben und Materialien gibt. Einige Frau bedecken ihren Kopf mit einem Hidschab oder einer *schaila*.

BARS IN BUR DUBAI

Eve Penthouse and Lounge
Elegante Dachbar mit Blick auf die Skyline der Stadt, Cocktails, Shishas und Livemusik im Hyatt Regency Dubai Creek Heights.

Golden Lion
Diese Bar auf der QE2 ist ein typisches britisches Pub und zudem das wohl älteste Dubais.

McCafferty's Bar and Restaurant
Traditionelles Irish Pub im Wafi City mit tollem Essen, Livemusik und Happy Hour.

TOP TIPP

Einer der beliebtesten Orte in Dubai, um das neue Jahr einzuläuten, ist der Burj Khalifa, und obwohl der Eintritt für das Spektakel frei ist, kann die Anreiselogistik kompliziert sein. Die Polizei beginnt am 31. Dezember schon früh damit, die Straßen in der Umgebung zu sperren, also mach dich rechtzeitig auf den Weg. In der Dubai Mall kann man einkaufen und dann zum Countdown zum gewünschten Aussichtspunkt laufen.

Oben: Burj Khalifa (S. 78); Rechts: Museum of the Future (S. 80)

LOCAL TIPP: DOWNTOWN DUBAI ERLEBEN

Emma Laurence (emmalaurence.net), freiberufliche Autorin, Redakteurin und Mutter, verrät, wie man am besten alles mitnimmt, was Downtown Dubai zu bieten hat.

In Dubais lebendigem Herzen kannst du das höchste Gebäude der Welt erklimmen oder durchs größte Einkaufszentrum der Welt schlendern – aber die besten Plätze (und die beste Livemusik) liegen gleich auf der anderen Seite des Wassers im Time Out Market, wo du die Dubai Fountain Show bei einer erlesenen Auswahl der frischesten Food-Konzepte der Stadt bewundern kannst. Von dort geht's auf den urbanen Skulpturenpfad entlang des glitzernden Boulevards und in eine bunte Mischung aus Kunstgalerien (Foundry nicht verpassen), Restaurants (Mastis Fusion-Gerichte und Cocktails sind exzellent) und ins luxuriöse Lizenzkino Cinemacity.

Downtown Dubai & Business Bay

DAS HERZ VON DUBAI

Vor nur ein paar Jahrzehnten war das, was wir heute als Downtown Dubai und Business Bay kennen, größtenteils unberührter Wüstensand.

Heute ist es das meistbesuchte Viertel der Stadt, das auf seinen über 200 ha mehr als genug ikonische Touristenattraktionen zu bieten hat.

Ganz oben auf der Liste steht der Burj Khalifa, das höchste Gebäude der Welt und Dubais bekanntestes Wahrzeichen. Der glitzernde, 828 m hohe Turm krönt die Stadtsilhouette und ist einer der besten Aussichtspunkte, um das weitläufige Emirat in seiner ganzen Pracht zu bewundern, von den niedrigen Villen an der Küste und den Gewässern des Golfs über die Skyline voller Türme bis zu weiten Wüstengebieten. Beim Burj Khalifa, der sich aus einem See zu erheben scheint, befindet sich die Dubai Fountain – eine Wassershow, die mit den Bellagio Fountains in Las Vegas rivalisiert. Ein Dinner mit Show sind die perfekte Abendbeschäftigung und die Dubai Opera mit Swarovski-bedeckten Innenräumen bietet ganzjährig beeindruckende Veranstaltungen.

Das Zentrum des zukunftsorientierten Dubais verfügt über zahlreiche unverwechselbare architektonische Sehenswürdigkeiten, vom erstaunlichen Museum of the Future mit Fenstern in Form arabischer Kalligrafie bis zu den blockartigen Bauten des Dubai Design District, wo sich viele kreative Köpfe der Stadt befinden. Kunstfans sind in diesem Viertel mit zahlreichen Galerien, Skulpturen und Ausstellungen in ihrem Element. Und natürlich ist die Dubai Mall, das größte Einkaufszentrum der Stadt, mit mehr als 1200 Geschäften, einer Eislaufbahn und einem städtischen Aquarium ein Traum für Shopper.

NICHT VERSÄUMEN ...

BURJ KHALIFA
Ein 828 m hohes architektonisches Wunder, das zum Synonym der Stadt wurde.
S. 78

DUBAI FOUNTAIN
Funkelnde Lichter, tanzende Fontänen und sich im Crescendo steigernde Melodien.
S. 79

MUSEUM OF THE FUTURE
Ein neues Wahrzeichen, das die Besucher 50 Jahre in die Zukunft katapultiert.
S. 80

SOUK AL BAHAR
Orientalisch angehauchter Komplex mit großartigen Speise- und Ausgehmöglichkeiten.
S. 77

DOWNTOWN DUBAI & BUSINESS BAY

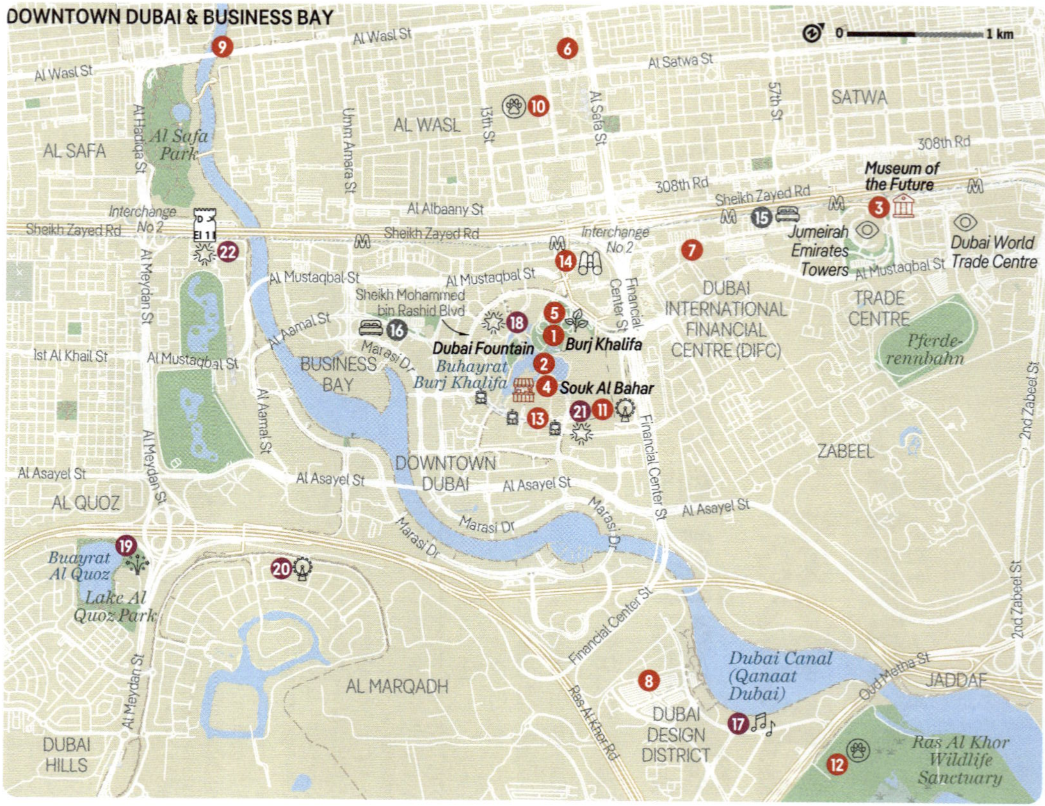

HIGHLIGHTS
1 Burj Khalifa
2 Dubai Fountain
3 Museum of the Future
4 Souk Al Bahar

SEHENSWERTES
5 Burj Park
6 City Walk
7 DIFC
8 Dubai Design District
9 Dubai Water Canal
10 Green Planet
11 Play DXB
12 Ras Al Khor
13 Sheikh Mohammed bin Rashid Boulevard
14 Sky Views

SCHLAFEN
15 Gevora Hotel
16 ME Dubai

AUSGEHEN & FEIERN
17 Sky 2.0

UNTERHALTUNG
18 Dubai Opera
19 Global Village
20 IMG Worlds of Adventure
21 KidZania
22 La Perle by Dragone

Fußgängerbrücke über den Dubai Water Canal

Souk Al Bahar

Arabische Drehscheibe für Essen und Ausgehen

Direkt neben der Dubai Mall erreicht man über eine kleine Fußgängerbrücke den **Souk Al Bahar**. Gestaltet wie ein traditioneller orientalischer Markt, verfügt er über 20 Restaurants, Cafés und Bars, viele mit Blick auf den Brunnen. Beliebt ist der **Time Out Market Dubai** – eine riesige, weitläufige Food Hall mit lokalen Restaurants und einigen der besten Küchen Dubais sowie einer belebten Bar und Außenterrasse. Es gibt auch eine Handvoll Geschäfte, die hauptsächlich Souvenirs verkaufen.

Dubai Water Canal

Ein neues Viertel am Wasser

Dieser 3,2 km lange **Kanal** vom alten Dubai Creek durch die Business Bay bis in den Golf durchzieht das Stadtzentrum von Dubai und verwandelt es in ein Ausflugsziel am Wasser. Breite Bürgersteige flankieren den Kanal – beliebt zum Laufen, Radfahren und Bummeln. Bei Einbruch der Dunkelheit erwachen der Kanal und die Viertel rundum zum Leben, wenn Gebäude und Brücken beleuchtet sind, Wasserfälle in bunten Lichtern erstrahlen und ein schillerndes Stadtbild zaubern. Von den Fußgängerbrücken am Kanal bieten sich tolle alternative Fotomotive der Stadt.

Souk Al Bahar

Jumeirah Emirates Towers

Dreieckige Schönheit

Einst war das beeindruckende Zwillingsturm-Tor zum Finanzdistrikt das höchste Gebäude der Stadt. Heute wird **Jumeirah Emirates Towers** von vielen benachbarten Wolkenkratzern in den Schatten gestellt, aber das Hotel bleibt ein Favorit der Reisenden, Einheimischen und Mitglieder der Herrscherfamilie des Landes, ganz zu schweigen von der ansässigen Pfauenschar, die übers Gelände stolziert. Es gibt eine Etage nur für Damen mit neun Zimmern und Suiten im Chopard-Stil und High-End-Shopping auf dem **Emirates Towers Boulevard**. Nach einem Halt beim **Office of the Future**, dem ersten 3D-gedruckten Büro der Welt, wählt man aus zahlreichen gastronomischen Angeboten, darunter das schicke Paris-inspirierte **La Cantine De Fauborg** und **Ninive** mit städtischem *madschli*-Ambiente und moderner orientalischer Küche.

KIRK FISHER/SHUTTERSTOCK ©

PRAKTISCH & KONKRET
Scanne diesen QR-Code für Öffnungszeiten und Tickets:

HIGHLIGHT

Burj Khalifa

Als höchstes Gebäude der Welt und Dubais meistbesuchte Attraktion thront der 828 m hohe Burj Khalifa weithin sichtbar über der Stadt. Dieses bahnbrechende architektonische Meisterwerk markierte einen Meilenstein in der Wachstumsgeschichte der VAE, als es 2010 eröffnet wurde. Es beherbergt Wohnungen, Restaurants, ein Hotel, einen himmelhohen Aussichtsturm und ist direkt mit der Dubai Mall verbunden, dem größten Einkaufszentrum des Emirats.

NICHT VERSÄUMEN
- At the Top
- Dubai Fountain
- Dubai Aquarium & Underwater Zoo
- Dubai Dino
- Diving Waterfall Fountain

Das höchste Gebäude der Welt

In Dubai gibt's einige der weltbesten architektonischen Wunder, aber das schimmernde Juwel in seiner Krone ist der Burj Khalifa. Das höchste Gebäude des Planeten befindet sich im Herzen von Downtown Dubai und wurde zu einem der wichtigsten Symbole der Stadt.

Die Megastruktur ist auch ein Fundus von technischen Errungenschaften und hochmoderner Technologie. Auch wenn es der Anblick des ultramodernen Äußeren nicht vermuten lässt, wurde das Design des Gebäudes von der Form der Spinnenlilie, einer verbreiteten Wüstenblume, und von komplizierten Mustern aus der islamischen Architektur inspiriert. Die Aufzüge im Inneren haben die weltweit längste Distanz vom untersten bis zum obersten Halt und fahren mit einer Geschwindigkeit von bis zu 10 m pro Sekunde, was die Ohren garantiert zum Klingen bringt.

Das Gebäude schraubt sich spiralförmig in die Höhe und bietet auf der 148. Etage mit 555 m auch die höchste Aussichtsplattform der Welt. Die Aussicht von hier ist eine einmalige Erfahrung und ein Ausflug zum Aussichtsturm **At the Top** die

SERGII FIGURNYI/SHUTTERSTOCK ©

Oben: Dubai Mall; links: Burj Khalifa

einzige Möglichkeit dazu. Billig ist er zwar nicht, bietet aber wie ein VIP-Besuch kostenlose Erfrischungen und eine Führung. Stell dich ganz an den Rand und genieße die unvergessliche Aussicht. Wer hier oben etwas unsicher ist, keine Bange. Das Gebäude ist so konzipiert, dass es hin- und herschwanken kann, in der höchsten Etage bis zu 2 m.

Eine etwas günstigere Möglichkeit für ein ähnliches Erlebnis ist ein At-the-Top-Ticket. Es beinhaltet den Zugang zur Aussichtsplattform auf der 124. Etage, wo die Aussicht ebenso spektakulär ist, aber vielleicht ein paar mehr Leute beim perfekten Selfie zu beachten sind.

Dubai Mall

Ein Einkaufserlebnis der Superlative ist Teil eines jeden Besuchs des Burj Khalifa, denn der Wolkenkratzer ist an die Dubai Mall (S. 38) angeschlossen. Über 1200 Geschäfte bieten in diesem Einkaufszentrum alles von Inneneinrichtung, Spielzeug und großen Modemarken wie Gap und H&M bis zu gehobenen Luxusgeschäften wie Fendi, Valentino und Fabergé in der Fashion Avenue. Im Souk im Erdgeschoss finden sich Waren aus dem Nahen Osten und im Goldsouk der Dubai Mall gibt's unzählige Schmuckgeschäfte; die Preise sind jedoch kaum besser als in Deira. Hungrig? Es gibt eine verwirrende Auswahl an Restaurants, vom beliebten Din Thai Fung bis zu modernen Gerichten aus den Emiraten im Loga sowie günstigeren Food Courts. Jüngste Erweiterungen des riesigen Zentrums sind die Dubai Mall Zabeel mit familienfreundlichen Geschäften und Supermärkten sowie die erste Chinatown der Stadt.

Dubai Fountain

Im See am Burj Khalifa erwachen allabendlich tanzende Fontänen zum Leben und bieten eine kostenlose Show, die garantiert beeindruckt. Die Düsen schießen das Wasser bis zu 140 m hoch und sind perfekt auf den begleitenden Soundtrack abgestimmt, der von traditioneller Khaleeji-Musik bis zu beliebten Popballaden reicht.

MEHR ALS NUR SHOPPING

In der Dubai Mall (S. 38) ist viel zu entdecken. Auf der olympischen Eisbahn läuft man Schlittschuh, in **KidZania** können Kinder Arzt, Feuerwehr oder Pilot spielen, man gruselt sich im ersten Spukhaus der Stadt **Hysteria** und besucht **Dubai Dino**, ein 24 m langes und 150 Millionen Jahre altes Dinosaurierskelett. Im **Dubai Aquarium & Underwater Zoo** gibt's Haie, Rochen und Tausende weitere Meeresbewohner.

TOP TIPPS

- Wer ein Zimmer im Armani Hotel bucht, hat einen unvergleichlichen Blick auf die Dubai Fountain. Die Musik der Show wird in jede Suite im Burj Khalifa übertragen, für Gäste des Designerhotels gibt's einen geheimen Zugang direkt zur Dubai Mall.
- Eine einzigartige Möglichkeit, den Burj Khalifa zu erleben, ist die Reservierung eines Tisches im At.mosphere im 122. Stock. Dieses moderne französische Restaurant serviert ein gehobenes Abendmenü und öffnet auch für Frühstück, Nachmittagstee und Sonnenuntergangserlebnisse, alle mit einer beeindruckenden Aussicht.

Dubai Opera

Perfekt für ein Abendessen und eine Show

Dubais erste Adresse für darstellende Künste wurde 2016 eröffnet und hat schon einige der größten Stars aus der ganzen Welt begrüßt. Die gläsernen Fassaden und funkelnden Swarovski-Kronleuchter der **Dubai Opera** laden dazu ein, sich für einen Abend mit Musik, Theater oder Comedy in Schale zu werfen. Das Gebäude in Form eines Dau-Segels ist aber nicht nur ein Opernhaus; sein geniales Design macht es zu einer Mehrzweck-Location für Konzerte, Auftritte, Ausstellungen, Theater, Comedy und mehr.

Dubai Opera

Museum of the Future

Ein Vorausblick ins Jahr 2070

Dieses bemerkenswerte **Museum** gleicht einem Raumschiff, das auf einem Grashügel an der Sheikh Zayed Road gelandet ist, und versetzt 50 Jahre in die Zukunft, in ein Land mit Kaffee servierenden Robotern, virtuellen Guides und unmöglich gedrehten Wolkenkratzern. Im silbern glänzenden Äußeren sind Fenster in Form arabischer Kalligrafie aus Gedichten von Dubais Herrscher Sheikh Mohammed eingelassen. Im Inneren gibt's interaktive Exponate auf sieben Etagen, darunter eine Science-Fiction-artige virtuelle DNA-Bibliothek, eine Mondmission, die in den Orbit aufsteigen lässt, und ein futuristisches Fantasieland, in dem Kinder ihre Gaming-Talente in realen Situationen testen können. Es gibt auch einen Rückzugsort für Meditation und geistige Gesundheit. Das Museum ist immer belebt; Tickets im Voraus buchen.

ME Dubai

Das einzige Hotel der Welt, das von Zaha Hadid entworfen wurde

Das von der verstorbenen britisch-irakischen Architektin entworfene, funkelnde **Hotel** im Stadtteil Business Bay ist Teil des Opus-Gebäudes, einer von zwei separaten Türmen geformten Würfelstruktur. Außen ist der Hohlraum in der Mitte des Gebäudes, der Hadids Kunst der geschwungenen Linien reflektiert, der Blickfang, im Inneren ist das ME Dubai Hotel eins der besten Fünf-Sterne-Boutique-Hotels der Stadt. Mit Space-Age-Zimmern und futuristischem Design hat das Hotel einen starken Fokus auf Kunst mit regelmäßigen Ausstellungen und Pop-up-Galerien. Hier befindet sich auch die erste internationale Filiale des beliebten Londoner Restaurants **Roka**.

Sheikh Mohammed bin Rashid Boulevard

Die Restaurantmeile von Downtown Dubai

Dieser palmengesäumte **Boulevard** um den Burj Khalifa ist 3,5 km lang und voller Hotels, Restaurants und Cafés. Mit breiten, gut beleuchteten Gehwegen ist er eines der wenigen Gebiete in Dubai, wo man leicht von einem Ort zum anderen laufen kann. Ein reichhaltiges gastronomisches Angebot bedient jeden Geschmack und Geldbeutel. Das **Ting Irie** ist das erste jamaikanische Restaurant und Lounge in den VAE, gehobene französische Küche gibt's im **Fouquet's.** Das einheimische Café **Bohox** bietet vegane und vegetarische Optionen, der Newcomer **Jun's** amerikanisch-asiatische Gerichte. Über den nahezu perfekten Rundboulevard kann man mit einem Leihrad von einer Station an den Fußwegen radeln oder eine Fahrt mit dem feuerwehrroten **Dubai Trolley** unternehmen. Diese Retro-Bahn ist die erste wasserstoffbetriebene, emissionsfreie Straßenbahn der Welt. Bei *The Wings of Mexico,* einer goldenen Skulptur mit Engelsflügeln des mexikanischen Künstlers Jorge Marin, steigt man aus, ignoriert die Stufen zum Burj Park hinunter und schwingt sich stattdessen auf die **Downtown Slide**, eine 19 m lange isolierte Stahlrutsche.

Dubai Trolley, Sheikh Mohammed bin Rashid Boulevard

Sky Views

Sightseeing auf einem ganz neuen Level

Im obersten Stockwerk des Address Sky View Hotels ist diese Erfahrung in luftiger Höhe wahrscheinlich nichts für Leute mit Höhenangst. Über 200 m über dem Boden bietet **Sky Views** die beste Aussicht über Downtown Dubai. Zum **Observatory** fahren die Gäste mit dem Panoramalift auf die Ebene 52 und spazieren 46 Meter über eine gläserne Brücke, die beide Türme des Hotels verbindet. Eine Etage höher kann man in den **Sky Slide** steigen, einen transparenten Tunnel, durch den man außen am Turm hinuntersaust. Wer Nervenkitzel sucht, kann sich anschnallen und auf dem **Edge Walk** ausleben, einem atemberaubenden Spaziergang im Freien auf der turmhohen Plattform ums Hotel.

Address Sky View

Play DXB

Ein Land der Fantasie

Play DXB ist die neueste Version des VR Park, dem weltweit größten Indoor-Virtual-Reality-Bereich in der Dubai Mall. Auf Kinder und Jugendliche ausgerichtet, bietet die Indoor-Attraktion mehr als 30 immersive Spiele und Fahrgeschäfte zur Unterhaltung. Mit einem Oculus-Headset Dämonen und Drachen bekämpfen, mit einer Achterbahn ins Auge des Sturms fahren oder in einem Autoscooter gegen andere antreten. Es gibt auch ein klassisches Karussell, Spielautomaten und Trampoline.

Sheikh-Hamdan-Skulptur, Dubai Design District

Burj Park

Dubai Design District

Wo Kreative zusammenkommen

Der farbenfrohe **Dubai Design District**, auch D3 genannt, ist ein neueres Stadtviertel abseits der Al Khail Road, etwa 4 km von der Dubai Mall entfernt, ein trendiges Einkaufs-, Kunst- und Kreativviertel, das sich ständig entwickelt. Ausgefallene Architektur, Wandmalereien und einzigartige Marken wetteifern mit Konzeptboutiquen, Kunststudios, Co-Working-Spaces und Ausstellungsräumen. Das gastronomische Angebot reicht vom Hipster-Favoriten **Joe and the Juice** über das einheimische **Akiba Dori** bis zu **Yui**, dem ersten Haus für handgemachte Ramen in den VAE. Hier locken außerdem einige der jährlichen Pop-up-Events Dubais, darunter **Sole DXB** und **Dubai Design Week**.

Burj Park

Perfekt gepflegter Rasen und Blick auf den Burj Khalifa

Dieser weitläufige **öffentliche Park** im Herzen des belebtesten Stadtteils von Dubai ist rund um die Uhr geöffnet und für jedermann frei zugänglich. Der Burj Park liegt auf einer kleinen Insel neben dem Dubai Fountain Lake und ist über Brücken vom Festland aus zu erreichen. Hier führen Einheimische ihre Hunde aus, joggen, radeln oder picknicken, abends ist oft viel los. Was diesen Park so besonders macht, ist der unvergleichliche Blick auf das höchste Gebäude der Welt und die nächtlichen Dubai Fountain Shows. Es gibt auch einen Skulpturenpark und einen vollen Veranstaltungskalender mit Weihnachtsmessen, Modenschauen und Märkten im Freien. Am Eingang gibt's einen Fahrradverleih und Parkplätze.

Stadtspaziergang

Von schicken Restaurants bis zu familienfreundlichen Aktivitäten

Das flippige, fußgängerfreundliche Open-Air-Gebiet an der Al Safa Street ist eines der beliebtesten Viertel in Dubai. Inspiriert von europäischen Boulevards erstrecken sich die Straßen hier über mehrere Blocks und sind gesäumt von Boutiquen, Außenterrassen und schicken Cafés. Beim Bummeln sind Kunstwerke von einem Team internationaler Kunstschaffender zu entdecken, das einige Wände des Viertels mit großflächigen Wandmalereien, Graffitis und versteckten Gemälden transformierten. Im zentralen Brunnenbereich herrscht abends reges Treiben, Kinder fahren Tretboot und Gäste sitzen auf den Terrassen ums Wasser. Hier befindet sich auch die **Coca-Cola-Arena**, eine der größten überdachten Arenen des Nahen Ostens. Nachts sind viele Gebäude beleuchtet und das Viertel bekommt ein ganz neues Gesicht..

Green Planet

Green Planet

Ein Regenwald in der Wüste

In der Wüste zu sein bedeutet nicht, dass man keine Regenwaldaussicht genießen kann. **Green Planet** ist Dubais ganz eigenes tropisches Mikroklima, in dem mehr als 3000 Pflanzen und Tiere leben. In einem würfelförmigen Biodom, der sich über vier Ebenen erstreckt, erfährt man in der City-Walk-Attraktion mehr über jeden wichtigen Teil des Regenwaldes, vom Waldboden bis zur Baumkrone. Faultiere, Ameisenbären, Tukane und Gürteltiere tummeln sich hier und es gibt einige ungewöhnliche Angebote wie Schnorcheln mit afrikanischen Buntbarschen, Mitarbeit im Zoo und Campingoptionen.

Sky 2.0

Dachpartys das ganze Jahr über

Dieser einzigartige **Open-Air-Treffpunkt** im Dubai Design District hebt das Clubbing auf die nächste Stufe und entwickelt sich schnell zur angesagtesten Partylocation der Stadt. An diesem kugelförmigen Ort finden ausgelassene Rooftop-Partys unterm Sternenhimmel statt und an den Wochenenden legen einige der beliebtesten DJs der Stadt auf. Faszinierende Projektionen, gewölbte Bildschirme und Lichtshows tragen zur Atmosphäre bei, und der Spaß hört auch im Sommer nicht auf, denn es gibt ein spezielles Kühlsystem, das die Partygäste unabhängig von den Außentemperaturen abkühlt.

EIN SPAZIERGANG IN & UM DIE DUBAI MALL

Die breiten Boulevards von Downtown Dubai und die Dubai Mall eignen sich ideal für eine Tour auf eigene Faust, um einige der großen Sehenswürdigkeiten der Stadt abzuhaken. Mit der Metro geht's in die Innenstadt bis zur Station **1 Dubai Mall/Burj Khalifa**, von dort überquert man die gläserne **2 Metro Link Bridge** und genießt von der hohen klimatisierten Brücke die Aussicht. Bei **3 Pylones**, einer flippigen französischen Marke für skurrile Inneneinrichtung, betritt man die Mall und biegt links in Richtung Bloomingdales zu den Galleries Lafayette ab. Ein Aufzug bringt ins Erdgeschoss, rechter Hand liegt das Atrium des Souks. Folgt man derselben Richtung, macht man einen Schaufensterbummel vorbei an Luxusgeschäften wie Patek Philippe und Cartier und biegt bei Rolex links ab. Man passiert die Statue eines goldenen Kamels und erreicht bald das fast vollständige Skelett des **4 Dubai Dino** (S. 79). Rechts geht's zum riesigen blauen Becken des **5 Dubai Aquarium & Underwater Zoo** (S. 79). Der nächste Lift bringt zur unteren Ebene der Lobby, man geht zum Star Atrium, verlässt das Einkaufszentrum und überquert die Brücke zum **6 Souk Al Bahar** (S. 77). In der Mitte kann man gut Fotos vom Burj Khalifa schießen. Danach kehrt man auf die Hauptseite der Brücke zurück, biegt links ab zum **7 Burj Lake**, wo die Dubai Fountain in Aktion zu sehen ist. Dieser Fußgängerboulevard führt zu einer Brücke übers Wasser zum **8 Burj Park** (S. 82) mit der Skulptur *Win Victory Love*, dem Modell einer Hand, die Scheich Mohammeds berühmte Drei-Finger-Geste zeigt. Die Tour führt weiter durch den Park und über die Brücke zur fotogenen Statue **9 Wings of Mexico** (S. 86). Von hier aus gelangt man schließlich auf den **10 Sheikh Mohammed bin Rashid Boulevard** (S. 81) mit unzähligen Cafés und Restaurants.

Dubai Fountain Lake

MEHR DOWNTOWN DUBAI & BUSINESS BAY

Tische mit Aussicht

Plätze in der ersten Reihe für den Dubai Fountain

Wenn Wasserdüsen aufsteigen und die Musik sich aufbaut, drängen sich die Gäste am Rand des **Dubai Fountain**, denn alle möchten das Spektakel erleben. Doch die Rangelei um einen Platz ist unnötig, denn es gibt viele Möglichkeiten, das Wasserspektakel aus der ersten Reihe zu sehen. Zum Beispiel eine Abra-Fahrt auf dem **Dubai Fountain Lake,** die startet, wenn die Show beginnt – aber dabei kann man nass werden. Oder man behält trockene Füße auf dem **Dubai Fountain Boardwalk**, eine schwimmende Plattform, die näher ans Geschehen heranführt. Der 272 m lange Boardwalk ist nur mit Eintrittskarte zugänglich und am nächsten Punkt nur 9 m von den tanzenden Düsen entfernt. Um den Burj Lake haben viele Restaurants Terrassen mit Blick auf die Brunnen; frühzeitig buchen. Ein reservierter Tisch im **Novikov Café** in der Fashion Avenue bietet einen fantastischen Blick aufs Wasser. Das elegante **Thiptara** im Palace Downtown Hotel bietet authentische thailändische Küche und macht seinem

DAS BESTE RAUSHOLEN AUS: DUBAI WATER CANAL

Es gibt viele Möglichkeiten, den Dubai Water Canal (S. 77) und seine 6,4 km lange Promenade optimal zu nutzen. Man kann eine luxuriöse Dinner-Kreuzfahrt auf dem Wasser buchen und bei gutem Essen und Liveunterhaltung den Panoramablick auf die Skyline der Stadt genießen. Oder man schnürt die Wanderschuhe und macht sich auf den Weg: Breite Wege schlängeln sich auf beiden Seiten des Kanals entlang. Beim Laufen, Spazierengehen und Radfahren können auch drei der fünf Brücken des Kanals überquert werden, darunter die lilafarbene **Bridge of Tolerance** und die **Twisting Bridge**, die früher als eine der schönsten Brücken der Welt gepriesen wurde.

UNGEWÖHNLICHE FUNDSTÜCKE IN DER DUBAI MALL

Pinocchio World by Bartolucci
Wunderschöne, handgearbeitete italienische Holzarbeiten, Spielzeug und Geschenke, perfekt als Souvenirs.

Candylicious
Einer der größten Süßwarenläden der Welt. Süßigkeiten aus aller Welt und eine riesige, mit Geleebohnen gefüllte Wand.

Sauce
Concept Store aus Dubai, bekannt für ausgewählte Mode- und Lifestyle-Produkte.

KUNST FINDEN IN DOWNTOWN DUBAI

Von etablierten Galerien bis zu Pop-up-Ausstellungen – in Downtown Dubai ist es leicht, Kunst aufzuspüren. Die **MB&F M.A.D Gallery** in der Dubai Mall ist teils Uhrengeschäft, teils kinetische Galerie mit einer Auswahl mechanischer Kunstwerke. Im DIFC zeigt die **Opera Gallery** eine beneidenswerte Sammlung von Werken etablierter und aufstrebender Kunstschaffender, im Boutique-Hotel **Indigo Dubai Downtown** warten über 200 ausgewählte Kunstwerke lokaler und in Dubai ansässiger Kunstschaffender, die alle die Geschichte Dubais und seiner Entwicklung erzählen. Die Skulptur *The Wings of Mexico* auf dem Sheikh Mohammed bin Rashid Boulevard, ein ikonisches Stück des mexikanischen Künstlers Jorge Marin, ist ein weiteres Kunsthighlight und bei Instagrammern sehr beliebt.

ABRAR SHARIF/SHUTTERSTOCK ©

Flamingo, Ras Al Khor Wildlife Sanctuary

Namen, übersetzt „Magie am Wasser", mit vorderen Brunnenplätzen alle Ehre. Das **Wafi Gourmet** am Ufer ist dank seiner Speisekarte mit Gerichten aus der ganzen Region und den Terrassentischen mit Blick aufs Wasser sehr beliebt. Auf der anderen Brückenseite in Souk Al Bahar (S. 77) speist man im **Gunaydin Dubai** an der Uferpromenade türkisch, dabei beeindrucken die anatolisch inspirierten Gerichte ebenso wie die Aussicht. Eine preisgünstige Alternative ist **Five Guys** für einen Burger an einem Tisch auf der Terrasse mit Pommes frites und Brunnenaussicht.

Ein Abend voller Unterhaltung im La Perle

Kunst und Wassersport vereint in einer Wasser-Extravaganza

Ein kugelförmiger Metallkäfig erhebt sich über den Boden, im Inneren fünf Motorräder mit Fahrern. Die Begleitmusik steigert sich dramatisch, von einer Bank sieht ein Mädchen mit einer Perle zu, nur wenige Meter von einem 5 m tiefen Becken entfernt. Auf dem Höhepunkt schwebt die Kugel und die Fahrer starten die Motoren. Das Publikum japst, wenn die Stuntfahrer mit Höchstgeschwindigkeit durch die Kugel und auf engstem Raum knapp aneinander vorbeisausen – fast der Realität

DIE BESTEN AKTIVITÄTEN MIT KINDERN

Global Village
Open-Air-Festival von Oktober bis April und eine der günstigsten familienfreundlichen Attraktionen der Stadt.

IMG Worlds of Adventure
Dubais größter Indoor-Themenpark; die Fahrgeschäfte haben Cartoon-Network- und Marvel-Themen.

KidZania
Spaßiges Edutainment-Center, wo sich Kinder verkleiden und in einer unglaublichen Fantasiestadt die Hauptrolle spielen.

zum Trotz. Dies ist nur eine Szene aus **La Perle by Dragone**, Dubais erster ständigen Show. Sie erzählt die Geschichte eines Prinzen und einer jungen Frau und behandelt Themen wie Dubais Perlentauchgeschichte, Traditionen und Globalisierung in einem 90-minütigen Spektakel voller todesmutiger Stunts, Spezialeffekte und unglaublicher Wassertheatralik. Die Show im Stil des Cirque du Soleil ist das Werk des Kreativdirektors Franco Dragone und findet an fünf Tagen in der Woche in Al Habtoor City in einem eigens dafür errichteten Wassertheater statt. Man muss es selbst gesehen haben, um es zu glauben. Dank der 270-Grad-Sitzanordnung hat jeder Platz eine gute Sicht. Die 65 Artisten, Athleten und Stuntleute ziehen in ihren Bann, indem sie in verblüffenden Kulissen, farbenfrohen Kostümen und mit dramatischer Musikuntermalung eine Fantasie schildern. Es gibt packende Szenen, Luftakrobatik, Wasserstürze und zirkusartige Stunts.

Vogelbeobachtung im Stadtzentrum im Ras Al Khor

Das Kap des Creeks

Es wird still in der Holzhütte, als ein leuchtend rosafarbener Vogel heranschießt und nur wenige Meter entfernt auf dem Wasser landet. Das langschnäblige Tier legt sein kirschrotes Gefieder an und begutachtet seine Umgebung. Scheinbar zufrieden mit dem, was es sieht, hebt es ein Bein und balanciert auf dem langen, schlanken, streichholzartigen anderen. Pfeilschnell taucht es den Kopf ins Wasser und taucht Augenblicke später wieder auf, salzige Flüssigkeit tropft aus dem schwarz-rosa Schnabel. Dies ist kein Motiv direkt aus Afrika oder die Nacherzählung eines Karibik-Märchens, sondern eine Szene aus der urbanen Metropole Dubai. Denn in Ras Al Khor, nur 14 km vom höchsten Gebäude der Welt entfernt, befindet sich ein Naturschutzreservat, in dem Hunderte Flamingos leben. Am Rande des **Ras Al Khor Wildlife Sanctuary** wurden mehrere Beobachtungssitze (*Hides*) eingerichtet, die man kostenlos betreten kann. Man parkt an der Straße und folgt dem palmengesäumten Weg, um sich an einer der Holzhütten anzumelden. Dann nimmt man sich einen Stuhl, zückt ein Fernglas und setzt sich ruhig hin. Im sumpfigen Wasser baden Schwärme von Flamingos, futtern, schweben und tanzen in ihrem Winterquartier. Für den Besuch ist keine Reservierung erforderlich, aber die Gäste müssen sich verpflichten, die geltenden Umweltregeln zu respektieren, keine Abfälle zu hinterlassen und keinen Lärm zu machen.

MEYDAN CITY

Nicht weit von Ras Al Khor entfernt befinden sich die ausladenden Tribünen des Meydan Racecourse. Die spektakuläre Anlage, auf der das größte Pferderennen der Welt stattfindet, ist ein Beweis dafür, wie ernst Dubai seine Pferde nimmt. Sie ist an der **Meydan Bridge** zu erkennen, die jeden Abend in einem leuchtenden Blau erstrahlt. Hier befindet sich auch das **Meydan Hotel**, ein Fünf-Sterne-Resort mit einem fantastischen Infinitypool auf dem Dach. Jedes Jahr findet hier der Dubai World Cup mit einigen der höchsten Preisgelder im Pferdesport statt und gut gekleidete Fans strömen für ihn und die begleitenden Superstar-Konzerte in die Stadt. Im Vorfeld findet eine Reihe kleinerer Rennen statt, die sowohl Rennsportfans als auch einheimische Familien besuchen, um die Unterhaltung auf dem Rennplatz zu genießen.

ERLEBNISSE MIT TIEREN

Camel Farm
Saisonal geöffnete Farm in der Wüste von Dubai mit Kamelen, Ziegen, Eseln und anderen Tieren zum Anfassen.

Butterfly Garden
Dieser Ort neben dem Dubai Miracle Garden beherbergt mehr als 15000 Schmetterlinge in speziell angefertigten Kuppeln.

Al Maha Desert Resort
Luxuriöses Fünf-Sterne-Zeltdomizil in Dubais Naturschutzgebiet; mit Oryx-Antilopen, Gazellen, Füchsen, Hasen...

TOP-TIPP

In Jumeirah gibt's keine Metrostationen, daher ist es kniffliger, sich mit dem öffentlichen Nahverkehr fortzubewegen. Man nimmt am besten die Red Line zu der Station, die dem Ziel am nächsten liegt, und von dort ein Taxi oder Uber. Entlang der gesamten Jumeirah Beach Road fahren regelmäßig Busse.

Oben: Burj Al Arab (S. 92); rechts: Kite Beach (S. 91)

LOCAL TIPP: JUMEIRAHS VERSTECKTE PERLEN

Carla Baz (@carlabazstudio) ist eine libanesische Produktdesignerin, die in Dubai lebt. Sie verrät uns einige versteckte Perlen Jumeirahs.

Orfali Bros
Dies ist auf meiner Liste ganz oben, wenn es ums Essen geht. Eine frische, kreative, köstliche Version levantinischer Küche und mehrfach ausgezeichnet – nicht verpassen!

Villa Margot
Malerischer Komplex in einer typischen Jumeirah-Villa mit einem Café, einem Blumengeschäft – die schönsten Buketts von Dubai – und einem tollen Concept Store, der ausgewählte Kleidung, Schmuck und Inneneinrichtung verkauft.

The Grey
Mein Lieblingscafé ist wunderbar in eleganten Grautönen und mit schönen Designermöbeln eingerichtet. Es serviert den besten Kaffee und das beste Gebäck in der Gegend ... und TikTok-Content.

Jumeirah

WEISS GETÜNCHTE VILLEN UND KÜSTENFLAIR

Jumeirah ist der Küstenstrich voller Strände parallel zur Sheikh Zayed Road, der gleich hinter Palm Jumeirah beginnt und sich fast bis zum ältesten Teil Dubais erstreckt.

Das Viertel war ursprünglich ein reines Wohngebiet, darum stehen hier viele Villen. In den 60er-, 70er- und 80er-Jahren zogen immer mehr Expats her – daher stammt auch der scherzhafte Ausdruck „Jumeirah Janes" für die Ehefrauen wohlhabender Expat-Geschäftsleute, die angeblich ihre Tage in Dubai am Strand, in Schönheitssalons oder bei ausgedehnten Mittagessen verbrachten.

Die Jumeirah Road und die dahinter verlaufende Al Wasl Road durchqueren das Viertel in seiner gesamten Länge. Viele der ursprünglichen Villen hier wurden saniert und beherbergen heute unabhängige Betriebe wie ausgefallene Cafés, Kunstgalerien, Kaffeehäuser und mehr.

Mit zahlreichen Stränden, die Jumeirah auf ganzer Länge säumen und oft ineinander übergehen, ist der Stadtteil bei Sonnenhungrigen und Familien beliebt.

Ein unberührtes Fleckchen am Meer ist schwieriger zu finden als früher, was Jumeirahs Charme leider etwas schmälert. Andererseits hat Dubais Tourismusbehörde viel getan, um die Küste zu entwickeln, und viele einst unberührte Strände punkten jetzt mit Umkleideräumen, Toiletten, Rettungskräften und Imbisslokalen. Drei wurden jüngst als Nachtschwimmstrände ausgewiesen, wo Flutlichter und Rettungskräfte nach Einbruch der Dunkelheit einen Sprung in den Golf erlauben – eine Wohltat in den heißen Sommermonaten.

Jumeirahs wichtigstes Wahrzeichen ist der hohe Fahnenmast am Union House, in dem die VAE 1971 gegründet wurden. Das Etihad Museum am selben Standort lohnt den Besuch, um die inzwischen mehr als fünf Jahrzehnte umfassende Geschichte des Landes besser zu verstehen.

NICHT VERSÄUMEN ...

BURJ AL ARAB
Das einzige Sieben-Sterne-Hotel der Welt und eines der berühmten Wahrzeichen Dubais.
S. 92

MADINAT JUMEIRAH
Der Megakomplex mit Souks, Geschäften, Restaurants und Bars verströmt authentischen nahöstlichen Charme.
S. 90

KITE BEACH
Einer der beliebtesten Strände Dubais mit goldgelbem Sand, Strandaktivitäten und mehr.
S. 91

JUMEIRAH-MOSCHEE
In diesem Gebetshaus kann man mehr über die Kultur des Islams und die Traditionen der Emirate erfahren.
S. 95

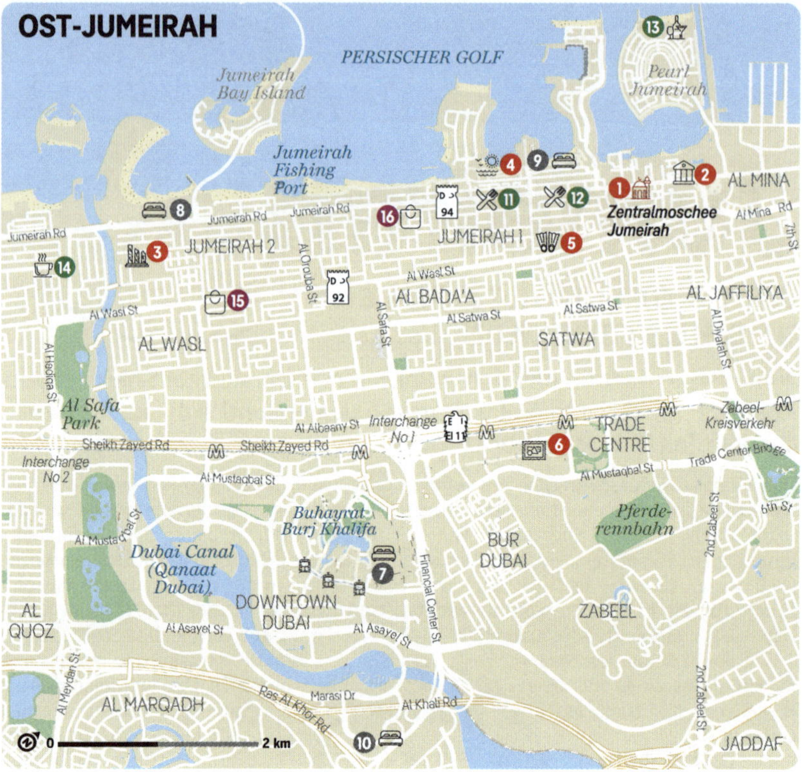

HIGHLIGHTS
1 Jumeirah-Moschee

SEHENSWERTES
2 Etihad Museum
3 Jumeirah Archaeological Site
4 Jumeirah Public Beach

AKTIVITÄTEN, KURSE & GEFÜHRTE TOUREN
5 Al Boom Diving
siehe 10 Ciel Spa
6 DIFC Sculpture Park
siehe 7 The Spa

SCHLAFEN
7 Address Downtown
8 Four Seasons Resort Dubai at Jumeirah Beach
9 Rove La Mer Beach
10 SLS Dubai

ESSEN
11 Comptoir 102
12 Seva

AUSGEHEN & FEIERN
13 Bungalo34
14 Rx Coffee Apothecary & Kitchen

SHOPPEN
15 BoxPark
16 Mercato Mall

Madinat Jumeirah

KARTE S. 93

Nahöstlicher Charme trifft auf moderne Restaurants und Bars

Madinat Jumeirah ist die moderne Version eines traditionellen arabischen Dorfes, das die Windtürme des Historischen Viertels Al Fahidi mit dem Trubel der alten Souks und schlichten frühen Palastelementen verbindet. Es ist teils Resort, teils Unterhaltungsareal und sein Herzstück ist der **Souq Madinat Jumeirah** – ein Labyrinth von Gassen mit Laternen und Ständen, die alles von Sandkunst in Flaschen über geblasenes Glas bis zu arabischen Pantoffeln und bunten Kaftanen verkaufen. Es gibt tolle Restaurants und Bars, viele locken mit dem Blick auf Wasser und Palmen. Die **Trattoria** serviert italienische Küche direkt am Wasser, das **Pai Thai** bietet gehobene Thai-Küche und ist nur mit einem *abra* zu erreichen, ins **Folly** geht's zum Sundowner auf der Dachterrasse.

Jumeirah Public Beach

KARTE S. 90

Tag und Nacht am Meer

Hier herrscht kein Mangel an Stränden, und der öffentliche Strand **Jumeirah Public Beach** hinter der Sunset Mall, von Alteingesessenen oft NessNass Beach genannt, ist eine beliebte Wahl, um auf goldgelbem Sand zu entspannen. Er ist kostenlos und nicht so gut entwickelt wie der nahe Kite Beach, dafür aber meistens nicht so voll. Dank der Flutlichter und rund um die Uhr anwesenden Rettungskräfte kann man auch nach Einbruch der Dunkelheit baden. Es gibt Umkleideräume, Toiletten und Duschen.

Ski Dubai

Mall of the Emirates

KARTE S. 93

Skifahren, Shoppen und Kaufrausch

Sie ist zwar nicht mehr die größte Mall der Stadt – 2008 wurde die noch größere Dubai Mall eröffnet –, doch die **Mall of the Emirates** bleibt eines der beliebtesten Einkaufszentren Dubais. Es gibt nicht nur über 500 Geschäfte, Restaurants und Cafés, sondern auch eine Indoor-Skiwelt, einen riesigen Kinokomplex und den **Magic Planet** – eine Mischung aus Spielhalle und Minivergnügungspark. Harry-Potter-Fans können sich im Wizarding World Shop mit tollen Artikeln eindecken, während Dubais einziger **Harvey Nichols** gehobenes Shoppen bietet. Im **Fashion Dome** mit einer Glaskuppel und schmiedeeiserner Decke sind Luxusartikel von Marken wie Christian Louboutin, Jimmy Choo und Tiffany zu kaufen oder zu bewundern.

Ski Dubai

KARTE S. 93

Pistenabenteuer

Draußen ist es sonnig und die Temperaturen steigen – doch bei **Ski Dubai**, dem ersten Indoor-Skihang des Nahen Ostens, findet man immer Abkühlung, denn hier liegen die Temperaturen um eisige 0 °C. Das künstliche Skiresort befindet sich in der Mall of the Emirates und bietet fünf bis zu 400 m lange Abfahrten, darunter die erste schwarze Piste der Welt in einer Halle. Außerdem gibt's einen Schneepark, wo man Bob fahren, eine Kletterwand erklimmen oder in einem aufblasbaren, Zorb genannten Plastikball einen Hang hinunterdüsen kann. Für Wintersportneulinge gibt's Ski- und Snowboardkurse.

Kite Beach

KARTE S. 93

Sonnige Tage und Panoramablick

Der **Kite Beach** ist einer der beliebtesten Strände Dubais, denn neben makellosem goldgelbem Sand gibt's zahlreiche Aktivitäten, darunter Beachtennis, Kitesurfen, Volleyball, Fahrradwege und einen aufblasbaren Hindernisparcours auf dem Wasser. Es gibt Duschen, Toiletten und Umkleideräume sowie zahlreiche Foodtrucks und hübsche Cafés. Der öffentliche Strand ist kostenfrei und, nur 5 km entfernt vom Burj Al Arab, ein toller Ort für Selfies bei Sonnenuntergang mit dem Sieben-Sterne-Hotel im Hintergrund.

DIE BESTEN BARS IN JUMEIRAH

Bahri Bar
Gehobene Bar im Jumeirah Mina A'Salam mit Meerblick, Livemusik und reicher Cocktailkarte. **$$$**

Bungalo34
Die Retro-Riviera-Bar im Nikki Beach Resort & Spa serviert eiskalte Cocktails am Strand. **$$**

Loca UAE
Ab Einbruch der Dunkelheit: Fiesta-Stimmung in der beliebten, legeren mexikanischen Bar. **$$**

Burj Al Arab

KARTE S. 93

Das einzige Sieben-Sterne-Hotel der Welt

Das Juwel an Jumeirahs Küste ist der **Burj Al Arab,** der seit seiner Eröffnung im Jahr 1999 als das erste Sieben-Sterne-Hotel der Welt vermarktet wird. Er ist für Dubai, was der Eiffelturm für Paris und der Big Ben für London sind – eine Ikone der Stadt. Der einem Segel nachempfundene Turm ist 320 m hoch und beherrscht die Skyline Jumeirahs. Tagsüber reflektiert er das strahlende Sonnenlicht, abends wird er in wechselnden Farben beleuchtet. Das Hotel, tatsächlich ein Fünf-Sterne-Haus, steht auf einer künstlichen Insel und bietet luxuriöse Suiten mit Meerblick, private Butler und 17 Kissenoptionen. Das Innere ist mit Vergoldungen und mehr als 30 Marmorsorten dekoriert. Im Resort finden sich einige der besten Restaurants der Stadt, darunter das Sternerestaurant **Al Muntaha** sowie das **Ristorante L'Olivo at Al Mahara** mit einem raumhohen Aquarium. Wer mehr über das Bauwerk erfahren will, bucht die Tour „Inside Burj Al Arab", bei der die Designgeheimnisse des Hotels gelüftet werden und man einen Blick in die opulente Royal Suite werfen darf. Wer nicht hineingehen möchte, fotografiert es am besten vom öffentlichen Strand nördlich des Hotels, von Aussichtspunkten im Madinat Jumeirah oder vom Wasser aus.

Wild Wadi

KARTE S. 93

Wasserspaß auf Arabisch

Im Schatten des Burj Al Arab und neben dem Jumeirah Beach Hotel liegt Dubais ältester Wasserpark, der **Wild Wadi Waterpark,** in dem Reisende Abkühlung suchen können. Thematisch ist er im Stil eines traditionellen arabischen Dorfes gestaltet. Er beherbergt den Jumeirah Sceirah, die längste Freier-Fall-Rutsche außerhalb der USA, die Tantrum Alley mit wilder Rutsche und turbulenten Röhrenfahrten und Juha's Journey, eine kurvenreiche, 360 m lange Flussfahrt. Für Gäste ausgewählter Hotels in Jumeirah sowie Personen mit Behindertenausweis ist der Eintritt frei.

Wild Wadi

WEST-JUMEIRAH

HIGHLIGHTS
1 Burj Al Arab
2 Kite Beach
3 Madinat Jumeirah

SEHENSWERTES
4 Al Farooq Omar Bin Al Khattab Mosque
5 Theatre of Digital Art
6 Wild Wadi Waterpark

AKTIVITÄTEN, KURSE & GEFÜHRTE TOUREN
7 Ski Dubai
8 Sunset Beach

SCHLAFEN
9 Beach Walk Boutique Hotel
10 Jumeirah Beach Hotel
11 Lemon Tree Hotel Jumeirah

ESSEN
12 Jumeirah Fishing Harbour 3

AUSGEHEN & FEIERN
13 Bahri Bar

SHOPPEN
14 Mall of the Emirates

Al Farooq Omar Mosque

Al Farooq Omar Bin Al Khattab Mosque

KARTE S. 93

Ein Gebetshaus im osmanischen Stil

Inspiriert von der berühmten Blauen Moschee in Istanbul, wurde die **Al Farooq Omar Bin Al Khattab Mosque** in Al Safa im osmanischen Stil mit andalusischen Einflüssen gebaut und unterscheidet sich damit sehr von vielen anderen Moscheen in den VAE. Sie gehört zu einer Handvoll Moscheen, die für Nichtmuslime geöffnet sind; täglich gibt's zwei kostenlose Führungen. Unbedingt vorher die Verhaltensregeln auf der Website ansehen, die Reisenden meist unbekannt sind, etwa die Empfehlungen, die Moschee mit dem rechten Fuß zuerst zu betreten.

Etihad Museum

KARTE S. 90

Die Geschichte der VAE

Das **Etihad Museum** an der Spitze von Jumeirah ist ein imposantes Bauwerk mit einer Fläche von etwa 25000 m². Es befindet sich am selben Ort wie das historische **Union House**, wo die 1971 unterzeichneten Dokumente die Gründung des heutigen Staates besiegelten. Das Museum zeichnet die Chronik der Staatsgründung nach, Hunderte Fotos, Filme, Bücher und andere Archivmaterialien zeigen, wie sich die VAE entwickelt haben. Zudem gibt's interaktive Pavillons, eine Bibliothek, eine Ausstellungshalle und ein Café. Hier steht auch der 123 m hohe Fahnenmast, an dem die riesige VAE-Fahne hoch über Jumeirah im Wind flattert.

Etihad Museum

Jumeirah Archaeological Site

KARTE S. 90

Islamische Frühgeschichte im Herzen Dubais

Die VAE mögen erst gut fünf Jahrzehnte alt sein, doch ihre Geschichte ist viel älter, wie die **Jumeirah Archaeological Site** bezeugt. Die geschichtsträchtige Stätte zwischen der Jumeirah Road und der Al Wasl Road ist eine der größten und bedeutendsten frühen islamischen Stätten in der Golfregion. Ausgrabungen förderten hier die Überreste einer mehrere 1000 Jahre alten Hafenstadt zutage. Die ursprüngliche Siedlung lag an einer alten Handelsroute. Zu den ausgegrabenen Ruinen gehören Fundamente von Häusern, Marktgebäuden, einer Moschee und eines Gasthofs, wo Reisende rasteten und Geschäfte tätigten. Es sind nur Ruinenfragmente erhalten, das ungeübte Auge erkennt nur wenig, doch ist dies ein großartiger Ort, um die Frühgeschichte des Nahen Ostens der Dubaier Skyline mit Wolkenkratzern gegenüberzustellen.

Comptoir 102

KARTE S. 90

Gesundes Essen und großartiger Kaffee

In einem flachen ehemaligen Wohngebäude im alten Teil Jumeirahs in der Beach Road befindet sich das **Comptoir 102**, ein gemütliches Café mit Boutique, das seit mehr als zehn Jahren morgens, mittags und abends gesundheitsbewussten Gästen Biogerichte serviert. Die Karte wechselt saisonal und bietet viel Rohkost, vegane, gluten-, milch- und zuckerfreie Speisen. Hier gibt's auch schöne Souvenirs wie Designereinrichtung, Schmuckstück-Unikate und ausgefallene Kleidung, Kerzen und Geschenke.

Jumeirah Fishing Harbour 3

Jumeirah Fishing Harbour 3

KARTE S. 93

Der frischeste Fang des Tages

Der **Jumeirah Fishing Harbour 3** ist eine Bootswerft und zugleich eine traditionelle Kaianlage mit Windtürmen und laternenbeleuchteten Fußwegen. Hier gibt's den **Jumeirah-Fischmarkt** und einige Meeresfrüchterestaurants, darunter das **Bu Qutair**, ein sehr beliebtes früheres Strandrestaurant, das drinnen und draußen schnörkellose frische Meeresfrüchte in schlichtem Ambiente serviert. Nahe dem Burj Al Arab ist er jedoch nicht mit den Jumeirah Fishing Harbours 2 und 1 weiter östlich zu verwechseln, wobei Letzterer auch einen Besuch lohnt, um im **3Fils** zu speisen, Dubais unauffälligstem Restaurant mit Michelin-Empfehlung.

Jumeirah-Moschee

Jumeirah Grand Mosque

KARTE S. 90

Dubais islamische Kultur

Wer mehr über Dubai und die VAE als muslimisches Land erfahren möchte, sollte die 1979 erbaute **Jumeirah-Moschee** besuchen. Das Bauwerk aus Sandstein und Marmor ist eine von wenigen Moscheen, die für Nichtmuslime zugänglich sind. Täglich außer Freitag finden zwei Führungen statt. Ein einheimischer Guide führt Gäste durch die Anlage, erläutert religiöse Praktiken, Feierlichkeiten und kulturelle Traditionen und beantwortet Fragen. Die Führung endet mit traditionellen Erfrischungen der Emirate. Man sollte sich angemessen kleiden und Frauen sollten ein Tuch mitbringen, um ihr Haar zu bedecken. Es gibt auch ein kleines Museum mit Exponaten, die das Leben in Dubai in den 1970er- und 80er-Jahren dokumentieren.

Seva

KARTE S. 90

Ganzheitlich, pflanzlich, köstlich

Teils Café, teils Wellnessboutique und teils geheimer Garten für Wellness-Events – das **Seva** ist eine der ältesten gesundheitsbewussten Einrichtungen Dubais. Früher als Life n One bekannt, befindet es sich in einer traditionellen Villa in Jumeirah 1, direkt hinter dem beliebten Buchladen Magrudy. Die Speisen sind pflanzlich und frei von Gluten, Milch, Zucker und künstlichen Zutaten, doch beim Geschmack gibt's keine Kompromisse. Auch finden regelmäßige Yogakurse, Meditationen und Klangheilungsklassen statt, bei denen unangemeldete Gäste willkommen sind. Ein Boho-Geschäft verkauft zahlreiche von Mutter Erde inspirierte Produkte, darunter Kerzen, Salbei und Pflanzenöle.

Four Seasons Resort Dubai at Jumeirah Beach

KARTE S. 90

Eleganz am Strand und ein Restaurantdorf

Das elegante **Strandresort** an der Nordspitze Jumeirahs hat Zimmer mit Blick auf den Persischen Golf auf der einen Seite und auf die Skyline der Stadt auf der anderen. Mit zwei temperierten Pools und einem großen Privatstrand ist es ein Favorit bei Familien. Dank der elf Restaurants und Bars ist es auch bei Foodies beliebt; die **Hendricks Bar** im Retro-Stil bietet eines der größten Gin-Sortimente in Dubai und in einem Restaurantdorf befinden sich das gehobene italienische Restaurant **Scalini**, der peruanische Liebling **Coya** und das mediterrane Lokal **Nammos** mit Blick auf den Strand.

Four Seasons Resort Dubai at Jumeirah Beach

Mercato Mall

KARTE S. 90

Dubais erstes thematisch gestaltetes Einkaufszentrum

Sie ist zwar nicht eine der größten Malls Dubais, doch die **Mercato Shopping Mall** nahe der Jumeirah-Moschee bietet eine gute Auswahl an internationalen Modemarken, Inneneinrichtung und lokalen Schmuckgeschäften. Auch gibt's einen Spinney's-Supermarkt, ein Kino und die **Fun City**, ein Indoor-Entertainmentcenter für Familien mit Spielautomaten, Fahrgeschäften und Softplay-Bereichen. Bei der Eröffnung 2002 war sie die erste thematisch gestaltete Mall im Nahen Osten – sie bildet mit bunten Fassaden, Piazze mit Cafés, hübschen Brunnen und riesigem Gewölbedach eine italienische Renaissancestadt nach. Um die Weihnachtszeit gibt's hier die prächtigsten Dekorationen der Stadt mit funkelndem Baum, einer Weihnachtsmanngrotte und einem riesigen roten Band, das die Mall wie ein Geschenkpaket umschlingt.

BoxPark KARTE S. 90

Shoppen in umfunktionierten Schiffscontainern

BoxPark Dubai ist eine Outdoor-Mall in der Al Wasl Road, die von der ursprünglichen Pop-up-Einkaufsstraße in London inspiriert und aus renovierten Schiffscontainern gebaut wurde. Hier gibt's trendige Boutiquen, Concept Stores, Kosmetiksalons, hippe Restaurants und ausgefallene Cafés wie das monochromatische **Forever Rose** mit 2D-Styling. Außerdem kann man ins künstlerisch designte Kino **Roxy** gehen und sich im **Escape the Room** als Detektiv versuchen. Den BoxPark besucht man am besten im Winter, wenn es etwas kühler ist.

Forever Rose, BoxPark

Rx Coffee Apothecary & Kitchen KARTE S. 90

Café im skandinavischen Stil

Koffeinfans bekommen im **Rx Coffee Apothecary & Kitchen** in Jumeirah 3 einen der besten Kaffees der Stadt. Dieses ruhige Café ist eine von vier Filialen in Dubai mit eleganten Linien, sanfter Beleuchtung, organischen Formen, Apothekenschränken und skandinavischem Schliff. Unten befindet sich die Brew Bar, wo leicht gerösteter Fuglen-Kaffee aus Norwegen in handgearbeiteter Keramik serviert wird, oben ist ein Restaurant mit Gemeinschaftstischen und Kunstwerken hiesiger Kunstschaffender. Auf der Karte stehen Backwaren, leichte Speisen, Salate, Frühstücksgerichte und mehr.

Alserkal Avenue, Al Quoz

Al Quoz

Dubais zur Kreativzone verwandeltes Industrieareal

Eigentlich befindet sich **Al Quoz** nicht in Jumeirah, doch das weitläufige Areal liegt ihm direkt gegenüber auf der anderen Seite des Sheikh Zayed Highway. Als eines der ältesten Industriegebiete Dubais mit Fabriken und Autohändlern ist es immer noch sehr betriebsam und der Ort für Autoreparaturen. Doch inzwischen hat sich hier auch eine der bedeutendsten Kreativzonen Dubais entwickelt, mit mehreren Kunstgalerien, Ateliers und Bühnen sowie der unglaublich beliebten **Alserkal Ave**, einem weitläufigen Komplex innovativer Kunstgalerien. Das Viertel ist staubig und verkehrsreich, bietet aber auch eine florierende Aktivszene mit Trampolinparks, Padel-Plätzen, Boxringen und Kampfkunststudios sowie eine wachsende Zahl an Concept Stores, Biokaffeeröstereien und originellen Cafés.

Theatre of Digital Art

KARTE S. 93

Ein immersives 360-Grad-Kulturerlebnis

Das 2020 eröffnete immersive **Kunstzentrum** im Madinat Jumeirah ist ein Neuzugang in der Dubaier Kunstszene. Auf über 1800 m² zeigt es berühmte Kunstwerke auf ganz neue Art, ermöglicht durch moderne Technologien und fantasievoll erzählte Geschichten. Die Multimediaausstellungen sprechen alle Sinne an und wechseln saisonal; in der Vergangenheit gab es Ausstellungen zu Banksy und Van Gogh. Es gibt auch interaktive Edutainment-Exponate für Kinder, einen Virtual-Reality-Bereich, Wellness-Workshops, musikalische Darbietungen und Konzerte, darunter jeden Freitag einen Jazzabend.

Jumeirah Beach Hotel

Jumeirah Beach Hotel

KARTE S. 93

Dubais erstes Familienresort

Das hoch aufragende Hotel mit 26 gläsernen Stockwerken in Form einer Welle war bei seiner Eröffnung im Jahr 1997 das erste Strandhotel Jumeirahs und ist eine Art Wahrzeichen Dubais. Es ist mit fünf Pools, dem Hotelstrand, mehreren Kids Clubs drinnen und draußen und sage und schreibe sieben Restaurants ganz auf Familien ausgerichtet. Die Gäste des Hotels, das bald Teil der „Oceanic Trilogy" der Dubaier Hotelgruppe sein wird, haben zudem freien Eintritt in den nahen Wild Wadi Waterpark (S. 92).

World Islands

Dubais ambitioniertestes Großprojekt

Wo sonst könnte eine schwimmende Replik der gesamten Welt entstehen als in Dubai? Der **künstliche Archipel** ist seit mehreren Jahren in Arbeit und noch nicht fertig, doch die ersten Attraktionen sind inzwischen geöffnet. Die 260 Inseln sind in sieben Gruppen für die sieben Kontinente angeordnet und so gestaltet, dass sie wie eine von oben betrachtete Weltkarte wirken. Vom Festland fährt man mit dem Boot in 15 Minuten zu den fertiggestellten Attraktionen, darunter der für Tagesgäste geöffnete Beach Club **Royal Island** auf der Insel Lebanon, das von der französischen Riviera inspirierte Resort **Côte d'Azur** auf der Insel Heart of Europe und das luxuriöse **Anantara World Islands Dubai Resort** im thailändischen Stil auf dem südamerikanischen Kontinent.

Erkundungstouren unter Wasser

KARTE S. 93

Abtauchen ins große blaue Meer

Dubai mag aus der Wüste auferstanden sein, doch die Stadt ist vom warmen Wasser des Persischen Golfs umgeben und bietet verschiedenste Möglichkeiten, ins große Blau abzutauchen. Neulinge können einfache Tauchgänge vom Ufer am **Sunset Beach** versuchen, wo es viele Korallen und mehrere Fischarten gibt. Erfahrenere wagen sich zum Schiffswrack der *Zainab*, etwa 40 Minuten von der Küste entfernt. Das 1969 gebaute Schiff sank 2001 und liegt in 30 m Tiefe auf Sand. Es beherbergt einiges Meeresgetier, darunter Austern, große Rochen, Gelbschwanz-Barrakudas, Schnapper und Fledermausfische. In der Stadt gibt's mehrere Tauchschulen, die meist in Jumeirah liegen und sich an Tauchlustige aller Niveaus wenden. Da es sich hier um Dubai handelt, wurden etliche künstliche Tauchreviere geschaffen. Darunter sind das tiefste Tauchcenter der Welt **Deep Dive Dubai**, wo man 60 m tief tauchen oder eine Partie Unterwasserschach spielen kann; die **Ambassador Lagoon** beim Hotel Atlantis, The Palm, wo sich über 60 000 Meereslebewesen tummeln, und das Dubai Aquarium & Underwater Zoo (S. 39) mitten in der Dubai Mall mit über 400 Haien und Rochen, unter ihnen die größte Sammlung Sandtigerhaie der Welt – perfekt für alle, die schon immer mal mit Haien schwimmen wollten. Nichttaucher machen einen Shark Walk, bei dem Mutige mit einem sauerstoffhaltigen Helm, der unter Wasser atmen lässt, in einem Käfig in die Tiefe gelassen werden.

Dubais florierende Kunstszene

KARTE S. 90

Von urbaner Streetart bis zu kostbaren Kunstwerken

Auf seinem Ruf als Ort des unübertroffenen Luxus aufbauend, entwickelte sich Dubai weiter und hat heute eine der anspruchsvollsten Kunstszenen des Nahen Ostens. Es seit Langem eine Kunsthauptstadt, und der zeitgenössische kulturelle Reichtum zeigt sich in Form von innovativen Galerien, inspirierenden Installationen, dynamischen Ausstellungen und urbaner Streetart. Inmitten der schillernden Wolkenkratzer des Financial District möchte der saisonal geöffnete **DIFC Sculpture Park** allen Menschen Kunst zugänglich machen. Im Garten gibt's surreale Visionen Salvador Dalís zu bewundern, Pop-Art von Jeff Koons und Werke lokaler und regionaler Kunstschaffender.

TAUCHEN IN DUBAI

Dani Beentjes (@scubahubdiving-club) ist Tauchlehrer in Dubai, der die schönste Stelle verrät, um ins blaue Meer abzutauchen.

Das Tauchrevier **Scuba Hub's** liegt bei den Dubai Islands und ist einer der schönsten Tauchspots Dubais, wo fantastisches Meeresleben zu sehen ist. Meistens entdecken wir beim Tauchen Seepferdchen, Adlerrochen, Stachelrochen, Nacktschnecken, Zackenbarsche, Skalare, Fledermausfische und sogar Schildkröten. Die Tiefe beträgt hier bis zu 13 m und die Sichtweite etwa 4 bis 5 m, das ist besser als bei anderen Tauchspots. Der Zugang vom Ufer ist leicht und es gibt keine Strömung, sodass man die Meereswelt wunderbar beobachten und fotografieren kann.

GÜNSTIG ÜBERNACHTEN IN JUMEIRAH

Rove La Mer Beach
Funkiges Strandhotel mit Pool der Dubaier Gruppe Rove Hotels, die für schlichte Zimmer und legere Vibes bekannt sind. $

Beach Walk Boutique Hotel
Einen Katzensprung von Jumeirahs Stränden entfernt bietet dieses winzige Boutique-Hotel legeres nahöstliches Flair. $

Lemon Tree Hotel Jumeirah
Mitten in Jumeirah, nur ein paar Straßen von der Küste entfernt; komfortable, saubere Zimmer und ein Pool auf dem Dach. $

KUNST ERLEBEN IN DUBAI

Slava Noor (@slava-noor @arte8lusso), Gründerin und Herausgeberin des Online-Kunstmagazins *Arte & Lusso* sowie PR-Profi, erzählt von ihren Lieblingsgalerien in Dubai.

Galleria Continua
Diese internationale Galerie im Burj al Arab ist eine tolle Bereicherung der Dubaier Kunstszene. Die Räume sind wunderschön und der Meerblick einfach überwältigend.

Firetti Contemporary, Alserkal Avenue
Meine absolute Lieblingsgalerie in Dubai, die sich der Präsentation etablierter zeitgenössischer Kunstschaffender und auch aufstrebender Talente widmet. Sie liegt im lebhaften Alserkal-Gebiet.

XVA Art Hotel und XVA Cafe
Ein wunderschönes, einzigartiges Juwel mitten im Historischen Viertel Al Fahidi mit einem Boutique-Kunsthotel, einem Geschäft und einem Café.

WOLFFPOWER/SHUTTERSTOCK ©

Arabische Oryxantilope, Dubai Desert Conservation Reserve

Der nahe Dubai Design District (S. 82) befindet sich noch in Arbeit, ist aber auf schnellem Weg, mit bahnbrechender Architektur, Concept Stores, Pop-up-Events und Showrooms eins der hippsten Kunstquartiere der Stadt zu werden.

Die Alserkal Avenue in Al Quoz (S. 97) wird für Galerien geschätzt, die aufsteigende Untergrund- und experimentelle Kunst favorisieren, darunter eine Filiale der New Yorker **Leila Heller Gallery,** während hochwertige Kunst des Nahen Ostens, darunter **Ayyam**, in Galerien im Gate Village in Downtown Dubai zu finden ist. Man muss aber nicht auf die Suche nach Kunst gehen – wer mit offenen Augen durch Al Satwa, City Walk und Jumeirah wandert, entdeckt künstlerische Graffitis und Wandbilder an vielen Bauwerken der Stadt.

In einigen der besten Spas der Welt entspannen

KARTE S. 90

Entspannen, erholen und sich verwöhnen lassen

Es gibt Spa-Tage und es gibt Dubaier Spa-Tage. In einer Stadt, die für Luxus aller Art berühmt ist, locken unzählige Wellnessoasen, in denen man dem Großstadttrubel entfliehen kann und erfahrene Therapeut:innen dem Körper und der Seele Ruhe schenken. Dubai ist ein kultureller Schmelztiegel und seine Spa-Szene umfasst alle Kontinente und Behandlungsspektren.

TAUCHSCHULEN IN DUBAI

Divers Down
Freundliche Coaches unterrichten PADI-Kurse und organisieren Wasserreinigungstage. Filialen in Dubai und Fujairah.

Al Boom Diving
Eine der bekanntesten Tauchschulen der Stadt mit Kursen, Tagestouren und geführten Exkursionen in Dubai und Fujairah.

Scuba Shade
Tauchcenter im Habtoor Grand Resort mit Komplettservice. Verkauf und Verleih von Ausrüstung sowie PADI-Kurse.

Das Talise Spa ist ein preisgekrönter Ableger der einheimischen Hotelgruppe Jumeirah und hat in den meisten Hotels der Gruppe Filialen, die Hotel- und Tagesgästen offenstehen. Das 8200 m² große **Talise Ottoman Spa** im Hotel Jumeirah Zabeel Saray ist eines der größten in Dubai und eine wahre Wellnessoase mit Thalasso-Pools, Eiskammern, türkischen Hamams und osmanisch inspirierten Behandlungen.

Wer traditionellen Dubaier Luxus bevorzugt, probiert die Goldstaubbehandlung im **Ciel Spa** im 69. Stock des SLS Dubai, bei der das Peeling mit 14-karätigem Gold erfolgt. Noch luxuriöser ist die „Versace Diamond and Gold Royal Hammam Journey" im **Palazzo Versace** mit einer Gold-*rhassoul*-Körperbehandlung und echten Diamanten im Massageöl. Am anderen Ende der Skala bietet **The Spa** im Hotel Address Downtown eine Vibra-Healing-Massage an, die auf uralten fernöstlichen Praktiken beruht und mit tibetischen Klangschalen die Chakras ausrichtet und die Gehirnwellen stimuliert. Auf Kinder ist das **Candy Spa** im Hotel Centara Mirage Beach Resort Dubai spezialisiert; die Anwendungen für die Kleinen haben Süßigkeiten-Themen.

Die Wüstendünen Dubais besuchen

Dem Ruf der Wildnis folgen

Dubai ist von der Arabischen Wüste umgeben, die viele Reisende mit Dünenabenteuern und Safaritouren anlockt und eine andere Seite der Stadt zeigt, eine mit Henna-Bemalung, Bauchtanz und langsam in der heißen Mittagssonne gegartem Lamm-*ouzi*.

Hier finden auch viele der Umweltschutzaktivitäten statt: Das **Dubai Desert Conservation Reserve** ist der erste geschützte Nationalpark der VAE. Die Tierwelt gedeiht in dem 225 km² großen Wüstengebiet, in dem Gazellen, Oryxantilopen und arabische Tahre frei herumziehen. Auch Kamele, das traditionelle Symbol der Emirate, sind oft zu sehen, wenn sie über die sich ständig verändernden Dünen und Hügel ziehen.

Wer eine richtige Wüstenerfahrung sucht, bucht eine Übernachtung in einer Dubaier Wüstenunterkunft. **Al Maha**, ein Luxury Collection Desert Resort & Spa, liegt im Nationalpark. Gäste sehen häufig Gazellen vorbeispazieren, während sie in ihrem privaten Tauchbecken relaxen. Das Bab Al Shams (S. 122) ist eine Institution in der Stadt, wurde unlängst saniert und liegt inmitten glitzernder Wüstendünen. Natürlich muss man keine ganze Nacht in der Wüste verbringen, um ihre Magie zu spüren. Ein Ausflug in der Abenddämmerung reicht völlig, um Familien und Freundesgruppen zu sehen, die touristische Hotspots gegen ein abendliches Barbecue, einen langen Hundespaziergang oder Sternenbeobachtungen eintauschen.

DUBAIS WILDNIS RESPEKTIEREN

Rob Nicholas (@sandshepra) ist der Gründer des Ökotourismusunternehmens Sand Sherpa. Er arbeitet im Dubai Desert Conservation Reserve und legt Wert darauf, dass die Wildnis der Stadt geschützt wird.

Ein Anstieg der Besucherzahlen in den Wildnisgebieten der Stadt führte dazu, dass auch respektloses Verhalten zunimmt: Es werden Feuer entzündet, wilde Pflanzen gepflückt und Feuerholz gesammelt. Auch das Fahren auf der *sabhka* (Salzebene) verursacht Schäden – es kann Jahre dauern, bis sich die Umwelt von den Autospuren erholt. Traveller sollten sich der neuen Maßnahmen zum Schutz der Wüste bewusst sein, darunter Zugangsbeschränkungen zu einigen Orten in der Natur, fest gelegte Fahrrouten zu den Dünen und zurück sowie regelmäßige Patrouillen durch das Gebiet.

DIE BESTEN WÜSTENSAFARI-UNTERNEHMEN

Sand Sherpa
Bietet Öko-Wüstenabenteuer im Dubai Desert Conservation Reserve, darunter Wüsten- und Falkensafaris.

Arabian Adventures
Alteingesessene Institution, bietet Tür-zu-Tür-Transport, Unterhaltung und sehr erfahrene Fahrer:innen.

Platinum Heritage
Anspruchsvolles Unternehmen mit sachkundigen Guides, Nachtsafaris und Touren in einem historischen Land Rover.

TOP TIPP

Nervenkitzel pur bietet die XLine Dubai in Dubai Marina, die längste städtische Zipline der Welt: Von einer Plattform 170 m über der Stadt geht's im Geschirr 1 km lang über blaues Wasser mit Geschwindigkeiten bis zu 80 km/h. Die Abfahrt lohnt sich auf jeden Fall (auch wenn man schon einmal gerutscht ist), denn sie bietet einen Panoramablick auf die Stadt mit ihren Wolkenkratzern.

Oben: Pier 7 (S. 110), Dubai Marina; eechts: Atlantis The Palm, Dubai (S. 108)

LOCAL TIPP: ESSEN & AUSGEHEN IN DUBAI MARINA & PALM JUMEIRAH

Jakob Vermehren, Leiter Einzelhandel bei Jysk UAE, stammt aus Dänemark und lebt in Dubai Marina. Er verrät uns, wo man in diesem Viertel am Wasser am besten essen, trinken und abhängen kann.

Azure Beach
Ein gehobener Strandclub im Rixos Premium Dubai JBR mit guter Stimmung, toller Musik und meiner Meinung nach der besten Strandbar in JBR.

Clay
Auf Bluewaters Island ist dieses japanisch-peruanische Restaurant ein Favorit, denn es serviert mit das beste Sushi der Stadt.

Massimo's Italian Restaurant
Das entspannte Restaurant bietet einen Blick aufs Wasser, hervorragendes Essen und – noch besser – echtes italienisches Eis.

Dubai Marina & Palm Jumeirah

KÜNSTLICHE INSELN UND MEERBLICKE

Dubai Marina im Süden der Stadt ist einer der beliebtesten Stadtteile zum Wohnen und Besuchen.

Das Viertel, einst ein unberührtes Fleckchen Sand am Golf, konzentriert sich heute an einem 3 km langen Jachthafen und der Uferpromenade, wo Boote im grünblauen Wasser dümpeln. Rundherum schossen riesige Gebäude in die Höhe und bildeten eines der lebendigsten Wohngebiete der Stadt. Eines dieser Hochhäuser ist der Palm Tower, gekrönt von Aura, dem höchsten 360-Grad-Infinitypool der Welt.

Vor dem Jachthafen war JBR einmal eine ruhige Wohngegend an der Küste, die sich zu einem der belebtesten Vergnügungs- und Urlaubsviertel in Dubai entwickelte. Für Ansässige, die hier ursprünglich Immobilien mit Meerblick gekauft haben, war das keine gute Nachricht – der Blick auf das Meer verschwand, als die Küstenlinie des Viertels immer weiter in den Golf rückte. 400 Meter vor der JBR-Küste liegt Bluewaters Island, ein neuerer Stadtteil, in dem sich zahlreiche Bars und Restaurants sowie das größte Riesenrad der Welt befinden.

Weiter nördlich entlang der Küste ist Palm Jumeirah vielleicht Dubais bisher beeindruckendstes Landschaftsbauprojekt. Die Insel in Form einer Palme, die seit der Eröffnung im Jahr 2007 die Küstenlinie der Stadt um sage und schreibe 56 km verlängert hat, ist Dubais beliebtestes Reiseziel mit goldenen Stränden, von Cafés gesäumten Boulevards und Luxusresorts. Wohlhabende Ortsansässige und einige Prominente besitzen private Villen an den Palmenwedeln, die meist einen direkten Zugang zu Strand und Meer haben. An der Spitze des Palm-Jumeirah-Stammes thronen das rosa- und türkisfarbene Atlantis The Palm, ein Megahotel mit Unterwasserthema, und sein kürzlich hinzugekommenes größeres, glamouröseres Schwesterhotel Atlantis The Royal.

NICHT VERSÄUMEN ...

ATLANTIS, THE PALM DUBAI
Familienfreundliches Resort mit riesigem Aquarium und Wasserpark.
S. 108

ATLANTIS, THE ROYAL
Schickes neues Luxushotel mit Promi-Restaurants und 90 Swimmingpools.
S. 108

SKYDIVE DUBAI
Tandemsprünge mit Blick über Palm Jumeirah und den Golf.
S. 107

THE VIEW AT THE PALM
Erhabene Aussicht von einer verglasten Plattform in der Nakheel Mall.
S. 106

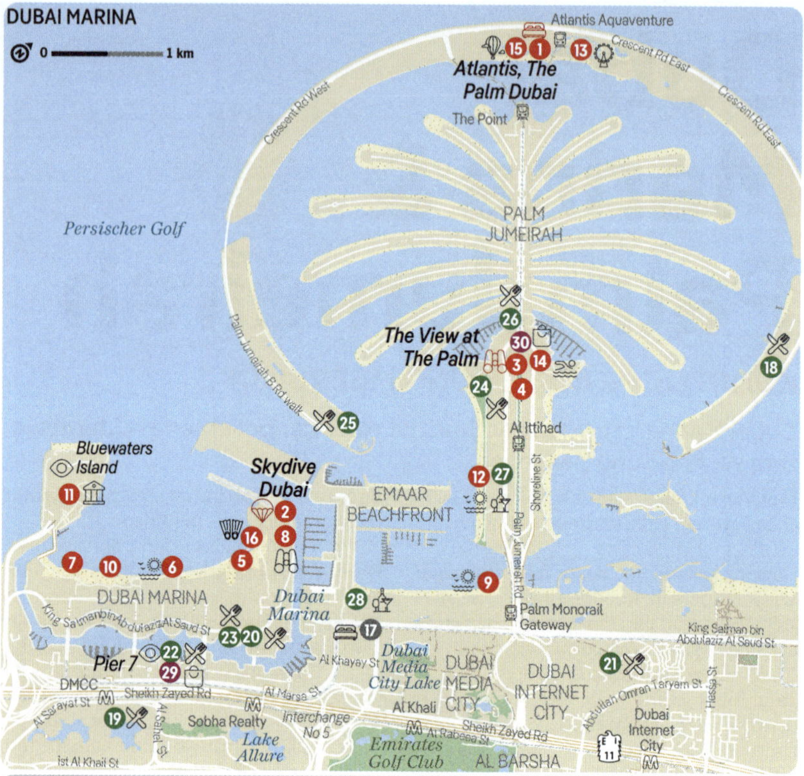

HIGHLIGHTS

1 Atlantis, The Palm Dubai
2 Skydive Dubai
3 The View at The Palm

SEHENSWERTES

4 Al Ittihad Park
5 Andreea's
6 Azure Beach
7 Bla Bla
8 Dinner in the Sky
9 Drift Beach
10 JBR
11 Madame Tussauds
12 Palm West Beach

AKTIVITÄTEN, KURSE & TOUREN

13 Atlantis Aquaventure Waterpark
14 Aura Skypool
15 Dubai Balloon
16 Scuba Shade

ÜBERNACHTEN

17 Mina Seyahi

ESSEN

18 Anantara The Palm Dubai Resort
19 Bait Maryam
20 Ceylonka Restaurant
21 Holiday Inn Express
22 Le Pain Quoitiden
23 Massimo's Italian Restaurant
24 SAN Beach
25 STAY by Yannick Alleno
26 Strand Kraft Kitchen

AUSGEHEN & FEIERN

27 Above Eleven
28 Attiko Dubai

SHOPPEN

29 Dubai Marina Mall
30 Nakhell Mall

Nakheel Mall

KARTE S. 104

Shoppen, Dinieren und Ausgehen

Die **Nakheel Mall** oben am Palm-Jumeirah-Stamm ist eines der neueren Einkaufsziele der Stadt und leicht mit der Palm Monorail zu erreichen. Hier gibt's viele bekannte Marken, Boutiquen, Inneneinrichtungs- und Designerläden, außerdem einen Waitrose-Supermarkt und die luxuriöse Food Hall **Depachika** mit einigen der beliebtesten Restaurants Dubais, wie dem Lime Tree Café, berühmt für Karottenkuchen. Unter den Unterhaltungsmöglichkeiten sind Vox Cinemas und Trampo extreme, ein Indoor-Trampolinpark, sowie das Restaurant **Soho Garden** mit Blick auf die Palm Jumeirah.

Anantara The Palm Dubai Resort

Anantara The Palm Dubai Resort KARTE S. 104

Ein Hauch von Thailand

Um Thailand zu besuchen, ohne die VAE zu verlassen, geht man zum **Anantara The Palm Dubai Resort** auf Palm Jumeirahs östlicher Sichel. Das abgeschiedene, tropische Resort bietet wogende Palmen, bunte Tuk-Tuks, Villen über dem Wasser und Tempelarchitektur mit roten Dächern. Auf dem 400 m langen Privatstrand kann man entspannen oder die Küste mit dem traditionellen thailändischen Langboot des Resorts erkunden; danach gibt's thailändische, vietnamesische und chinesische Spezialitäten an einem Tisch im Rikscha-Stil im gehobenen asiatischen Restaurant **Mekong**.

Palm West Beach KARTE S. 104

Uferpromenade mit Aussicht auf den Sonnenuntergang

Der **Palm West Beach** am Stamm der Palm Jumeirah ist teils öffentlicher Strand, teils Promenade und bietet für jeden etwas. Der Strandufer erstreckt sich 1,6 km entlang der Küste Dubais, perfekt für weite Blicke auf Sonnenuntergänge. Auf der Promenade gibt's Walking- und Joggingpfade, man kann auch über den Boulevard schlendern bis zu einem Restaurant am Wasser, das einem gefällt – zum Beispiel **Senor Pico's**, **Koko Bay** oder **Lucky Fish**. Der Strip ist zudem haustierfreundlich und daher beliebt fürs Hundeausführen. Inzwischen wurden mehrere Hotels eröffnet, darunter das familienfreundliche **Hilton Dubai Palm Jumeirah** und das **Marriott Resort Palm Jumeirah**, die sich wie Kopien gleichen, das partyorientierte **Raddison Beach Resort Palm Jumeirah** und das beliebte **Voco Dubai The Palm**.

Koko Bay

Aussichtsplattform, Palm Tower

Die Aussicht vom Palm Tower KARTE S. 104

Erhabene 360-Grad-Blicke

Möchte man die beeindruckende Silhouette von Palm Jumeirah genießen, ohne den Boden unter den Füßen zu verlieren, ist diese **Aussichtsplattform** im 52. Stock des Palm Towers eine gute Wahl. In luftiger Höhe von 240 Metern auf einem palmenförmigen Turm bietet die Plattform mit Glasumrandung Aussicht auf den Golf und die weite Skyline der Stadt. Im Ticket inbegriffen ist der Zugang zu The View Exhibition, eine interaktive digitale Ausstellung zu Dubais künstlicher Insel. Um richtig angeben zu können, kauft man ein Ticket für The Next Level, überspringt die Warteschlange und hat Zugang zum höchsten Aussichtspunkt auf Ebene 54.

Dubai Marina Mall KARTE S. 104

Klassisch shoppen am Wasser

Unter einem glitzernden Kuppel-Atrium bietet dieses **Einkaufszentrum** mehr als 100 Geschäfte, darunter lokale Lieblingsläden, Sportgeschäfte und ein paar gehobene Modemarken. Es erstreckt sich über vier Etagen und ist viel überschaubarer als die Megamalls in der Stadt. Das Erdgeschoss öffnet sich zur Promenade hin, wo man bei einem kleinen Imbiss den Blick auf die dümpelnden Jachten im angrenzenden Hafen genießen kann. Auf der vierten Ebene gibt's ein Kino mit mehreren Sälen, einen Food Court und einen überdachten Softplay-Bereich, in dem sich die Kleinen austoben können, wenn es draußen zu heiß ist.

Dubai Marina Mall

Dubai Balloon KARTE S. 104

Erhebe dich über Atlantis

Das im Jahr 2023 neu eröffnete **Dubai Balloon** ist ein luftiges Erlebnis, bei dem Passagiere 300 Meter in die Höhe schweben und einen atemberaubenden 360-Grad-Blick über die Stadt genießen können. Der heliumbetriebene Ballon befindet sich im Atlantis The Palm und bietet in seiner Gondel Platz für bis zu 20 Personen. Die Fahrt dauert etwa zehn Minuten, was gerade genug Zeit ist, um die Aussicht zu genießen und ein paar Selfies zu machen. An klaren Tagen sieht man bis zum Burj Khalifa.

Bluewaters Island

KARTE S. 104

Das Rad, das Rekorde bricht

In der Stadt der künstlichen Inseln ist **Bluewaters** eine der neuesten. Ihr berühmtester Bewohner ist das rekordbrechende **Riesenrad Ain Dubai**, das sich 210 m über der Küste erhebt. Zum Zeitpunkt der Recherche war es allerdings geschlossen. In dieser beliebten Wohngegend gibt's mehrere Restaurants und Bars; im **Puerto99** kann man mexikanische Fiestas feiern, im **London Project** den üppigen Garten genießen. Das Hotel **Banyan Tree Dubai** bietet großartige asiatische, italienische und internationale Restaurants sowie einen atemberaubenden Meerblick.

Riesenrad Ain Dubai, Bluewaters Island

Madame Tussauds

Madame Tussauds

KARTE S. 104

In der Zeit eingefroren

Madame Tussauds feierte 2021 in Dubai sein Debüt im Nahen Osten. Die Gäste des Museums auf Bluewaters Island erwarten zahlreiche lebensechte Figuren aus Musik, Film, Politik, Königshaus und Belletristik. Zu den beliebtesten gehören Taylor Swift, Justin Bieber und die Beckhams, aber auch berühmte Gesichter aus der arabischen Welt wie die Sängerin Nancy Arjam und die Make-up-Künstlerin Huda Kattan sind zu sehen. Im Bollywood-Bereich sind Salman Khan und Katrina Kaif zu Gast und man kann sich zum Tee mit Audrey Hepburn hinsetzen.

Skydive Dubai

KARTE S. 104

Der besondere Adrenalinkick

Abenteuerlustige bekommen ihre Dosis Adrenalin beim Sprung aus einem Flugzeug und wenn sie mit Blick auf Palm Jumeirah und den Golf zurück zur Erde schweben. **Skydive Dubai** bietet ganzjährig Tandem-Fallschirmflüge an. Der Tag beginnt im Schulungsort, wo Teilnehmende ausgestattet werden, ihren Fluglehrer kennenlernen und ein Basis-Sicherheitstraining absolvieren. Dann befördert ein kleines Flugzeug in die Luft, und sobald es 4000 m erreicht hat, geht's los. Nicht vergessen, vor dem Sprung einzuatmen – in der kurzen Zeit des freien Falls kann das Luftholen schwierig sein. Und schön in die Kamera lächeln – das ganze Erlebnis wird gefilmt, um es Freunden und Familie zu zeigen, wenn man wieder auf dem Boden steht.

Atlantis, The Palm Dubai

KARTE S. 104

Dubais ultimatives Urlaubsresort

Mit rosafarbenen Türmen und türkisfarbenen Spitzen thront dieses **Fünf-Sterne-Themenhotel** auf Palm Jumeirah und dominiert bei der Anfahrt die Skyline. Behalte es im Auge, wenn du durch den Palm-Jumeirah-Tunnel fährst, und warte auf die Überraschung auf der anderen Seite, wenn das gigantische Bauwerk zu verschwinden scheint – eine optische Täuschung durch den Unterwassertunnel. Die 1500 Zimmer, darunter eine Unterwasser-Suite mit raumhohen Fenstern und Blick auf Haie, Rochen und Fische, sowie 23 Restaurants und Bars des opulenten Hotels, das die Legende der verlorenen Stadt Atlantis aufgreift, sind beliebt bei Familien.

Die Hauptattraktion ist Aquaventure (S. 112), der größte Wasserpark des Nahen Ostens, mit über 30 Rutschen, Fahrgeschäften und Flüssen, darunter Blackout, ein fast senkrechter Fall – nichts für schwache Nerven. Hotelgäste haben freien Eintritt, Tagesgäste Zugang über **The Avenues**, eine marmorne Einkaufsstraße. Im Aquarium **Lost Chambers** enthüllen 21 Exponate die Geheimnisse der Tiefsee, in der **Ambassador Lagoon** leben 65 000 Meerestiere.

Der weltberühmte japanische Chefkoch Nobu Matsuhisa hat hier ein Restaurant und befindet sich in guter Gesellschaft mit Gordon Ramseys **Bread Street Kitchen**. Das **Wavehouse** bietet eine Bowlingbahn, eine Spielhalle und einen Blick auf die Wellenreitanlage des Resorts. Der **White Beach Club** ist der ideale Ort für die Wintersaison: Es gibt zwei Pools, Liegen im Wasser, eine luftige Außenterrasse und endlose Insta-taugliche Ausblicke.

ATLANTIS THE ROYAL

Dieses glasumhüllte **Resort** ist die große Schwester von Dubais ursprünglichem Atlantis-Hotel und wurde Anfang 2023 in einer Zeremonie mit Beyoncé und anderen Stars eröffnet; mit 795 Zimmern übertrumpft das massive Hotel seinen Nachbarn an Größe und Pracht. Das elegante, gehobene Design besticht durch Skulpturen, Wasser- und Feuerelemente und 17 Restaurants, von denen sechs von Kochprominenz geleitet werden. Nicht weniger als 90 Swimmingpools sind über das gesamte Resort verteilt, darunter etwa 100 Meter über Palm Jumeirah ein Infinitypool auf dem Dach.

Lost Chambers, Atlantis The Palm, Dubai

Dinner in the Sky KARTE S. 104

Speisen auf sehr hohem Niveau

Dieses einmalige **Restaurant** schwebt in der Luft über Skydive Dubai und katapultiert gehobene Küche auf ein völlig neues Level. Die Gäste werden in Schalensitzen um einen Tisch auf einer Plattform angeschnallt und mit einem Kran 50 m über den Boden gehoben – eines der ungewöhnlichsten Dinnererlebnisse der Stadt. Oben genießt man ein Drei-Gänge-Menü, das Barpersonal versorgt mit Cocktails und Getränken zum atemberaubenden Blick über Dubai Marina, Palm Jumeirah und den Golf.

Dinner in the Sky

Westin Mina Seyahi

Aura Skypool KARTE S. 104

Relaxen am Pool im Himmel

Baden in 200 m Höhe im höchsten 360-Grad-Infinitypool der Welt. Der **Aura Skypool** windet sich um die 50. Etage des Nakheel Palm Tower und ist 9 m höher als der berühmte Infinitypool des Marina Bay Sands in Singapur. Reservierung ist erforderlich. Man wählt zwischen Sonnenaufgang, Vormittag, Nachmittag oder Abend – Letzteres ermöglicht das Schwimmen unter sternenklarem Himmel. Vom temperierten Pool schaut man auf Palm Jumeirah und den Ozean bis nach Downtown Dubai. Entspanne auf einer Sonnenliege, genieße einen Happen zu essen und spring dann ins Wasser; nicht die obligatorischen Selfies vergessen. Die Sonnenuntergänge hier werden sehr empfohlen.

Mina Seyahi KARTE S. 104

Drei Hotels direkt am Strand

Jenseits von Jumeirah, aber noch vor Palm Jumeirah und Dubai Marina, ist ein kleines Fleckchen Land bekannt als **Mina Seyahi**. Entlang der 500 m langen goldenen Küste befinden sich drei Hotels, ein Jachthafen und ein Wasserpark. Im **Westin Mina Seyahi** gibt's angelegte Gärten und das **El Sur**, eines der besten spanischen Restaurants der Stadt, das familienfreundliche **Le Meridien Mina Seyahi** sowie das beliebte pinkfarbene Wellness-Café **Bounty Beets**. Der **Jungle Bay Waterpark**, vielleicht Dubais schönster Wasserpark mit cooler ägäischer Atmosphäre, befindet sich hier neben dem nur für Erwachsene zugänglichen Wolkenkratzer-Hotel **W Mina Seyahi** und dem **Barasti**, einer der ältesten und lautesten Strandbars in Dubai.

Al Ittihad Park

Al Ittihad Park

KARTE S. 104

Ein geheimes Fleckchen Grün

Dieser kleine versteckte **Park** im Schatten der Palm Monorail ist bei Palm Jumeirahs Anwohnerschaft, Familien und Leuten mit Haustieren beliebt, steht aber jedermann offen. Es gibt einen schattigen Spazier- und Joggingweg, Wasserspiele und über 100 Pflanzen- und Kräutersorten, viele davon beschriftet. Außerdem gibt's einige Kinderspielplätze mit Rutschen und Schaukeln und neue eingezäunte Hundeparks sowie zahlreiche Cafés in der angrenzenden **Golden Mile Mall**, wo man sich stärken kann.

Pier 7

KARTE S. 104

Feine Speisen, Getränke und Ausblicke auf den Hafen

Mit der Dubai Marina Mall **durch** eine Glaspassage verbunden, erstreckt sich dieser runde **Turm** über sieben Etagen und eignet sich gut zum Ausgehen, da sich mehrere Lokale in einem Gebäude befinden. **Asia and Asia** und **Atelier M** bieten elegantes Dinieren und Nachtleben, **Cargo** und **Bedrock** sind Anlaufstellen für zwanglose Mahlzeiten. **Abd el Wahab** gehört zu den beliebtesten libanesischen Lokalen in Dubai. Alle Restaurants bieten einen Blick auf den Hafen und dürfen Alkohol ausschenken.

Pier 7

ESSEN
1 Il Woodfire
2 3Fils
3 Al Muntaha
4 Avatara
5 Il Ristorante – Niko Romito
6 Just Vegan
7 La Nena
8 Nikki Beach
9 Summersalt Beach Club

AUSGEHEN & FEIERN
10 Folly

JBR

KARTE S. 104

Eines der lebendigsten Viertel Dubais

Jumeirah Beach Residence, wie es mit vollem Namen heißt, begann als ruhige Wohngegend am Strand und ist heute eines der geschäftigsten und lebendigsten Viertel Dubais. Es gibt Strandhotels, betriebsame Bars und gehobene Restaurants, aber auch regen Verkehr, daher sollte man viel Zeit einplanen, wenn man mit jemandem verabredet ist. Der beliebte öffentliche **Strand** ist für alle kostenlos und hat Duschen und Toiletten, kann aber an Wochenenden und Feiertagen sehr voll sein. Abkühlung findet man im **AquaFun**, dem weltgrößten aufblasbaren Park vor der Küste. Ein Spaziergang auf der Strandpromenade **The Walk** mit Cafés und Restaurants lohnt sich ebenso wie ein Bummel durch die Geschäfte des Outdoor-Einkaufszentrums **The Beach, JBR**.

Jumeirah Beach Residence

SPARTIPPS FÜR DUBAI

Susan Syrek und Selma Abdelhamid (@dirham_stretcher_by_sum) sind die Gründer von Sum, einer VAE-Plattform zum Sparen von Dirhams in Dubai. Sie verraten ihre besten Tipps für Reisende.

Einer der besten Orte, um Datteln und regionale Süßigkeiten als Mitbringsel zu kaufen, ist der Carrefour-Hypermarkt in der Mall of the Emirates (S. 91), der oft Datteln mit Schokoladenüberzug im Angebot hat. In der Bäckerei werden frische Backwaren und lokale Süßigkeiten kiloweise verkauft, die auf Wunsch auch verpackt werden können, damit sie den Flug überstehen. Wer nur etwa eine Woche bleibt, sollte sich **Entertainer Tourist** zulegen. Diese Rabatt-App bietet eine Auswahl an „Kaufe eins und erhalte eins gratis"-Angeboten für Restaurants, Themenparks, Veranstaltungen und vieles mehr in der ganzen Stadt.

Palm Jumeirah Monorail

MEHR DUBAI MARINA & PALM JUMEIRAH

Ein Tag auf Palm Jumeirah mit kleinem Budget

KARTE S. 104

Die Stadt erleben, ohne das Konto zu plündern

Die vielen Fünf-Sterne-Hotels, piekfeinen Restaurants und Bars, die nur mit Reservierung zugänglich sind, erwecken den Eindruck, dass ein Besuch auf Palm Jumeirah eine teure Sache ist, aber das muss nicht sein. Der Tag beginnt mit einer malerischen Fahrt in der **Palm Jumeirah Monorail**, wo eine unbegrenzte Tageskarte 35 Dh kostet und Kinder unter 110 cm kostenlos mitfahren. Am Al Ittihad Park (S. 110) aussteigen und gemütlich durch die schattige Grünanlage mit Spielplätzen, Picknickbänken, Büschen und Bäumen spazieren. Bei einem Abstecher ins Golden Mile den **Thrift for Good** besuchen, Dubais Secondhandladen mit gebrauchter Mode, Büchern, Inneneinrichtung und mehr zu Preisen ab 1 Dh. Nach dem Stöbern fährt man mit der Monorail zur Station Nakheel Mall (S. 104) und bummelt nach Herzenslust. Das skandinavisch angehauchte **J Café** biete eine leckere Frühstückskombi für 25 Dh oder ein Mittagsmenü für 40 Dh an. Der Zug

TIERFREUNDLICHE RESTAURANTS IN DUBAI

La Nena
Das moderne Boho-Kaffeehaus in Al Quoz empfängt Hunde aller Größen. **$$**

Just Vegan
Die umgebaute Villa in Jumeirah serviert vegetarische Gerichte und erlaubt Haustiere drinnen und draußen. **$**

Strand Kraft Kitchen
Mediterran inspirierte Küche und Cocktails am Palm West Beach, wo auch Hunde willkommen sind. **$$**

bringt dann zur Station am **Atlantis Aquaventure Waterpark.** Für das weitläufige Hotel ist keine Eintrittskarte nötig, also kann man das riesige Aquarium und die mundgeblasene Glasskulptur in der Lobby bestaunen. Am Ozean schlendert man auf der felsengesäumten Strandpromenade oder radelt, ohne einen Dirham zu bezahlen. Bei Sonnenuntergang geht's zu Fuß zurück zu den Shoreline Apartments, wo **Peaches & Cream** von Sonntag bis Donnerstag zwischen 18 und 20 Uhr einen Krug Wein für nur 80 Dh servieren – eine der besten Happy-Hour-Optionen in diesem Teil der Stadt.

Auf zum Brunch

KARTE S. 104

Verrückter Samstagnachmittagsspaß

Mit Eisskulpturen geschmückte Meeresfrüchte-Bars, Stationen mit handgerollten Sushi und Zuckerwatte-Automaten können nur eines bedeuten – **Dubai Brunch**. Der All-inclusive-Brunch am Samstag ist eine Art Institution in der Stadt und ein fester Bestandteil des gesellschaftlichen Lebens, bei dem fast jedes Hotel mitmacht. Das Angebot reicht von aufwendigen All-you-can-eat-Gelagen mit unbegrenzt Speisen aus aller Welt am Büfett, und oft mit unbegrenzten Getränken und Cocktails, bis zu etwas vernünftigeren festen Menüs.

Das Atlantis The Palm (S. 108) serviert einen der aufwendigsten Brunches in Dubai. Im **Saffron 2.0** findet der Brunch im asiatischen Restaurant des Hotels statt, das zu einem riesigen Partyraum wird und aufgetakelte Gäste einlädt, an Live-Kochstationen nonstop zu schlemmen und zu trinken, während DJs Hits auflegen und Zauberer für Unterhaltung sorgen. Obwohl der Fokus auf dem Essen liegt, mit Hunderten Gerichten aus der asiatischen, indischen, mediterranen, japanischen, amerikanischen und europäischen Küche, endet das Ganze unweigerlich in einer Party, die befeuert wird durch mit Wodka gefüllte Ananas, Jelly Shots und tropische Cocktails ohne Limit. Im nahen Westin Mina Seyahi (S. 109) ist der **Bubbalicious Brunch** seit Langem eine dekadente Angelegenheit, bei der von erstklassigem Steak und Hummer bis zu Austern und einem sprudelnden Schokoladenbrunnen alles geboten ist. Im familienfreundlichen Angebot ist auch ein Unterhaltungsprogramm für Kinder, darunter eine Schminkstation, ein Streichelzoo und ein Spielbereich. Nicht jedes Brunch-Erlebnis muss teuer sein – das **Muchachas Mexican Cantina** im **Holiday Inn Express** bietet einen preisgünstigen Brunch im Fiesta-Stil mit einem Menü aus Guacamole, Quesadillas, Tacos und vielem mehr, dazu fließt Sangria in Strömen, es gibt laute Musik und lustige Partyspiele.

UNTERWEGS IM JACHTHAFEN

Als Stadt am Meer setzt Dubai schon lange auf Boote als Verkehrsmittel. Es lohnt sich also, den **Wasserbus** zu nutzen, um Dubai Marina zu erkunden. Das schwimmende öffentliche Verkehrsmittel ist voll klimatisiert und pendelt jeden Tag im 15-Minuten-Takt zwischen dem Marina Walk, der Marina Terrace, der Marina Mall und der Promenade. Man kann ein- und wieder aussteigen, um diesen Teil der Stadt auf eine malerische Weise zu erkunden.

ESSEN AM UFER IN DUBAI MARINA

Le Pain Quoitiden
Dieses gemütliche Café mit europäischer Speisekarte und Terrasse mit Blick aufs Wasser gehört zur Dubai Marina Mall. $

Massimo's Italian Restaurant
Legeres italienisches Lokal mit Tischen auf der Terrasse über dem Wasser, großen Portionen und leckerem Gelato. $$

Ceylonka Restaurant
Sri-lankisches Restaurant am Jachthafen mit traditionellen Aromen und Meeresfrüchten aus der „Träne Indiens“. $

POOL-DAY-DEALS

Dubai kann eine teure Stadt sein, aber es gibt Wege, die Kosten für Aktivitäten zu senken, und dazu gehört ein Tag in einem **Beachclub**. Zunächst checkt man die Social-Media-Accounts oder Websites der Orte, die man besuchen möchte – manche Beachclubs bieten an bestimmten Wochentagen oder in gewissen Zeiträumen Sonderangebote und werben in den sozialen Netzwerken dafür. Im Sommer oder in der Nebensaison gibt's während des jährlichen Festivals **Dubai Summer Surprises** oft günstigere Tagestarife für Poolpässe. Und schließlich kann man auf Gutschein-Websites wie Groupon und Cobone nach Schnäppchen stöbern, aber Achtung: Die meisten Angebote müssen im Voraus gebucht werden.

Habtoor Grand Resort

Ein Tag am Strand im Dubai-Style

KARTE S. 104

Cabanas, DJs und perfekt gekühlte Pools

Die vielen Sandstrände an der Küste eignen sich ideal für einen Badetag, doch wie es sich für Dubai gehört, verfügt die Stadt auch über eine lebhafte **Beachclub-Szene** für alle, die mehr wollen als nur eine unberührte Küste. Diese schicken Lokale, die Sand, Sonne und Luxus vereinen, sind in der ganzen Stadt zu finden, die höchste Konzentration gibt's in Dubai Marina und Palm Jumeirah. Ob für ein feines Essen am Pool, erstklassige DJs, die Hits auflegen, während man sich bräunt, oder eine ständige Partyatmosphäre unter der Sonne, hier hat man die Qual der Wahl. Im **Azure Beach** im Rixos Premium JBR

DUBAIS HIPPSTE BEACHCLUBS

Summersalt Beach Club
Gehobene Speisekarte und Blick aufs Burj Al Arab – der Jumeirah Al Naseem Beach Club ist einer der entspanntesten. **$$$**

SAN Beach
Dieser schöne Boho-Strandclub im Sand bietet an sonnenverwöhnten Tagen ein ganz neues Maß an Erholung. **$$**

Nikki Beach
Die strahlend weiße Ästhetik lockt schöne Badegäste an die Küste von Jumeriah. **$$**

gibt's gute Stimmung, gute Musik und den perfekten Blick auf den Sonnenuntergang über Ain Dubai vom Infinitypool. **Andreea's** im **Habtoor Grand Resort** nahe dem Skydive Dubai ist auch beliebt und bietet Sonnenliegen, Cabanas und eine Swim-up-Bar, alles mit perfektem Blick auf die Küste, zu der man mit einem kostenlosen Golfwagen hinunterfahren kann. Das gehobene **Drift Beach** im One&Only Royal Mirage hat nicht nur einen 1 km langen Privatstrand und einen Infinitypool mit Panoramablick, sondern auch ein Restaurant am Pool mit köstlichen mediterranen Gerichten – perfekt für den Hunger nach dem Schwimmen. Und auch im **Bla Bla** in JBR, das vielleicht eher für versnobte Bars und Restaurants bekannt ist, gibt's einen lebhaften Beach Club, der ein jüngeres Publikum anzieht und mit plüschigen Liegen, leuchtend orangefarbenen Sonnenschirmen und einem Nonstop-Sommer-Soundtrack aufwartet.

Sterne-Restaurants in Dubai

KARTE S. 111

Kunst am Tisch

In einer Stadt mit mehr als 10 000 Restaurants überrascht es vielleicht, dass der Michelin-Führer, ein Gütesiegel für kulinarische Exzellenz, erst im letzten Jahr beschlossen hat, Dubai in seine Liste aufzunehmen: In der Ausgabe von 2023 erhielten 14 Spitzenrestaurants in der Stadt Sterne. Gourmets auf der Suche nach einem Zwei-Sterne-Menü gehen ins **Il Ristorante – Niko Romito** im luxuriösen, modeorientierten Bulgari Resort Dubai oder das **STAY by Yannick Alléno** mit innovativer französischer Küche. In der Nakheel Mall lockt das **Trèsind Studio** mit einer ständig wechselnden Karte und moderner indischer Küche plus zwei Sternen. Es gibt auch mehrere Ein-Sterne-Restaurants, darunter das **11 Woodfire**, ein modernes Restaurant, wo auf offenem Feuer gekocht wird, und das **Al Muntaha** im Sieben-Sterne-Hotel Burj Al Arab, das Gerichte mit mediterranem Einschlag und eine atemberaubende Aussicht bietet. Für Pflanzenesser eignet sich das **Avatara** im Voco Dubai, wo der Fokus auf puren, pflanzlichen Produkten liegt, die kreativ als seelenvolle indische Küche serviert werden. Sterneküche für kleines Geld gibt's in von Guide-Inspektoren ausgewählten Lokalen mit qualitativ hochwertigen Speisen zu erschwinglichen Preisen: im **3Fils** zeitgenössische japanische Küche mit Blick auf den Jumeirah Fishing Harbour, im **Bait Maryam** in den Jumeirah Lakes Towers orientalische Hausmannskost.

AIN DUBAI

Mit atemberaubenden 250 m Höhe ist **Ain Dubai** offiziell das größte Riesenrad der Welt. Der Gigant dominiert die Skyline um Palm Jumeirah und Dubai Marina und wurde 2001 unter großem Beifall eröffnet. Bis vor Kurzem konnte man aus einer der 48 Hightech-Kapseln des Rades bei halbstündigen Fahrten einen unvergleichlichen Blick über die Stadt genießen und private Kabinen und Skybars in der Gondel buchen. Seit März 2022 ist das Rad jedoch geschlossen, einen offiziellen Grund für die Unterbrechung gibt's nicht. Unbestätigten Gerüchten zufolge verursachen Lieferschwierigkeiten für Teile, die zur Wartung der Hightech-Gondeln nötig sind, die lange Verzögerung.

GENIALE ROOFTOP-BARS

Folly
Eislollys aus Prosecco-Cocktails sind der perfekte Sundowner in diesem beliebten Lokal im Madinat Jumeirah. **$$**

Above Eleven
Aus Bangkok importiertes, flippiges Dachlokal mit atemberaubendem Blick auf die Skyline von Dubai Marina. **$$$**

Attiko Dubai
Auf dem Dach des W Dubai Mina Seyahi warten ein Panoramablick aufs Meer und eine kreative Cocktailkarte. **$$**

TOP TIPP

In Dubai South lässt sich leicht vorankommen, denn die Red Line der Dubai Metro von Jebel Ali erhielt jüngst sieben neue Stationen, darunter die beliebten Wohngebiete Discovery Gardens und Jumeirah Golf Estates, das Geschäftsviertel Dubai Investment Park und die neue Endstation Expo City Dubai.

Oben: Al Wasl Dome (S. 120); rechts: Motiongate Dubai (S. 119)

LOCAL TIPP: MUST-DO'S IN DUBAI SOUTH

Nila Pendarovski stammt aus Deutschland, lebt in Dubai und arbeitet als Hotelmanagerin im Rove Expo 2020. Hier sind ihre Must-dos in Dubai South.

Terra Pavilion, Expo City
Einer meiner Lieblingspavillons der Expo City, der auf eine Reise mitnimmt, die unseren Einfluss auf die Umwelt verständlich macht und atemberaubende Technologien für eine grünere Zukunft zeigt.

Al Qudra Love Lake
Um diesem herzförmigen See mit goldgelbem Sand kann man spaziergen gehen. Toll für Picknicks, Grillen, Camping und Sonnenuntergänge über der Wüste.

Dubai Parks and Resorts
Kinder und Erwachsene werden sich in diesem Themenpark mit Legoland-Park, einem Wasserpark und dem fantastischen Motiongate prächtig amüsieren.

Dubai South

DIE AUSDEHNUNG DER STADTGRENZEN

Dubai South ist ein wachsender Stadtteil, mit dem sich Dubai dem benachbarten Abu Dhabi weiter annähert.

Diese facettenreiche Region umfasst Jebel Ali, Dubais geschäftiges Industriegebiet, die Dubai Parks and Resorts mit Themenparks und Entertainmentbereichen, die Dubai Investment Parks, mehrere Wohngebiete sowie den zweiten internationalen Flughafen der Stadt, der derzeit für Frachtflüge dient. Naturfans kommen im größten nicht umzäunten Naturschutzgebiet auf ihre Kosten, dem Al Marmoom Conservation Area.

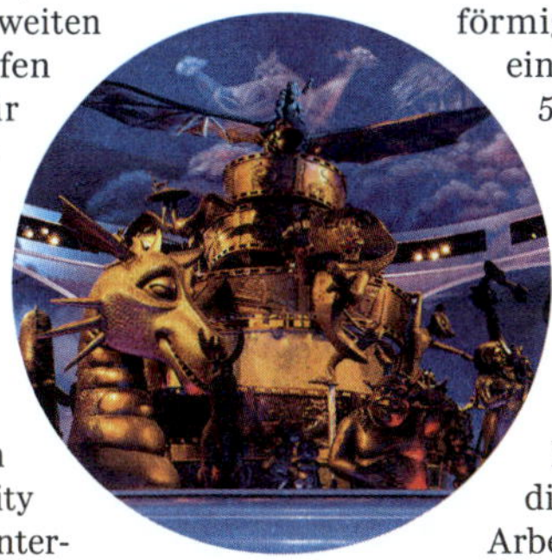

Ein neues Großprojekt in Dubai South ist die Expo City Dubai auf dem Areal der internationalen Weltausstellung Dubai Expo2020, die wegen der globalen Covid-19-Epidemie ein Jahr verspätet stattfand; ihre Fläche ist doppelt so groß wie Monaco. Sie wird als die Stadt der Zukunft der VAE bejubelt und soll durch smarte, nachhaltige Technologien angetrieben werden; Menschen ziehen vermutlich 2026 ein. Es gibt bereits einige Attraktionen, meist Überbleibsel der Expo2020, darunter der gigantische Al Wasl Dome, eine raumschiffförmige erhöhte Schreibe über einem terrassierten Park, ein 55 m hoher Turm namens Garden in the Sky, Foodtrucks, Cafés, Ausstellungen sowie mehrere Grünflächen und Radwege.

Im Süden Dubais wird noch mehr geschehen, denn Dubais Herrscher Sheikh Mohammed bin Rashid kündigte vor Kurzem an, dass die Arbeiten am Projekt Palm Jebel Ali, eine künstliche Insel im Meer und doppelt so groß wie die Palm Jumeirah, wieder aufgenommen werden und neue Luxushotels, Resorts, Strände, Restaurants und Villen geplant sind.

NICHT VERSÄUMEN …

EXPO CITY DUBAI
Ein weitläufiges, speziell entworfenes Stadtviertel, das die erste Smart City Dubais werden soll.
S. 120

DUBAI PARKS AND RESORTS
Am Rand der Stadt gibt's viele Themenparks zu erkunden, darunter das Legoland Dubai und das Motiongate Dubai.
S. 119

AL MARMOOM DESERT CONSERVATION RESERVE
Goldene Sanddünen, Ghaf-Bäume und Arabische Oryxantilopen gedeihen in diesem Wüstenschutzgebiet.
S. 122

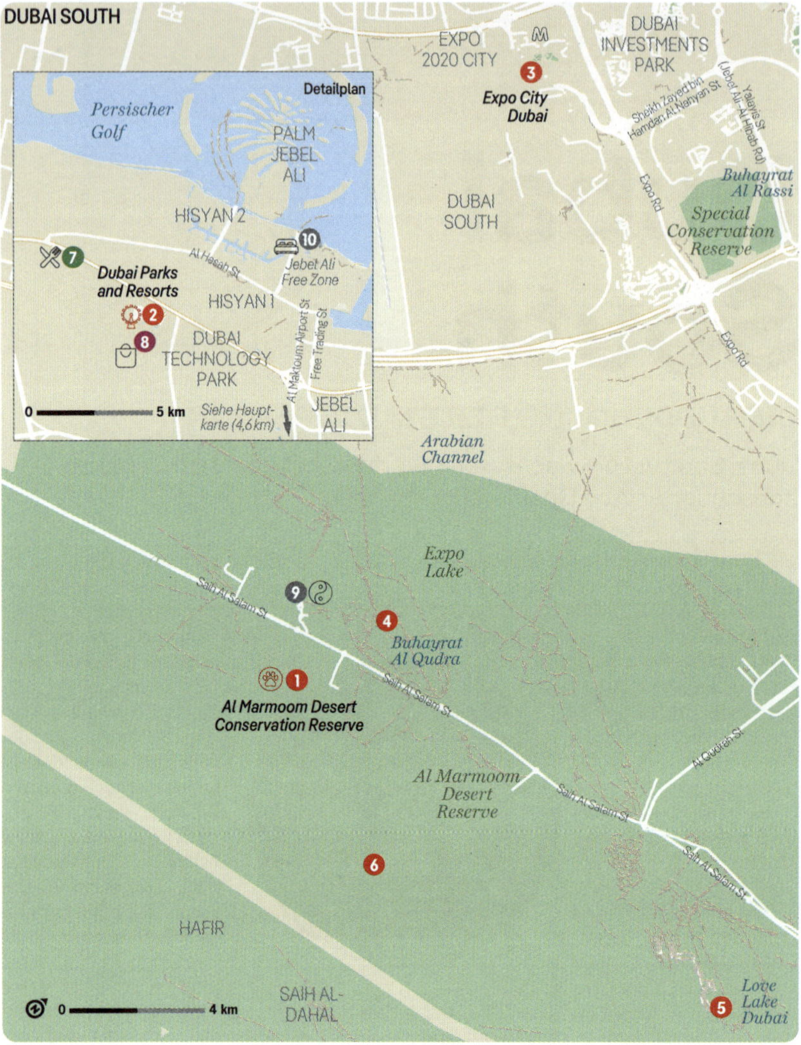

HIGHLIGHTS
1 Al Marmoom Desert Conservation Reserve
2 Dubai Parks and Resorts
3 Expo City Dubai

SEHENSWERTES
4 Al Qudra Lake
5 Love Lake Dubai
6 Moon Lake

ESSEN
7 Last Exit

UNTERHALTUNG
siehe 2 Legoland Dubai Resort

SHOPPEN
8 Outlet Village

SCHLAFEN
9 Bab Al Shams
10 JA The Resort

Legoland Dubai

Legoland Dubai Resort

Spaß mit Bausteinen

Das erste **Hotel mit Lego-Thema** des Nahen Ostens befindet sich in den Dubai Parks and Resorts. Es hat 250 Zimmer und ist von den Lifts bis zu den Teppichen im Lego-Design gestaltet. Wenn man durch den von einem Lego-Drachen bewachten Eingang in die Lobby kommt, wartet dort schon eine große Kiste mit Lego-Steinen, mit denen alle spielen können. Die Standardzimmer für bis zu fünf Personen haben Stockbetten in einem abgeteilten Bereich und eine eingebaute Schatzsuche. Außerdem gibt's eine große Spielburg, Masterclasses für Kinder bei Lego-Profis und einen Pool im Freien mit schwimmendem Lego-Spielzeug.

Dubai Parks and Resorts

Ein Themenpark-Paradies

Auf der Sheikh Zayed Road in Richtung Abu Dhabi kommt man zu einer Ausfahrt, wo an einem bunten, mit Figuren geschmückten Bogen die Straße zum Unterhaltungsparadies **Dubai Parks and Resorts** führt. Kinofans können **Motiongate Dubai** entdecken, einen Park, der sich thematisch um Hollywoods drei größte Filmstudios dreht und die schnellste Spinning-Coaster-Achterbahn der Welt mit einer Gondel hat. Auf Lego-Fans wartet das **Legoland Dubai** mit über 40 Fahrgeschäften rund um den Plastikbaustein und Abkühlung bietet der Legoland Waterpark mit thematisch gestalteten Rutschen und Attraktionen. Bei großer Hitze bietet das **Neon Galaxy** eine interaktive Indoor-Spielzone für Kinder und Teens rund ums Thema Weltall. Das **Riverland Dubai** ist ein Einkaufsviertel am Wasser mit Fußwegen und Bootsfahrten durch verschiedene Themengebiete, darunter das India Gate und das French Village. Wer an einem Tag nicht alles schafft, kann im **Lapita, Dubai Parks and Resorts,** übernachten, einem Vier-Sterne-Hotel mit dem Thema Polynesien, wo zwei Pools, ein gemächlicher Fluss und – falls die Aufregung mal zu viel wird – ein Spa warten.

ROVE EXPO 2020

Das einzige **Hotel** in der Expo City Dubai ist ideal, wenn man hier ein Event besucht oder die Gegend länger als nur einen Tag erkunden möchte. Das coole Hotel hat schnörkellose, aber saubere und komfortable Zimmer mit Blick auf den Al Wasl Dome. Es gibt viele Coworking-Bereiche, darunter Telefonzellen, die speziell für Zoom-Calls entworfen wurden. Im Restaurant **The Daily** können auch Nichtgäste frühstücken und mittags oder abends essen gehen.

Expo City Dubai

Urbane Parks, Pavillons und mehr

Für die Dubai Expo 2020 wurde einstiges Ödland in eine Megacity verwandelt. Heute entsteht auf dem Areal die **Expo City Dubai**, die als eine auf Menschen ausgerichtete Stadt der Zukunft beworben wird. Sie steckt noch in den Kinderschuhen, doch die Smart City soll Wohngebiete, Schulen, Krankenhäuser und Universitäten sowie Technologiefirmen und grüne Start-ups beherbergen.

Gegenwärtig lohnt sich ein Besuch wegen der ruhigen Parks und Grünanlagen, darunter ein schattiger, begrünter Pavillon unter dem **Al Wasl Dome**, ein Blickfang der Expo und heutiger Veranstaltungsort für hochkarätige Events wie das **Untold**, Dubais erstes Mega-Musikfestival. Einige Expo-Länderpavillons existieren noch, darunter die der VAE und Saudi-Arabiens. Der 55 m hohe Aussichtsturm **Garden in the Sky** bietet grandiose Aussichten in Richtung Dubai. Teils im Freien gelegen ist der **Terra Pavilion,** ein immersiver Ausstellungsraum zum Thema Natur, und das **Surreal**, wo ein Spektakel Musik, Wasser und Feuer vereint. Es wurde von derselben Firma entworfen, die auch die Wasserspiele am Burj Khalifa Fountain plante, die Musik stammt vom Komponisten der *Game of Thrones*-Filmmusik Ramin Djawadi. Während man die Füße im Wasser kühlt, beobachtet man staunend, wie das Wasser nach oben fließt und regelmäßig Flammen auflodern; im Sommer ist das Surreal geschlossen. Die breiten Straßen sind beliebt fürs Radfahren, Inlineskaten und Hundeausführen und es gibt praktische Wasser-, Snack- und Toilettenstationen für vierbeinige Gäste.

ASIFGRAPHY/SHUTTERSTOCK ©

Terra Pavilion

Last Exit

Last Exit

Ein Imbiss auf dem Weg

Auf dem Weg nach oder von Abu Dhabi? Dann lohnt sich eine Pause im **Last Exit**. Es gibt mehrere dieser Foodtruck-Zentren in der Stadt, doch das bekannteste liegt zu beiden Seiten der Sheikh Zayed Road. Die amerikanisch geprägten Boxenstopps haben Drive-in-Foodtrucks, die Burger, Tacos, Milkshakes, Brathühnchen und mehr offerieren. Man kann auch drinnen essen, wo es Picknicktische, Minimärkte, Toiletten und Spielautomaten neben Monstertrucks, Ampeln, alten Reifen und Vintage-Autoschilder gibt.

Outlet Village

Mode für Preisbewusste

Das **Outlet Village** neben den Dubai Parks and Resorts preist sich als Dubais erste Luxus-Discount-Mall und ist ein weitläufiges, italienisch gestyltes Einkaufszentrum, wo Modebewusste in über 100 Geschäften einkaufen können, darunter Armani, Michael Kors und Caroline Herrera. Es gibt alles von Mode und Beauty-Produkten bis zu Sportmode und Schmuck. Auch wenn man keine Lust zum Shoppen hat, lohnt der Besuch, weil die toskanisch inspirierte Architektur an San Gimignano erinnert, eine italienische Hügelstadt, die seit 1990 UNESCO-Weltkulturerbe ist: gewölbte Gassen, gepflasterte Wege und mittelalterliche Türme.

Outlet Village

JA The Resort

Eine Dubaier Traditionsunterkunft – nach wie vor ein Hit

Die Fahrt zum **JA The Resort** ist nicht die reizvollste in Dubai, denn das Hotel liegt hinter dem Industriegelände der Stadt, doch sobald man das weitläufige Resort am Meer erreicht hat, kommt ungetrübte Urlaubsstimmung auf. Es wurde 1981 eröffnet und ist eines der ältesten in Dubai sowie das größte „Erlebnisresort" der Stadt. Es besteht aus drei Hotels: Gäste haben die Wahl zwischen dem ursprünglichen JA Beach Hotel, dem JA Palm Tree Court mit Gartenblick und dem unlängst eröffneten umweltfreundlichen JA Lake View. Alle drei Hotels bieten Zugang zu den Einrichtungen des gesamten Resorts, darunter ein großzügiger Privatstrand, sieben Pools, 25 Restaurants und Ställe mit Reitpferden. Vielleicht begegnet man auch den Pfauen des Resorts, die über das Gelände streifen.

BAB AL SHAMS 2.0

Bab Al Shams, ein Refugium im arabischen Stil in Al Qusra am Rande Dubais, ist das älteste Wüstenresort der Stadt. Vor Kurzem wurde es umfassend renoviert. Fast 20 Jahre nach seiner ursprünglichen Eröffnung in Al Qudra hat es sich Anfang 2023 neu erfunden und ist eine großartige Familienunterkunft inmitten der wilden Wüste. Die Zimmer und Suiten sind von beduinischen Traditionen inspiriert und haben große Terrassen mit Blick auf endlose Sanddünen. Der Infinitypool macht sich gut auf Instagram, zudem werden zahlreiche Aktivitäten in der Wüste angeboten, etwa Falken-Shows, Kamelritte und Fahrzeugsafaris.

Gazelle, Al Marmoom Desert Conservation Reserve

MEHR DUBAI SOUTH

Zurück zur Natur im Al Marmoom Desert Conservation Reserve

Einheimische Wildtiere und Wüstenpanoramen

Das **Al Marmoom Desert Conservation Reserve** am Rande Dubais lädt dazu ein, die Großstadt gegen die Natur einzutauschen. Das Schutzgebiet umfasst 10 % von ganz Dubai und ist das größte nicht umzäunte Naturreservat des Landes. Es ist öffentlich zugänglich und eignet sich ideal, um in die Natur einzutauchen, besonders in den Wintermonaten.

Im Schutzgebiet leben unzählige einheimische Wildtiere, darunter die größte Population Arabischer Oryxantilopen und einer der größten Flamingoschwärme. Die rosa Vögel sind nicht allein – auf enthusiastische Vogelbeobachter:innen warten etwa 200 einheimische Vogelarten und je nach Jahreszeit bis zu 150 Zugvogelarten.

Eine Möglichkeit, dieses riesige Wüstengebiet zu erleben, ist die **Al Marmoom Bedouin Experience,** die man bei OceanAir Travels bucht. Die Reisenden werden vom Hotel abgeholt und zum Schutzgebiet gefahren, vorbei an Wüsten-

DIE BESTEN SEEN DUBAIS

Al Qudra Lake
Von Büschen umringte Wüstenoase im Al Marmoom Desert Conservation Reserve.

Love Lake Dubai
Der riesige künstliche See hat die Form zweier ineinander verschlungener Herzen.

Moon Lake
Künstlicher See in Mondsichelform – besonders berührend angesichts der Bedeutung des Himmelskörpers im Islam.

tieren und -pflanzen, darunter der Nationalbaum der VAE, der Ghaf. Erfahrene Guides machen auf dem Weg zu einem traditionellen Beduinendorf im Herzen des Schutzgebiets auf Falken, Rotwild, Oryxantilopen und Gazellen aufmerksam. Dann erkundet man die Wüste auf den Spuren der traditionellen Stämme bei einer morgendlichen Kamelkarawane über Dünen, bei der die Guides über die Bedeutung der Tiere mit den langen Wimpern, auf denen man reitet, informieren. Zurück im Dorf werden Kaffee und Datteln angeboten – die traditionelle Weise, wie Beduinenstämme den Tag seit Urzeiten beginnen.

MDXB/SHUTTERSTOCK ©

Love Lake Dubai

ABU DHABI

REISE-ZIELE

In jedem Stadtviertel starten wir mit dem perfekten Standort, um die Umgebung zu erkunden. Entdecke einzigartige Erlebnisse, Tipps unserer Autor:innen und Expert:innen, Hintergründe und Empfehlungen.

Große Scheich-Zayid-Moschee (S. 156)

Al Zahiyah, Al Maryah Island & Al Reem Island

NEUES ZENTRALES GESCHÄFTSVIERTEL

Al Zahiyah hat sich durch die Sanierung verändert und dabei seinen pulsierenden und multikulturellen Charakter bewahrt. Ganz in der Nähe beherbergt Al Maryah Island ein internationales Finanzzentrum, Fünf-Sterne-Hotels, ein luxuriöses Einkaufscenter und gehobene gastronomische Einrichtungen. Al Reem Island verfügt über Wohnungen und Freizeiteinrichtungen und verströmt eine kosmopolitische Atmosphäre.

S. 146

Al Mina & Saadiyat Island

KULTURELLE HOCHBURG

Saadiyat Island liegt in der Nähe der stimmungsvollen Märkte von Mina Zayed und wartet mit den renommiertesten kulturellen Sehenswürdigkeiten der Hauptstadt auf, darunter der Louvre Abu Dhabi und das neue Guggenheim Abu Dhabi. An den schönen Sandstränden und im türkisfarbenen Wasser der Insel werden häufig nistende Karettschildkröten und Delfine gesichtet.

S. 162

Downtown Abu Dhabi

GESCHÄFTSZENTRUM DER STADT

Downtown Abu Dhabi zeichnet die Entwicklung der Stadt von einer Fischer- und Perlenfischersiedlung an der Küste zu einer blühenden Hauptstadt nach. Wahrzeichen wie das Qasr Al Hosn zeugen von der reichen Kultur Abu Dhabis und Einkaufszentren, Parks sowie die Corniche spiegeln den modernen Lifestyle wider. In den Straßen von Al Danah gibt's eine vielfältige Gastronomieszene.

S. 128

Breakwater & Umgebung

IN ALLER PRACHT

Hier bekommt man einen Eindruck von Abu Dhabis Selbstbewusstsein als führende Hauptstadt. Bei einem Spaziergang rund um Breakwater beeindrucken der Qasr Al Watan und der Emirates Palace mit ihrer königlichen Architektur, während das Founder's Memorial die visionäre Führung von Scheich Zayid ehrt.

S. 136

AUF EINEN BLICK: ABU DHABI

Entdecke dein Sehnsuchtsziel.

Yas Island & Umgebung

AUFREGENDES FREIZEITZENTRUM

Mit rekordverdächtigen Themenparks für Erwachsene und Kinder, erstklassigen Unterhaltungsangeboten in Hightech-Locations und dem Yas Marina Circuit, auf dem der Grand Prix von Abu Dhabi ausgetragen wird, ist Yas Island die erste Adresse in Abu Dhabi für adrenalingeladene Erlebnisse.

S. 172

Große Scheich-Zayid-Moschee & Umgebung

DAS TOR ZUR HAUPTSTADT

Die außergewöhnlich schöne Große Scheich-Zayid-Moschee ist ein Symbol für Frieden, Vielfalt und Toleranz. Am Ufer vom Khor Al Maqta befinden sich Luxusresorts und das Hafengebiet Al Qana. Eine idyllische Auszeit von der Stadt bieten der Eastern Mangrove National Park und die Al Gurm Corniche.

S. 152

Downtown Abu Dhabi

GESCHÄFTSZENTRUM DER STADT

Die Entwicklung von Downtown Abu Dhabi repräsentiert den Weg Abu Dhabis von einer Fischer- und Perlenfischerinsel in den späten 1790er-Jahren zur kulturreichen, kosmopolitischen Hauptstadt von heute.

Downtown Abu Dhabi erstreckt sich rund um die Festung Qasr Al Hosn mit dem ältesten Bauwerk Abu Dhabis. Der 1760 erbaute Wachturm aus Korallen und Steinen verhalf der wachsenden Küstensiedlung auf der Insel Abu Dhabi zu einem Gefühl von Sicherheit. Heute liefert ein Besuch der benachbarten Cultural Foundation – ein beeindruckendes Kunst- und Kulturzentrum mit Kunstausstellungen, Workshops und Veranstaltungen –Einblicke in die zeitgenössische Kulturszene.

Hier wurden im ersten zentralen Souk in den späten 1950er-Jahren an einfachen Ständen Säcke mit Zwiebeln, Holzkisten und Kaugummi verkauft. Heute beherbergen die hier stehenden Hochhäuser und Wolkenkratzer Fünf-Sterne-Hotels, Einkaufszentren, gehobene Wohnungen und einige der größten Unternehmen in Abu Dhabi. Der Souk und das Einkaufszentrum im World Trade Center Abu Dhabi befinden sich an der Stelle des alten Souks. Im selben Komplex steht das 382 m und 92 Stockwerke hohe Burj Mohammed Bin Rashid, das höchste Bauwerk der Stadt.

Entlang der Küste verläuft die Corniche mit gepflegten Rasenflächen, Bänken, einer Joggingstrecke und einem Fahrradweg. Zahlreiche Parks, darunter der Lake Park, der Formal Park, der Capital Park und der Family Park, liegen nahebei.

Das Viertel Al Danah ist zu jeder Tageszeit voller Leben und bietet jede Menge Möglichkeiten zum Essen und Einkaufen – mit preiswerten Restaurants, Cafeterias und Bäckereien, in denen heiße *manakeesh* (gebackenes Fladenbrot mit Käse oder Gemüse), armenische Kebabs, pakistanische Biryanis und chinesische Hotpots verkauft werden.

NICHT VERSÄUMEN ...

QASR AL HOSN
Unbedingt das exzellente Museum in dieser Festung besuchen, um mehr über Abu Dhabis Geschichte zu erfahren.
S. 130

CULTURAL FOUNDATION
Das beeindruckende Kulturzentrum gibt Einblick in die lebendige zeitgenössische Kunstszene der Stadt.
S. 131

SOUK IM WORLD TRADE CENTER
Die moderne Neuinterpretation eines traditionellen Markts eignet sich fantastisch, um Souvenirs zu erstehen.
S. 134

TOP-TIPP

Bei einem Spaziergang oder einer Radtour entlang der Corniche kann man viele beeindruckende Wolkenkratzer bewundern. Anschließend geht man in Al Danah essen und bummeln. Wer ein Fahrrad leihen möchte, lädt die App Cyacle Bikeshare herunter.

Links: Lake Park (S. 134); oben: World Trade Center Souk (S. 134)

LOCAL TIPP: UNBEKANNTE ECKEN DOWNTOWN ABU DHABI

Abdulrahman Alzaabi (@adaywithabdul on Instagram), Ingenieur aus Abu Dhabi und leidenschaftlicher Guide der Emirate, verrät seine Lieblingsorte.

Moschee von Zayid dem Zweiten
Vor der Großen Scheich-Zayid-Moschee war die Moschee von Zayid dem Zweiten der Ort, wo sich die Stadt zu religiösen Zeremonien versammelte. Erbaut 1969, begrüßt ihr wunderschöner Innenhof Gläubige aus aller Welt.

Urban Park und Etihad Square
Neben hohen Gebäuden sind der Urban Park und der Etihad Square grüne Oasen und bieten mit alten Bauwerken einen Blick in die Vergangenheit und auf Traditionen der Emirate.

Rain Cafe
Großartiger Espresso und kunstvoll verzierter Latte macchiato.

BUTENKOV ALEKSEI/SHUTTERSTOCK ©; NÄCHSTE SEITE: VINNIKAVA VIKTORYIA/SHUTTERSTOCK ©

PRAKTISCH & KONKRET
Diesen QR-Code scannen, um Preise und Öffnungszeiten zu erfahren:

HIGHLIGHT

Komplex Al Hosn

Mit einem aufschlussreichen Museum in einer Festung, die einst der Herrscherfamilie Al Nahyan gehörte, einem steinernen Wachturm von 1760, einer Ausstellung traditionellen Handwerks und einem modernen Kulturzentrum ist ein Besuch im **Al Hosn**, als blättere man durch die faszinierende Geschichte Abu Dhabis, das sich von einem Fischer- und Perlenfischerdorf im 18. Jahrhundert zu einer mächtigen, zukunftsorientierten Hauptstadt entwickelt hat.

GUT ZU WISSEN
Das siebentägige **Al Hosn Festival** im Januar im Qasr Al Hosn ist eine fantastische Gelegenheit, mehr über Bräuche und Handwerk der Emirate zu erfahren, Darbietungen zu sehen, Speisen aus den Emiraten zu probieren und lokales Kunsthandwerk zu kaufen.

Qasr Al Hosn

Der Wachturm aus Korallen und Meeresstein, 1760 nach der Entdeckung von Süßwasser auf der Insel Abu Dhabi erbaut, steht noch immer zwischen den umliegenden Hochhäusern im Festungskomplex Qasr Al Hosn und ist Abu Dhabis ältestes Bauwerk. Mit dem Burj Mohammed Bin Rashid, dem höchsten Gebäude Abu Dhabis im Hintergrund erinnert es auf eindrucksvolle Art an die Wurzeln der Stadt.

1793 begann die Erweiterung des Wachturms zu einer Verteidigungsanlage – dem Inneren Fort –, die Regierungssitz, militärisches Hauptquartier und königliche Residenz wurde und der Inselgemeinde Vertrauen einflößen sollte. Zwischen 1939 und 1945 startete unter Sheikh Shakhbut bin Sultan Al Nahyan der Bau des Äußeren Palastes um die ursprüngliche Festung herum, der die Fläche verdreifachte und die aufstrebende Macht Abu Dhabis in der Region nach den Erdöl-

Funden deutlich machte. Lange nachdem unter anderem ein Rat und ein Nationalarchiv im Qars Al Hosn beheimatet waren, wurde das Bauwerk 2018 nach fast 11 Jahren Erhaltungs- und Restaurierungsarbeiten als Museum wiedereröffnet.

Wer das Gebäude durchs Torhaus betritt, sieht den runden steinernen **Wachturm** von 1760 links in der Ecke des Innenhofs. Für die Ausstellungen in der **Inneren Festung** sollte man etwas Zeit mitbringen. Sie verfolgen die Geschichte Abu Dhabis ab der Reise der Bani Yas von den Oasen von Liwa zur Insel Abu Dhabi über die aufstrebende Perlenfischer-, Fischerei- und Handelsstadt und den Post-Öl-Boom bis zu Abu Dhabis Stellung als Weltstadt.

Auf der anderen Hofseite des **Äußeren Palastes** liegen an Arkadengängen Wohnräume, in denen Möbel, Schmuck, Haushaltsgegenstände und Kleidung ausgestellt sind und vom Leben der hier einst residierenden Herrscherfamilie erzählen. Bemerkenswert sind einige Räume, die mutigen und einflussreichen Frauen gewidmet sind, die hier lebten und aktiv am Gemeindeleben teilnahmen. Darunter sind Sheikha Salama bint Butti, die Mutter von Sheikh Shakhbut bin Sultan Al Nahyan, und Sheikha Quot bint Shakhbut Al Nahyan, die nicht nur Autofahren lernte, als es in Abu Dhabi kaum Autos und Straßen gab, sondern diese wertvolle Fähigkeit angeblich auch einigen Palastwächtern beibrachte. Für die Ausstellungen mindestens 90 Minuten einplanen.

Cultural Foundation

Nach zehnjähriger Renovierung eröffnete dieses schöne, 1981 gegründete Zentrum 2018 als Dreh- und Angelpunkt der städtischen Kunst- und Kulturszene. Die Galerien stellen Werke lokaler und internationaler Kunstschaffender aus. Einige Ateliers in **Al Marsam Al Hor** bieten unter anderem Workshops zu Malerei, Bildhauerei, Schmuckdesign, Töpferei, Modedesign und Kalligrafie an. Das Theater für darstellende Künste mit 900 Plätzen bietet übers Jahr ein volles Programm mit Ballett, Theater und Konzerten. Die hellen und farbenfrohen Räume und interaktiven Erlebnisse in der 5250 m² großen **Abu Dhabi Children's Library** innerhalb des Zentrums sind an Wochenenden bei Familien sehr beliebt. Zu beachten: die modernen islamischen Architekturmerkmale des Zentrums wie blau gekachelte Bogen, geometrische Muster, Brunnen, Innenhöfe und schattige Gehwege.

HOUSE OF ARTISANS

Frauen in Burkas aus den Emiraten plaudern, während ihre Finger Garnspulen verflechten, um silberne *talli* (traditionelle Stickerei) herzustellen. In Pavillons werden Al-Sadu (Weben von gefärbtem Wollgarn) und *khoos* (Weben oder Flechten von Palmwedeln zu Körben) gezeigt.

TOP-TIPPS

- Im House of Artisans gibt's im Bait Al Gahwa alle 30 Minuten *gahwa*-Demonstrationen und die Chance, den mit Kardamom aromatisierten arabischen Kaffee in einem *madschli* zu probieren. Vor dem Eintreten die Schuhe ausziehen.
- Die Kunsthandwerkerinnen im House of Artisans nicht bei der Arbeit fotografieren. Wer die Werke fotografieren möchte, frage vorher um Erlaubnis.
- Die allgemeinen Eintrittskarten beinhalten den Zugang zum Qasr Al Hosn, zum House of Artisans und zur *gahwa*-Vorführung.
- Der Eintritt zu den Ausstellungen in der Cultural Foundation ist frei. Die Preise für Workshops im Al Marsam Al Hor und Aufführungen in der Cultural Foundation variieren.

HIGHLIGHTS
1 Qasr Al Hosn
2 World Trade Center Souk

SEHENSWERTES
3 Abu Dhabi Beach
4 Al Danah
5 Capital Park
6 Etihad Square
7 Family Park I
8 Formal Park
9 Lake Park
10 Zayed The 2nd Mosque

AKTIVITÄTEN
11 House of Artisans

SCHLAFEN
12 Al Maha Arjaan by Rotana
13 Courtyard by Marriot World Trade Center
14 Le Royal Méridian Abu Dhabi
15 Millennium Downtown
16 Sofitel Abu Dhabi Corniche
17 Tryp by Wyndham Abu Dhabi

ESSEN
18 Al Ajaweed Restaurant
19 Al Ibrahimi Restaurant
20 Bait El Khetyar
21 Dampa Seafood Grill
22 Karam Al Sham
23 Lahmajoon

UNTERHALTUNG
24 Cultural Foundation

SHOPPEN
25 Al Souk (Traditional Market)
26 Madinat Zayed Shopping & Gold Centre
27 Old Souq

Madinat Zayed Shopping & Gold Centre

MEHR DOWNTOWN ABU DHABI

Einkaufen im Madinat Zayed Gold Centre

Es glitzert und blinkt

Bestickte Abayas, farbenfrohe Kaftane, elegante Ledersandalen für Männer (sogenannte „arabische Sandalen“), Spitzenschals, Parfüms, perlenbesetzte Geldbörsen und vieles mehr bekommt man im **Madinat Zayed Shopping & Gold Centre**, einem der ältesten Einkaufszentren in Abu Dhabi. Wegen der günstigen Preise ist die labyrinthische Anlage bei Einheimischen sehr beliebt, sie wirkt wie ein Souk inmitten der vielen noblen Einkaufszentren der Stadt und ist ein toller Ort für Souvenirs. Der Andrang im Gold Centre ist überraschend groß. Dort zeigen Schaufenster extravagante Goldketten, zierliche Diamantarmbänder und mit Rubinen und Smaragden besetzte Brautkronen, die sicherlich nicht günstig sind, aber die Liebe der Region zum Gold widerspiegeln.

GÜNSTIGE RESTAURANTS IN DOWNTOWN ABU DHABI

Al Ibrahimi Restaurant
Seit den 1980er-Jahren lockt dieses berühmte pakistanische Restaurant die Karnivoren der Stadt mit unter anderem Hammel-Biryani, *harees* (breiartiger Eintopf aus zerstoßenem Weizen und Fleisch) und *mandi*. $

Dampa Seafood Grill
Philippinisches Restaurant, unheimlich beliebt für sein Gericht mit gegrillten Garnelen, Krabben, Mies- und Venusmuscheln und Maiskolben, dazu unbegrenzt viel Reis und eine Auswahl von fünf Soßen. Es ist für zwei bis drei Personen und soll mit der Hand gegessen werden (man bekommt Einweghandschuhe). $

Lahmajoon
Diese armenische Bäckerei mit Cafeteria ist bekannt für sein *lahmacun* (Fladenbrot mit verschiedenen Belägen) und armenisches *kibbeh* (frittierte Fleischbällchen). $

ÜBERNACHTEN IN DOWNTOWN ABU DHABI

Courtyard by Marriott World Trade Center Helle, modern eingerichtete Zimmer, ein Fitnesscenter, ein Pool sowie drei Restaurants. $$

Le Royal Méridien Abu Dhabi Moderne Zimmer in einem Hochhaus in Al Danah. Dazu gehört das Stratos, Abu Dhabis einzige rotierende Dachbar. $$

Millennium Downtown Einfache, klassische Zimmer, ein Fitnessstudio, ein Schwimmbad und zwei Restaurants nicht weit von der Corniche. $$

SCHAWARMA IN DOWNTOWN ABU DHABI

Bait El Khetyar
Man hat die Wahl zwischen Huhn oder Rindfleisch in *saj* (ungesäuertes Fladenbrot), *kaak* (weiches Brot mit Sesam) oder mit Pommes frites. $

Restaurant Al Ajaweed
Sowohl das Rind- als auch das Hühnchen-Schawarma gibt's normal oder scharf, wobei es das scharfe Fleisch in sich hat. $

Karam Al Sham
Das schmackhafte Schawarma, die saftigen Kebabs und der samtige Hummus sind eine sättigende Mahlzeit. $

Parks entlang der Corniche

Picknick am See

Auf einer der Bänke Platz nehmen und Enten beobachten oder die 15 m hohe Fontäne im See des **Lake Park** bewundern. Dieser liegt zwischen der Corniche und dem Wohn- und Geschäftsviertel **Al Danah**. Eine Brücke bringt über den See. Ein Kinderspielplatz, Spazierwege und gepflegte Rasenflächen machen den Park abends und an Wochenenden zum beliebten Ausflugsziel für Familien. Im benachbarten **Formal Park** spazieren Besucher durch ein Labyrinth, entspannen am Teich oder trainieren im Outdoor-Fitnessstudio und auf der Laufbahn. An ausgewiesenen Grillplätzen kann man wie die Einheimischen picknicken. Oder man holt sich aus einer der Bäckereien in der Al Janayen Street heißes *manakeesh* (gebackenes Fladenbrot mit Käse oder Gemüse) und Spinat-*fatayer* (gefüllte Teigtasche) und genießt sie auf einer Picknickbank.

Einkaufen auf dem Souk des World Trade Center

Ein neu gestalteter Souk

Der **Souk des World Trade Center,** entworfen vom britischen Architekten Norman Foster, befindet sich an der Stelle von Abu Dhabis altem zentralem Souk, der 2003 durch ein Feuer zerstört wurde, und huldigt der architektonischen Vergangenheit mit Holzfachwerk, Dachschlitzen für dünne Lichtstrahlen in enge Gassen, öffentlichen Plätzen und Atrien zum Verweilen sowie Buntglasfenstern mit geometrischen Mustern. Hier lohnt ein Souvenireinkauf von Weihrauch, eleganten handbestickten Pashmina-Schals, Perlenhalsbändern, traditionellen Lampen, Trockenfrüchten und Nüssen, Wollteppichen und bunten *jalabiyas* (traditioneller Kaftan in der Golfregion). Eine Brücke führt ins Einkaufszentrum des World Trade Center.

Sonnenbaden am Abu Dhabi Beach

Ein Morgen am Strand

Dieser **Strand** gegenüber dem Family Park ist einer der ruhigeren entlang der Corniche und perfekt für einen entspannten Vormittag in der Sonne. Wer Lust auf Action hat, kann bei **Abu Dhabi Parasail** am Strand Parasailing-Flüge sowie Bananenboot- und Donut-Fahrten buchen. Im nahe gelegenen **Flatout Speciality Coffee** gibt's köstlichen Eiskaffee. Ein Rettungsschwimmer und öffentliche Toiletten sind ebenfalls vor Ort.

ÜBERNACHTEN IN DOWNTOWN ABU DHABI

Sofitel Abu Dhabi Corniche
Geschäftshotel mit Meerblickzimmern und Spa, einer Jazzbar und einem fantastischen koreanischen Restaurant. $$

Al Maha Arjaan by Rotana
Zentral gelegenes Apartmenthotel mit geräumigen Zimmern, Fitnessstudio, Spa, Restaurant und Pool auf dem Dach. $$

Tryp by Wyndham Abu Dhabi
Moderne Zimmer, zwei Restaurants und eine Poolbar, ein Fitnessstudio und ein Swimmingpool. $

SONIA ALVES-POLIDORI/SHUTTERSTOCK ©

World Trade Center Souk

Breakwater & Umgebung

IN ALLER PRACHT

Wenn es eine Gegend gibt, die Abu Dhabis Grandeur und Hauptstadtambitionen mit unerschütterlichem Selbstvertrauen präsentiert, dann ist es die um Marina Breakwater.

Breakwater ist mit dem Südwestende der 8 km langen Corniche verbunden, einem belebten Freizeittreffpunkt dank der gepflegten Promenade, schönen Parks, Sandstränden und dem Radweg.

Auf der Halbinsel Al Ras Al Akhdar steht der Präsidentenpalast Qasr Al Watan mit erhabenen Kuppeln, prunkvoller weißer Fassade und Landschaftsgärten und begrüßt Reisende, die Interesse haben an den diplomatischen Beziehungen, der politischen Führung und der Rolle der VAE im Einsatz für die Pflege einer Kultur der Toleranz und Akzeptanz nicht nur in der Golfregion, sondern weltweit. Auf 100 ha neu gewonnenem Land nebenan ist der rosafarbene Emirates Palace ein prächtiges Hotel mit eigenem Hafen, einem 1300 m langen Privatstrand und vier Helipads. Es öffnete seine Türen im November 2005 vor dem 26. Gipfeltreffen des Gulf Cooperation Council (GCC) in Abu Dhabi. In den luxuriösen Suiten übernachteten schon Staatsoberhäupter und Hollywoodstars und im großen Auditorium finden Konzerte, Opernaufführungen und Filmpremieren statt.

MONTICELLO/SHUTTERSTOCK © THE CONSTELLATION BY RALPH HELMICK

Am benachbarten Founder's Memorial leuchtet nachts ein faszinierendes dreidimensionales Porträt des verstorbenen Gründungsvaters der VAE, Scheich Zayid bin Sultan Al Nahyan, als Erinnerung an seine Werte und Visionen, die bis heute Abu Dhabis bemerkenswerten Weg des Fortschritts leiten.

Auf der anderen Straßenseite ragen die imposantesten Wolkenkratzer Abu Dhabis auf: die Doppeltürme der Nation Towers und das blendende 342 m hohe ADNOC Headquarters, das zweithöchste Gebäude der Stadt. In den nahen Ethihad Towers befindet sich in der 74. Etage eine verglaste Aussichtsplattform mit Panoramablick über die Küste Abu Dhabis.

NICHT VERSÄUMEN ...

FOUNDER'S MEMORIAL
Das Porträt des verstorbenen Scheichs Zayid bin Sultan Al Nahyan wirkt nachts geradezu überirdisch.
S. 139

QASR AL WATAN
Eine Tour im Regierungspalast gibt Einblick in die Gastfreundschaft, Diplomatie und das intellektuelle Erbe der Emirate.
S. 140

OBSERVATION DECK AT 300
Vom höchsten Aussichtspunkt der Stadt bietet sich ein unglaublicher Panoramablick auf Abu Dhabi.
S. 142

TOP-TIPP

Da einige der Hauptattraktionen in Fußnähe voneinander liegen und entlang der Corniche ein toller Radweg verläuft, sind die Gegend rund um Breakwater und die Corniche gut zu Fuß oder mit dem Rad zu erkunden, vor allem bei angenehmem Wetter. Fahrräder kann man über die App Cyacle Bikeshare ausleihen.

Links: Founder's Memorial (S. 139); oben: Qasr Al Watan (S. 140)

LOCAL TIPP: INSIDER-ORTE IN BREAKWATER & UMGEBUNG

Tanya Naveed (@tanleo_ on Instagram und tanleo.darkroom.com), eine in Abu Dhabi ansässige Fotografin von Straßenszenen, verrät ihre Lieblingsorte rund um Breakwater.

A' l Bahar
Hier kann man sich einen Kaffee oder ein Eis genehmigen oder Fahrrad fahren – alles mit schönem Meerblick. Ein Tunnel verbindet A'l Bahar und den Parkplatz Khalidiya mit einem tollen Imbissbereich für Familien mit Kindern.

Milestones Coffee
Mit zauberhaftem Ambiente und Blick auf den Qasr Al Hosn ist dieses Café einfach ein Muss.

Cultural Foundation
Die perfekte Anlaufstelle für Kulturinteressierte. Es gibt immer eine Ausstellung, eine Kunstgalerie oder ein Event, deren Besuch lohnt. Unbedingt den versteckten Gebetsraum draußen besuchen!

BREAKWATER & UMGEBUNG

HIGHLIGHTS
1 Founder's Memorial
2 Observation Deck at 300
3 Qasr Al Watan

SEHENSWERTES
4 Abu Dhabi Heritage Village
5 A'l Bahar
siehe 2 Avenue at Etihad Towers
6 Corniche Beach
7 Emirates Palace
8 Etihad Modern Art Gallery
9 Pearl & Ship Sculpture

SCHLAFEN
10 Abu Dhabi Edition
11 Conrad Abu Dhabi Etihad Towers
12 Emirates Palace Mandarin Oriental
13 Intercontinental Abu Dhabi
14 Radisson Blue Hotel & Resort Abu Dhabi Corniche
15 St Regis Abu Dhabi

ESSEN
16 Al Khayam Bakery & Sweets
siehe 8 Art House Cafe
17 Fatair Liwa
18 Kaak Bladna Sweets
siehe 2 Li Beirut
19 Mado
20 Mamafri
21 Patron Meat House
22 Saddle House Al Bateen
23 Tashas

AUSGEHEN & FEIERN
24 Brunch and Cake
25 Em Sherif Cafe

UNTERHALTUNG
26 AquaDhabi Water Park

SHOPPEN
27 Fish Market

Emirates Palace Mandarin Oriental

Emirates Palace Mandarin Oriental KARTE S. 138

Einzigartige Pracht

Das erstaunliche Palasthotel strahlt in unvergleichlicher Opulenz: Mit 114 Kuppeln, 1002 Kristallleuchtern, weitläufigen, gepflegten Gärten, prächtigen Bogen, vergoldetem Interieur und 200 Brunnen ist es eines der berühmtesten Wahrzeichen Abu Dhabis. Wer nicht in einem der luxuriösen Zimmer wohnt oder in einem der Restaurants speist, besucht das Hotel am besten im Rahmen einer privaten Führung. Dabei erfährt man mehr über die Geschichte, bewundert architektonischen Highlights wie die 72,6 m hohe Hauptkuppel, die mit Gold, Perlmutt und Kristall geschmückt ist, und wirft einen Blick in die grandiose Palace Suite. Gekrönt wird das Ganze von einem mit Gold besprenkelten Palace Cappuccino. Alternativ kann man einen Tagespass kaufen und es sich am 1,3 km langen, weißsandigen Privatstrand des Hotels gut gehen lassen.

Founder's Memorial KARTE S. 138

Eine Ode an den Gründungsvater

Diese überlebensgroße Kunstinstallation im öffentlichen Raum, die das Leben, die Errungenschaften und die Werte des verehrten Gründers der VAE feiert, wurde 2018 anlässlich des 100. Geburtstages von Scheich Zayid bin Sultan Al Nahyan als Denkmal eingeweiht. Ihr Herzstück ist ein faszinierendes dreidimensionales Porträt des Scheichs in einem 30 m hohen Pavillon. Es wurde vom Künstler Ralph Helmick entworfen und besteht aus 1327 handgeschweißten platonischen Körpern, die an 1110 Kabeln hängen. Die prismatische Repräsentation der Werte und Lehren des verstorbenen Herrschers als Leitmotive für das Land scheint nachts, wenn sie leuchtet, geradezu ätherisch.

Innerhalb des Gedenkorts befindet sich auch ein schöner Garten mit einheimischen Bäumen und Heilpflanzen, einem *falaj* (Bewässerungskanal), Sitzgelegenheiten und einem erhöhten Fußweg – eine Reminiszenz an Scheich Zayids Liebe für Gartenkunst. Das Besucherzentrum zeigt einen Kurzfilm über die Entstehung der Installation. Kostenlose 30-minütige Führungen mit Guides, die sich in der Kultur der Emirate auskennen, setzen das Erbe des Scheichs in einen größeren Kontext. Sie finden ganztägig während der Öffnungszeiten statt und können online, per E-Mail oder direkt vor Ort gebucht werden.

ASIFGRAPHY/SHUTTERSTOCK ©

PRAKTISCH & KONKRET
Diesen QR-Code scannen, um Preise und Öffnungszeiten zu erfahren:

HIGHLIGHT

Qasr Al Watan

In diesem 380000 m² großen Komplex inmitten landschaftlich gestalteter Gärten befinden sich die Büros des Präsidenten, des Vizepräsidenten und des Kronprinzen von Abu Dhabi. Der Qasr Al Watan (Palast der Nation) ist seit 2019 öffentlich zugänglich, um die Errungenschaften der VAE herauszustellen. Der Präsidentenpalast empfängt ausländische Staatsoberhäupter und Würdenträger und ist der offizielle Ort für Gipfeltreffen.

GUT ZU WISSEN
Eine Reihe von drei erstaunlichen Skulpturen, genannt The Power of Words, wurde vom einheimischen Künstler Mattar bin Lahej geschaffen und mit inspirierenden Zitaten des verstorbenen Scheichs Zayid bin Sultan Al Nahyan versehen: eine goldene Kugel in der Great Hall und zwei silberne Skulpturen im Palastgarten.

Im Inneren des Qasr Al Watan

Der Qasr Al Watan, eine moderne Interpretation architektonischer Traditionen der Golfregion, ist ein atemberaubender Anblick mit majestätischen Kuppeln, weißen Granit- und Kalksteinfassaden, handgeschnitzten Ahornholztüren und kunstvoll verzierten Arkaden, die Schatten spenden.

Gekrönt von der massiven, 60 m hohen Zentralkuppel mit einem Durchmesser von 37 m und Buntglasfenstern ist die **Great Hall** der Inbegriff von Pracht – ein Fest fürs Auge mit traditionellen Designelementen wie großen Bogen, kunstvollen Fliesen, verzierten Kuppeln, verschlungenen geometrischen Mustern, Pflanzenmotiven, stilisierten Buchstaben und Kristallkronleuchtern. Im Inneren stehen die dominierenden Farben Gold, Weiß und Blau für die Wüste, den Himmel und das Meer, das Weiß des Palastäußeren kennzeichnet Frieden und Reinheit.

Geometrische Ornamente zieren die Böden und *mashrabiya*-Holzgitter die Wände. Man beachte den wiederkehrenden achtstrahlige Stern im Design, der aus zwei übereinandergelegten Quadraten besteht und in der arabischen Welt große Bedeutung besitzt. In den vier verspiegelten Kuben in der

365 FOCUS PHOTOGRAPHY/SHUTTERSTOCK ©

Great Hall

Great Hall erfährt man mehr über die Designelemente, verschiedene Ornamente und die kunsthandwerkliche Meisterschaft des Bauwerks.

Mehrere Räume in der Great Hall werden ausschließlich für Ausstellungen über die diplomatischen Beziehungen und historischen Errungenschaften des Landes genutzt.

Die **Hall of Presidential Gifts** zeigt eine Sammlung diplomatischer Geschenke, die Staatsoberhäupter an die VAE übergeben haben, darunter ein handgeknüpfter Teppich aus Turkmenistan, eine Porzellantulpenvase aus den Niederlanden und verschiedene Schwerter und Dolche aus Ländern wie Kuwait und Oman. Ein 12 t schwerer Kronleuchter mit 350 000 Kristallen hängt von der blattgoldverzierten Kuppel über einem runden Tisch im Raum **Spirit of Collaboration**, der als offizieller Ort für Gipfeltreffen mit dem Federal Supreme Council, der Arabischen Liga und dem Gulf Cooperation Council dient.

In der **Presidential Banquet Hall**, wo Staatsbankette mit Würdenträgern veranstaltet werden, kann man einen Blick auf das speziell gefertigte Silberbesteck und perfekt gedeckte Tische werfen. Der interessanteste Bereich im Quasr al Watan ist das **House of Knowledge**. Es zeigt Artefakte und Manuskripte, die exemplarisch für die Beiträge arabischer Gelehrter zu verschiedenen Disziplinen wie Astronomie, Naturwissenschaften, Kunst, Mathematik, Literatur, Forschungsreisen, Kartografie und Medizin vom 8. bis zum 13. Jh. stehen, dem sogenannten Goldenen Zeitalter des Islam.

Weitere Säle des Quasr Al Watan sind unter anderem der **Official Meeting Room**, der bei offiziellen Staatsbesuchen genutzt wird, und der *madschli* (Empfangssaal) **Al Barza**. Die **Qasr Al Watan Library** umfasst eine Sammlung von 50 000 Büchern, darunter seltene Ausgaben und Manuskripte, die zur Bewahrung des arabischen kulturellen und intellektuellen Erbes beitragen.

VISUELLE EXTRAVAGANZ

Nach Sonnenuntergang transformiert eine immersive Licht- und Tonshow namens **Palace in Motion** die Fassade des Palastes und erzählt die inspirierende historische Reise der VAE. Der Eintritt ist am Tag des Besuchs im Ticketpreis enthalten. Zwar dauert die Show nur 15 Minuten, das spektakuläre Erlebnis lohnt jedoch einen zweiten Besuch, wenn man den Palast schon tagsüber besucht hat.

TOP-TIPPS

- Sowohl Frauen als auch Männer sollten Kleidung tragen, die Knie und Schultern bedeckt.
- Der Download der Karte von der Website hilft, die verschiedenen Bereiche des Palastes aufzufinden.
- Die Show Palace in Motion findet jeden Abend 30 Minuten nach Sonnenuntergang beim Qasr Al Watan statt. Wer sie besuchen möchte, sollte die Anfangszeit online checken, da sie sich saisonal ändert. Letzter Einlass zur Show ist 30 Minuten vor Beginn.

Observation Deck at 300

KARTE S. 138

Nachmittagstee mit Aussicht

Diese elegante **Aussichtsplattform** mit Café bietet in Turm 2 der Conrad Abu Dhabi Etihad Towers im 74. Stockwerk eine spektakuläre Panoramaaussicht und herausragenden Service. Mit 300 m Höhe ist sie auch der höchste Aussichtspunkt Abu Dhabis. Man kann zwar Salate, Sandwiches, Kuchen, Kaffee und Tee von der Karte bestellen, doch das Highlight ist der preisgekrönte Afternoon Tea – ein großartiger Grund für eine nachmittägliche Pause. Es werden sechs pikante Sandwicharten, acht köstliche Kuchensorten und Scones und verschiedene Tees und Kaffees serviert, während man durch breite, raumhohe Fenster die Aussicht auf Wolkenkratzer, Inseln, Marinas und Sandstrände an Abu Dhabis Küste genießt. Man bittet um einen Tisch mit Blick auf Breakwater und den Quasr al Watan, bei einem Bummel auf der Aussichtsplattform schaut man auch in alle anderen Richtungen. Im Ticketpreis ist ein Gutschein im Wert von 55 Dh für Essen und Getränke inklusive. Afternoon-Tea-Pakete beinhalten den Eintritt zur Aussichtsplattform; nötig ist eine Buchung mindestens einen Tag im Voraus.

Observation Deck at 300

Mamafri

KARTE S. 138

Soulfood

Beim Betreten dieses stylishen Restaurants im belebten Sheikha Fatima Park fühlt man sich, als habe man ein echtes Geheimnis in Abu Dhabi entdeckt. Decke und Wände schmückt eine wellige Avantgarde-Installation, in der Küche werden hinter einem Glasfenster theatralisch Garnelen flambiert, die Tische sind selbst an Werktagen abends mit einheimischen Gästen besetzt und die Geräuschkulisse bilden angeregte Gespräche und Deep House. Auf der Karte stehen verschiedene südostasiatische Gerichte, etwa *chicken bao, sando* mit Wagyu-Rindfleisch, Ramen, gebratener Kimchi-Reis und malaysisches Curry. Das Essen kommt in großen Portionen, ist geschmackvoll und tut der Seele gut.

Die traditionelle Lebensweise im Abu Dhabi Heritage Village

KARTE S. 138

Das Leben in einem Oasendorf

Wer neugierig ist, wie das Leben in der Hauptstadt vor dem Ölboom ausgesehen hat, besucht dieses rekonstruierte befestigte **Dorf** mit Museen, einem Souk und einer Moschee.

Unter den Museumsexponaten sind alte Fotos, die das Leben in der Region dokumentieren, Waffen, traditionelle Kleidung, Schuhe, Silberschmuck, Manuskripte, alte Banknoten und Münzen, bronzene *dallah* (Kaffeekannen) und andere Haushaltsgegenstände.

Im Dorf stehen auch Zelte aus Ziegenhaar – sie wurden von Beduinenstämmen beim Zug durch die Wüste im Winter als Unterkunft genutzt. Im Sommer lebten sie in *barasti*-Hütten wie der, die im Dorf zu sehen ist. Die Hütten hatten einen Holzrahmen und Dächer aus Palmwedeln für die Luftzirkulation.

Eine Bootsausstellung zeigt die lange maritime Geschichte der Region und liefert Einblicke in die kreativen Schiffsbautechniken der Golfregion. Am Strand hinter dem Dorf liegen Perlenfischer-Daus und traditionelle Ruderboote gegenüber der grandiosen Wolkenkratzer-Skyline auf der anderen Wasserseite.

Auf einem Kunsthandwerkssouk werden *khanjars* (Krummdolche), Teppiche und traditionelle Gewänder verkauft, an anderen Ständen gibt's Kaftane, Schals, handgemachte Seifen, Henna, Gewürze und touristischen Schnickschnack.

Gehobene libanesische Küche im Li Beirut

KARTE S. 138

Ein Stückchen Beirut

Das noble **Restaurant** in den Conrad Abu Dhabi Etihad Towers wirkt mit der eleganten schwarz-roten Einrichtung, geometrischen Wandschirmen und Beirut-Fotos wie eine Lounge. Auf der Karte stehen traditionelle libanesische Gerichte, auch welche nach Familienrezepten des Kochs, mit modernem Flair. Es ist eine beliebte Adresse bei Gästen, die gehoben essen gehen möchten, dafür sorgen die üppigen Speisen, der tadellose Service und der schöne Terrassenblick. Es gibt Meze wie Rote-Bete-*moutabe,* Spinat-*fatayer* oder Tigergarnelen im *kunafa*-Wrap und Hauptgerichte wie *kebbeh bel laban* und Wolfsbarsch vom Holzkohlegrill. Ein Highlight ist das Dessert, etwa Pistazien-*mohalabia* oder *labneh*-Käsekuchen.

SCHÄTZE DES MEERES

In der **Marina Breakwater** steht eine Skulptur mit zwei Segeln und vier Austern mit jeweils einer Perle als Reverenz an Abu Dhabis Tradition der Perlenfischerei, die vor der Entdeckung von Öl ein wichtiger Wirtschaftszweig war. Die Perlenfischerei war keine einfache Arbeit – die Perlentaucher verbrachten oft Monate auf See, ohne ihre Familien zu sehen, unter harten Lebensbedingungen und Wind und Wetter ausgesetzt. Mit der Großen Depression in den 1930er-Jahren und der Erfindung von massenproduzierten Zuchtperlen in Japan stürzte die Nachfrage ab.

ESSEN MIT AUSSICHT IN BREAKWATER & UMGEBUNG

Em Sherif Cafe
Elegantes Ambiente, bester Service, köstliche libanesische Meze und Grillgerichte, großartige Aussicht. **$$**

Patron Meat House
Stylishes Steakhouse am Strand A'l Bahar, offeriert türkische Kebabs, Gegrilltes und trocken gereifte Steaks. **$$$**

Fishmarket
In diesem berühmten Meeresfrüchterestaurant gibt's keine Karte – man wählt aus der Auslage, dazu Beilagen. **$$$**

DIE BESTEN BRUNCH-LOKALE IN BREAKWATER & UMGEBUNG

Brunch and Cake
Das helle gläserne Restaurant mit Boho-Chic in Al Bateen Marina ist für freundlichen Service, große Portionen und Gerichte wie Hummer-*shakshuka* und French Toast mit Pistazien bekannt. **$$**

Tashas
Warmes Landhausdekor und Frühstücksgerichte von gesunden Acai-Bowls über spanisches Omelett bis zu French Toast bis 18 Uhr. **$$**

Mado
Das türkische Restaurant an der Nation Galleria Mall punktet nicht nur mit einer tollen Aussicht, sondern auch mit köstlichen Frühstücksoptionen, darunter mit Käse gefüllte türkische Bagels und *menemen* (Eierspeise mit Tomaten und Paprika). **$$**

NURPHOTO/GETTY IMAGES ©

Al Sahil Beach

Im Conrad Spa entspannen

KARTE S. 138

Eine Wohltat für Körper und Seele

Das **Conrad Spa** im Luxushotel Conrad Abu Dhabi Etihad Towers ist ein warm beleuchtetes Refugium aus Marmor, Holz und Stein, das die ultimative Wellness für Körper und Seele verspricht. Die Entspannung wird eingeleitet mit einem Lime-Mint-Saft und Datteln, dann folgt die tiefe Inhalation eines Duftöls – Lavendel, Ylang-Ylang oder Zitronengras –. Danach wird der Geist beruhigt, indem man mit Miniaturwerkzeugen den farbigen Spuren auf einem Sandtablett folgt. Wenn man sichtbar entspannt ist, wird man in einen luxuriösen Behandlungsraum geleitet.

Die 60-minütige holistische Massage kombiniert Massagetechniken aus aller Welt, während bei der anregenden Hot-Stone-Massage heiße Steine auf Akupressurpunkte gesetzt werden. Wärmeliegen und erfahrenes Therapiepersonal lassen dieses Spa in einer Stadt voller großartiger Spas herausragen. Neben zwei Paar-Suiten mit verbundenen Räumen gibt's in dem 1465 m² großen Spa eine Sauna, eine Dampfsauna, Dampfduschen, einen Himalaya-Salzraum und Tauchbecken. Die Hamam-Suite ist mit einem traditionellen beheizten *goebektas* (Steintisch) aus Marmor ausgestattet. Einige Hamam-Anwendungen verwenden renommierte Amra-Produkte, darunter welche mit zerstoßenen Diamanten und Perlen.

Am Corniche Beach Sonne tanken

KARTE S. 138

Sand zwischen den Zehen

Zwischen Oktober und März kann man das angenehme sonnige Wetter an diesem 2 km langen **öffentlichen Strand** mit Blauer Flagge mit den Einheimischen genießen. Er ist in mehrere freie und kostenpflichtige Abschnitte unterteilt und bietet fünf Volleyballfelder, zwei Fußballplätze und drei Sportplätze.

ÜBERNACHTEN IN BREAKWATER & UMGEBUNG

Emirates Palace Mandarin Oriental Stattliche Suiten, 24-Stunden-Butler-Service, ein luxuriöses Spa und preisgekrönte Restaurants. **$$$**

St Regis Abu Dhabi Glamouröse Meerblickzimmer und -suiten mit Butler-Service sowie sieben exzellente Restaurants und Bars. **$$$**

Intercontinental Abu Dhabi Familienfreundliches Hotel mit schlichten Zimmern und einigen fantastischen Restaurants. **$$**

Hinter dem palmengesäumten Strand erstrecken sich gepflegte Rasenflächen, eine Promenade und ein Fahrradweg, während vorn das azurblaue Meer glitzert – der perfekte Ort für ein paar Stunden Schwimmen und Strandaktivitäten.

Am westlichen Ende liegt **A'l Bahar**, ein kostenloser, 600 m langer öffentlicher Strand mit Cafés, Restaurants, Kiosken, überdachtem Spielplatz, Volleyball- und Basketballfeldern, Wassersportmöglichkeiten, Outdoor-Fitnesscenter, Kletterwand und dem **Wasserpark AquaDhabi.** Hier werden Liegen, Sonnenschirme, Kajaks und Stand-up-Paddelboards verliehen.

Der **Al Sahil Beach** am östlichen Strandende ist in einen kostenlosen und mehrere kostenpflichtige Bereiche für Familien (keine Single-Männer) und gemischtes Publikum (Einzelpersonen und größere Gruppen) unterteilt. Man kann Liegen und Sonnenschirme mieten. Der Eintritt für die Bezahlstrände beträgt 10,50 Dh für Erwachsene und 5,25 Dh für Kinder ab 5 Jahren. Toiletten, Duschen und Umkleidekabinen sind vor Ort.

Kunst im Etihad Modern Art Gallery KARTE S. 138

Kunstgalerie und Café

Dieses **Kunstzentrum** in einer Villa in Al Bateen zeigt in mehreren Galerien wechselnde zeitgenössische Ausstellungen von aufstrebenden und etablierten Kunstschaffenden aus den VAE. Dazu gibt's Kunstevents, Ateliergespräche und Lyrikabende.

Das fröhlich dekorierte **Art House Cafe** nebenan wirkt mit bemalten Tellern, gemusterten Fliesen, alten Koffern, aufgearbeiteten Ölfässern und Autoreifen sowie bunten Bänken wie das eklektische Haus einer Künstlerbekanntschaft – ein wunderschönes Fleckchen für ein Sandwich, einen Wrap oder einen Burger und einen Kaffee oder Shak.

Mittagessen im Saddle House Al Bateen KARTE S. 138

Gourmetküche an der Marina

Stilvoll beleuchtetes Interieur und üppige Pflanzen lassen das elegante gläserne Restaurant in Marina Marsa Al Bateen wie eine urbane Oase wirken, und der Anblick der wunderschön angerichteten Speisen macht Appetit. Vom Dach hängt eine auffällige Kunstinstallation des Künstlers Mattar Bin Lahej. Draußen auf der Terrasse kann man den Blick auf die Marina genießen.

Das fantastische Ambiente ist nur ein Bonus, denn schon das Essen im Saddle House lohnt den Besuch. Auf der Karte stehen viele Frühstücksoptionen und ganztägige Speisen, und das freundliche Personal berät gern bei der Bestellung. Man kann ohnehin nicht viel falsch machen, ob man nun Appetit auf den erfrischenden Pfirsich-Stracciatella-Salat, die üppigen Linguine mit Pesto oder den leckeren knusprigen Hühnchen-Burger hat.

DIE BESTEN BÄCKEREIEN IN BREAKWATER & UMGEBUNG

Fatair Liwa
Stammgäste sagen, hier werde das beste *manakeesh* in Abu Dhabi serviert. Nach einem Bissen vom Käse-*zaatar-manakeesh* kann man nicht widersprechen. **$**

Al Khayam Bakery & Sweets
Teegebäck, knuspriger Zwieback, Kekse mit Marmeladenfüllung und Blätterteiggebäck – hier gibt's viele Leckereien, wenn man nachmittags Lust auf Süßes bekommt. **$**

Kaak Bladna Sweets
Das *kaak* (süßes, bagelförmiges Brot), die *maqroota* (runde Dattelkekse) und die Pistazien-*mamoul* (Grießkekse) schmecken sogar noch besser, als sie aussehen. **$**

Conrad Abu Dhabi Etihad Towers Modernes Design, spektakuläre Aussicht, preisgekrönte Restaurants und Bars, Privatstrand und Spa. **$$**

Abu Dhabi Edition Designbewusstes Hotel mit tollen Zimmern, sechs Restaurants, Spa und Fitnesscenter. Ausgezeichnete Lage. **$$$**

Radisson Blu Hotel & Resort Abu Dhabi Corniche Komfortable Zimmer, Pools, ein Health Club und Spa, sechs Restaurants und ein Strandclub. **$$**

Al Zahiyah, Al Maryah Island & Al Reem Island

NEUES ZENTRALES GESCHÄFTSVIERTEL

Alteingesessene nennen das heutige Viertel Al Zahiyah immer noch „Touristenclub-Gegend“ nach dem in den 1970er-Jahren bei Einheimischen, Expats und Touristen beliebten Freizeitkomplex am Strand, der schließlich abgerissen wurde.

Das Gebiet erlebte nach der Ölkrise einen Bauboom, bei dem die ersten Hochhäuser der Stadt entstanden. Das Viertel wurde 2014 in Al Zahiyah („bunt“ auf Arabisch) umbenannt und inzwischen großteils saniert; viele der alten Gebäude wurden abgerissen oder renoviert. Noch heute beherbergt das Arbeiterviertel viele Bevölkerungsgruppen aus aller Welt und die Restaurants in den Straßen reflektieren die dynamische Vielfalt: Hier gibt's ägyptisches *kushari* (ein Gericht aus Makkaroni, Reis, Linsen, gebratenen Zwiebeln und Tomatensoße), süßes *kunafa* (ein sirupartiges Gebäck auf Käsebasis), pakistanisches Biryani und indonesisches *Nasi Padang* (Reis mit gekochten Gerichten).

Nur fünf Autominuten entfernt liegt Al Maryah Island mit dem Abu Dhabi Global Market Square (früher Sowwah Square), einem internationalen Finanzzentrum mit über 50 Unternehmen, glänzenden Wolkenkratzern mit luxuriösen Fünf-Sterne-Hotels, Wohngebäuden, Spitzenrestaurants, der Cleveland Clinic Abu Dhabi und der Galleria Al Maryah Island, ein nobles Einzelhandels-, Gastronomie- und Unterhaltungszentrum. Foodies lieben diese Gegend, in der sich in den letzten Jahren einige der aufregendsten Restaurants der VAE angesiedelt haben.

Auf der benachbarten Insel Al Reem ziehen hochwertige Wohnungen, Gemeinden mit Freizeiteinrichtungen, die kosmopolitische Kultur, internationale Restaurants und Cafés, Parks, Strände und Einkaufszentren zahlreiche Expats und junge Familien an.

NICHT VERSÄUMEN ...

EM SHERIF SEA CAFÉ
Das libanesische Restaurant punktet mit kreativem Flair und außergewöhnlichen Meeresfrüchtegerichten.
S. 149

GALLERIA AL MARYAH ISLAND
Nobles Einkaufszentrum mit Luxusmarken, einem Kino, Restaurants und Cafés.
S. 148

AL MARYAH ISLAND PROMENADE
Auf der 5,4 km langen Uferpromenade spaziert oder joggt man mit Blick aufs Meer und die Wolkenkratzer.

HERITAGE PARK
An Wochenenden picknicken viele Familien in diesem öffentlichen Park an der Corniche.

TOP-TIPP

Ein Besuch der Al Maryah Island ist toll an einem brütend heißen Sommernachmittag, an dem man nicht im Freien sein möchte. In der Galleria Al Maryah Island gibt's nicht nur viel zu sehen und zu tun, sie ist ein Ziel für sich und bietet Toprestaurants und nette Cafés, von denen aus man die Leute beobachten kann.

Links: Die Corniche; oben: Al Reem Island

LOCAL TIPP: LIEBLINGSORTE ZUM ABHÄNGEN

Tia Mills (@tiatakestheworld on Instagram) ist eine internationale Erzieherin und Autorin von Reisetexten mit Sitz in Abu Dhabi. Hier sind ihre Lieblingsplätze in Al Zahiyah, Al Maryah Island und Al Reem Island.

Die Corniche

Hier kann man sich an den Strand legen und die herrliche Aussicht auf den Golf genießen, Wassersport oder ein Picknick machen oder bummeln.

Reem Central Park

Der Stadt entfliehen und die ruhige Schönheit des Parks mit hübschem Strand, Skatepark, Sportanlagen und Foodtrucks genießen.

Abu Dhabi Global Market

Atemberaubende Architektur, schöne Brunnen und eine lebendige Atmosphäre mit vielen Unterhaltungs- und Speisemöglichkeiten.

HIGHLIGHTS
1 Em Sherif Sea Café
2 Galleria Al Maryah Island

SEHENSWERTES
3 Abu Dhabi Global Market Square
4 Heritage Park
5 Promenade - Al Maryah Island
6 Reem Central Park

SCHLAFEN
7 Beach Rotana Abu Dhabi
8 Le Méridien Abu Dhabi
9 Rosewood Abu Dhabi
10 Sofitel Abu Dhabi Corniche

ESSEN
siehe 9 Dai Pai Dong

AUSGEHEN & FEIERN
siehe 9 Dragon's Tooth
siehe 9 Hidden Bar
siehe 9 La Cava

Galleria Al Maryah Island

Shoppen bis zum Umfallen

Dieses **Einkaufszentrum** ist das Herzstück des **Abu Dhabi Global Market Square** auf Al Maryah Island und eine gute Adresse für gehobene Gastronomie, Einzelhandel und Unterhaltung. Mit Gängen aus italienischem Marmor, Oberlichtern, raumhohen Glaswänden und ruhigen Wasserspielen wirkt hier alles luxuriös. Neben über 300 Marken, darunter Valentino, Bottega Veneta und Boucheron, gibt's fast 100 Restaurants und Cafés, darunter das beliebte taiwanesische **Din Tai Fung**, die **Magnolia Bakery** und das Spezialitätencafé **Maison Samira Maatouk**. Ein Kino, Kinderspielplätze, ein Indoor-Kletter- und Trampolinpark, ein VR-Gaming-Center und drei Dachparks bieten Unterhaltung für den ganzen Tag.

Em Sherif Sea Café

Libanesisch-mediterrane Küche mit Meerblick

In diesem raffinierten libanesisch-mediterranen Restaurant der umjubelten libanesischen Gastronomin Mireille Hayek zieren handbemalte portugiesische Azulejos die Wände, ein 8 m langer Kronleuchter mit 300 Messinggefäßen und -körben hängt von der Decke und Seil-, Holz-, Marmor- und Rattan-Deko versprühen Strandatmosphäre. Raumhohe Fenster lassen aufs türkisfarbene Wasser rund um Al Maryah Island blicken.

Auf der Karte stehen gehobene Variationen libanesischer Gerichte, Fisch und Meeresfrüchte dominieren eindeutig. Als Vorspeise gibt's Meze wie *kibbeh samak* (Fischbällchen mit Seebarsch und Bulgur) oder Calamari *bil kuzbara* (sautierte Calamari mit Koriander, Knoblauch und Zitrone), ein Hauptgericht ist würziger gegrillter Falterfisch mit Gemüse und Tomaten. Eine Meeresfrüchtetheke zeigt den Fang des Tages und eine Rindfleischtheke erstklassiges Grillfleisch.

Auf der Weinkarte stehen verschiedene Weine aus dem Libanon und anderen Ländern. Zum Essen legt der hauseigene DJ orientalische Musik auf. Ein Besuch ist ein Muss: Die Gerichte sind üppig, die Stimmung ist lebendig und der Service erstklassig.

SORBIS/SHUTTERSTOCK ©

Galleria Al Maryah Island

MEHR AL ZAHIYAH, AL MARYAH ISLAND & AL REEM ISLAND

DIE BESTEN BARS IN AL ZAHIYAH, AL MARYAH UND AL REEM ISLAND

La Cava
Der stilvolle Weinkeller ist toll für einen Abend mit erstklassigen Weinen, feinen Wurstwaren und guten Gesprächen. Im Untergeschoss gibt's eine beeindruckende Whiskeyauswahl im Zigarrenraum.

Dragon's Tooth
In dieser Bar im Speakeasy-Stil im Dai Pai Dong gibt's Sake oder Cocktails mit Zitronengras, grünem Tee und Kokospüree.

Hidden Bar
Lebhafte Gin-Bar, die über 230 der besten Gins der Welt sowie köstliche Gin-Cocktails und wirklich guter Negroni serviert.

Kantonesisches Straßenessen in Dai Pai Dong

Dim Sum, Hotpot und Barbecue

Das kantonesische **Restaurant** im Rosewood Abu Dhabi ist scheinbar an jedem Abend der Woche gut besucht und versetzt in eine finstere Gasse in Hongkong, in der sich nur Eingeweihte treffen, um das vielleicht beste chinesische Straßenessen der Hauptstadt zu genießen. Dunkle Holzmöbel und gedämpftes Licht schaffen eine geheimnisvolle Atmosphäre, Sojasoßenflaschen säumen die Wände und hinter einem Glasfenster steigt in der offenen Küche, in der Dim Sum gefüllt werden und Nudeln in großen Woks landen, Dampf dramatisch auf.

Am besten bestellt man mehrere Gerichte zum Teilen, denn man möchte alle probieren. Als Vorspeise eignet sich das Dim-Sum-Menü: Die *xiao long bao* (mit Fleisch gefüllte Teigtaschen) und die knusprige Mango-Garnelenrolle sind eine ausgezeichnete Wahl. Auch an den knusprigen Entensalat, die im Wok gebratenen Szechuan-Garnelen und geschmorte Auberginen wird man noch lange denken.

Zum Abschluss gibt's Jasmintee, Crème brûlée und Eiertörtchen aus Hongkong. Beliebt sind auch der Hotpot-Brunch am Freitagabend, bei dem man Fleisch, Meeresfrüchte und Nudeln in einem Hotpot am Tisch selbst zubereitet, und der mehrgängige Wochenend-Brunch.

Eine exquisite Mahlzeit im Café James

Wo Essen wie Kunst aussieht

Es ist schwer, die Küche dieses legeren, aber stilvollen Bistros auf Al Reem Island zu definieren, das vom amerikanisch-südkoreanischen Küchenchef James Soo Yong Kim geleitet wird. Die meisten Speisen von Schneekrabben-Ravioli und Lachs mit Gnocchi bis zu Sepia-Cascarecce und Rindfleisch-Tatar mit Wachteleiern sind unglaublich kreativ. Ein Besuch ist wegen der ausgefallenen Gerichte ein Muss.

ÜBERNACHTEN IN AL ZAHIYAH, AL MARYAH ISLAND & AL REEM ISLAND

Rosewood Abu Dhabi
Schlichtes Design, helle, moderne Zimmer und herrlicher Meerblick plus luxuriöses Spa, Pool auf dem Dach und acht Toprestaurants und Bars. **$$$**

Le Méridien Abu Dhabi
Moderne Zimmer, ein Pool mit Swim-up-Bar, ein Privatstrand, viele Fitnessangebote und fünf Restaurants. **$$**

Beach Rotana Abu Dhabi
Für Familien eine gute Wahl: eigener Strand, Infinitypool, Strandclub, Wassersportzentrum, Kinderclubs und 12 Restaurants.. **$$**

ULLSTEIN BILD/GETTY IMAGES ©

Beach Rotana Abu Dhabi

Große Scheich-Zayid-Moschee & Umgebung

DAS TOR ZUR HAUPTSTADT

Die Geschichte der Insel Abu Dhabi mit den ältesten Vierteln der Stadt reicht bis ins 18. Jh. zurück, als sie nach der Entdeckung von Süßwasser erstmals besiedelt wurde.

Die Insel ist vom Festland durch den Khor Al Maqta getrennt, eine schmale Meerenge, die früher nur bei Ebbe sicher überquert werden konnte. Heute gibt's drei Brücken zum Festland: Die Al Maqta Bridge wurde 1968 eröffnet, die Musaffah Bridge 1978 und die ikonische Sheikh Zayed Bridge, entworfen von der im Irak geborenen britischen Architektin Zaha Hadid, 2010. Überquert man die historische Wasserstraße auf einer dieser Brücken, bereitet die Große Scheich-Zayid-Moschee mit prächtigen Marmorkuppeln und schlanken Minaretten mit goldenen Glasmosaikspitzen einen würdigen Empfang in der Hauptstadt.

An den Ufern von Khor Al Maqta gibt's Luxusresorts und Restaurants mit gehobener Küche. Das 146 000 m² große Hafengebiet Al Qana – mit Restaurants und Cafés, Indoor-Abenteuerpark, einem VR- und Gaming-Komplex, einem Kino, Wellnessbereich, einem Jachthafen und dem Nationalen Aquarium – soll ein bedeutendes Freizeitziel werden.

Nur zehn Autominuten von der Großen Scheich-Zayid-Moschee entfernt ist der Eastern Mangrove National Park ein geschützter Wald mit vielen Wasserspezies und Vogelarten. Mit der benachbarten Al Gurm Corniche ist das Reservat ein idyllisches Fleckchen in der Stadt, das es zu erkunden lohnt.

Im nahen Geschäftsviertel Capital Centre steht das Abu Dhabi National Exhibition Centre, ein Veranstaltungsort für Ausstellungen, Konferenzen und Events, mit Fünf-Sterne-Hotels und dem Capital Gate, Abu Dhabis eigenem „schiefem Turm". Dieser 160 m hohe Wolkenkratzer mit 35 Stockwerken ist laut Guinness-Buch mit 18 Grad Neigung das schiefste Gebäude der Welt. Drinnen befindet sich das Hotel Andaz Capital Gate Abu Dhabi. Das Wohnviertel Al Mushrif mit Parks wie dem beliebten Umm Al Emarat Park liegt 7 km entfernt.

NICHT VERSÄUMEN …

GROSSE SCHEICH-ZAYID-MOSCHEE ABU DHABI
Diese prächtige Moschee ist für Gläubige wie für Gäste zugänglich.
S. 156

WAHAT AL KARAMA
Gedenkstätte zu Ehren der Nationalhelden der Emirate, die ihr Leben im Dienst der VAE geopfert haben.
S. 158

UMM AL EMARAT PARK
Schöner Park mit modernen Installationen, Cafés, einem botanischen Garten und Amphitheater.
S. 155

EASTERN MANGROVE NATIONAL PARK
Ein beliebter Ort für Vogelbeobachtungen und Tierfotografie in Abu Dhabi.
S. 159

TOP-TIPP

Der kostenlose Experience Abu Dhabi Shuttle Bus verbindet die Große Scheich-Zayid-Moschee und umliegende Stadtteile wie Khor Al Maqta, Al Qana, Capital Centre, Eastern Mangrove und Al Mushrif mit dem Rest der Stadt. Die klimatisierten Busse sind rollstuhlgerecht und bieten kostenloses WLAN. Fahrpläne und Routen gibt's unter https://visitabudhabi.ae.

Links: Eastern Mangrove National Park (S. 159); oben: Große Scheich-Zayid-Moschee (S. 156)

LOCAL TIPP: ABSEITS AUSGETRETENER PFADE

Arpita Soni (@foodloreuae on Instagram), in Abu Dhabi ansässige Food-Bloggerin und Gastrokritikerin, verrät ihre versteckteren Lieblingsorte in der Gegend.

DRVN Coffee

Berühmt für Kaffeespezialitäten, authentische neapolitanische Pizza und eine beeindruckende Rennwagensammlung mit Marken wie Ferrari und Aston Martin. Ein einmaliges Erlebnis, das feine Küche mit aufregender Motorsportatmosphäre verbindet.

Madinat Zayed Gold Centre

Das Madinat Zayed Gold Centre (auch Goldsouk genannt) ist ein beliebtes Einkaufsziel für speziell angefertigte Gold- und Schmuckstücke.

Ushna Restaurant

Verlockende Köstlichkeiten aus Ushnas indischer Küche, gepaart mit der atemberaubenden Kulisse der berühmten Scheich-Zayid-Moschee.

HIGHLIGHTS
1 Eastern Mangrove National Park
2 Sheikh Zayed Grand Mosque
3 Wahat Al Karama

SEHENSWERTES
4 Abu Dhabi National Exhibition Centre
5 Al Hudayriyat Beach
6 Al Hudayriyat Island
7 Al Maqta'a Bridge
8 Al Qana
9 Artbooth Gallery
10 Capital Gate
11 Khor Al Maqta
12 Marsana Beach
13 Musaffah Bridge

AKTIVITÄTEN, KURSE & TOUREN
siehe 8 National Aquarium Abu Dhabi

SCHLAFEN
14 Anantara Eastern Mangroves Abu Dhabi
15 Andaz Capital Gate
16 Park Rotana
17 Ritz-Carlton Abu Dhabi Grand Canal

ESSEN
18 Mado Al Qana
19 Otoro
20 Punjab Grill
21 Ushna

AUSGEHEN & FEIERN
22 DRVN Coffee
23 House of Tea Cafeteria
24 Yadoo's House

TRANSPORT
25 Circuit X

Jubail Mangrove Park (S. 170)

Umm Al Emarat Park

Umm Al Emarat Park

Streifzüge durch den Park und lokale Veranstaltungen

Dieser wunderschöne öffentliche **Park**, früher bekannt als Mushrif Park, ist einer der ältesten der Stadt und wurde 1982 als Garten nur für Frauen eröffnet. Heute heißt diese riesige Grünfläche mit neuen, modernen Designelementen alle Gäste willkommen, die entlang der Brunnen und der palmengesäumten Promenade flanieren, Open-Air-Konzerte, Pop-up-Märkte oder Filmabende im Amphitheater besuchen oder in einem der Cafés im Park wie der beliebten **Home Bakery** frühstücken.

Der **Botanische Garten** beherbergt über 200 Pflanzenarten aus der Region und der ganzen Welt. Marmorplatten im **Wisdom Garden** zieren inspirierende Zitate des verstorbenen Scheichs Zayid bin Sultan Al Nahyan. Das 30 m hohe **Shade House** bietet dank des Konzepts der passiven Kühlung eine Erholung von der Sonne. Von zwei Plattformen in den oberen Etagen hat man einen herrlichen Blick auf den Park. Für die Kleinen gibt's einen eigenen Kinderpark, Spielplätze und eine Tierscheune mit Ponys, Babyziegen und Schildkröten.

Al Mrzab Traditional Restaurant

Traditionelles Festmahl

Dieses **traditionelle Restaurant** ist sehr beliebt zum Mittagessen und serviert köstliche Hausmannskost aus den Emiraten und Kuwait. Um es richtig auszukosten, übergeht man die Esstische und bittet um einen Sitzplatz im *madschli*-Stil an einem der niedrigen Tische mit bunten Bodenkissen. Traditionelle Möbel aus dunklem Holz und alte Fotos von Abu Dhabi an den Wänden vermitteln einen Eindruck von der Vergangenheit des Emirats. Die Hühner-*machboos* aus den Emiraten (ein Fleisch- und Reisgericht), das Fischcurry, die Lamm-*machboos* aus Kuwait und die *murabyan*-Garnelen (Reis mit Garnelen) sind allesamt eine ausgezeichnete Wahl. Aber unbedingt noch etwas Platz lassen für Desserts wie die klebrig-süßen *luqaimat* (frittierte Teigbällchen mit Dattelsirup).

PRAKTISCH & KONKRET
Scan diesen QR-Code für Öffnungszeiten, Etikette und Kleiderordnung der Moschee und zur Buchung eines Besuchs und einer Führung.

HIGHLIGHT

Die Große Scheich-Zayid-Moschee

Man könnte meinen, das Bemerkenswerteste an der Großen Scheich-Zayid-Moschee seien ihre überragende Schönheit oder ihr monumentales Ausmaß. Doch es ist die Symbolik dieses architektonischen Wunders, die sie zu einem kulturellen Wahrzeichen macht. Die Mischung verschiedener islamischer Baustile steht für Vielfalt, Frieden und Toleranz. Die Moschee ist die Vision des Gründers der VAE, des verstorbenen Scheichs Zayid bin Sultan Al Nahyan, und auch seine letzte Ruhestätte.

GUT ZU WISSEN
Der verstorbene Scheich Zayid bin Sultan Al Nahyan erlebte die Fertigstellung der Moschee im Jahr 2007 zwar nicht mehr, sein Mausoleum befindet sich jedoch direkt daneben.

Architektur

Die Große Scheich-Zayid-Moschee integriert traditionelle mameluckische, osmanische, andalusische, maurische und fatimidische Einflüsse mit modernem Design und ist eines der besten Beispiele für zeitgenössische islamische Architektur weltweit. Sie steht auch Nichtmuslimen offen und bietet die Gelegenheit, mehr über den islamischen Glauben zu erfahren.

Ihre 82 **Marmorkuppeln,** deren größte die Hauptgebetshalle krönt, sind mit goldenen Glasmosaiken verziert. Wer vom Haupteingang durch eines der beiden Foyers – das Süd- oder das Nordfoyer – zur Hauptgebetshalle geht, kann im Inneren der Kuppeln marokkanische Kunstwerke und Verse aus dem Heiligen Koran im glasfaserverstärkten Gips (GFRG) betrachten.

Jedes der vier 106 m hohen **Minarette** kombiniert drei geometrische Formen in Anlehnung an die verschiedenen islamischen Baustile. Der weiße mazedonische Marmor dominiert das Äußere und vermittelt ein Gefühl von Reinheit und Ehrfurcht. Erstaunliche Blumenmuster schmücken den Marmorboden des 17 400 m² großen Innenhofs, der Platz für fast 31 000 Gläubige bietet.

Die äußeren **Arkaden** werden von 1096 Marmorsäulen mit komplizierten Blumenmustern gestützt, in die Halbedelsteine wie Lapislazuli, roter Achat und Amethyst, Muscheln und Perlmutt eingelegt sind. Sie sollen von Handwerkern handgeschnitzt worden sein, deren Vorfahren die Säulen von Indiens legendärem Moguldenkmal Taj Mahal schufen. Jede Säule ist mit einer von der Dattelpalme inspirierten goldenen Aluminiumkrone geschmückt.

Gebetshallen

Als aktive Moschee bietet die Große Scheich-Zayid-Moschee Platz für 50 000 Gläubige (in Gebetssälen und Innenhof) und drei Gebetshallen. Die **Hauptgebetshalle** hat eine Kapazität von über 7000 Gläubigen, zwei kleinere Gebetssäle können jeweils 1500 Gläubige aufnehmen.

In der Hauptgebetshalle im Inneren der Moschee beeindrucken drei **Kronleuchter** aus vergoldetem Edelstahl und Messing, die mit Swarovski-Kristallen verziert sind. Der größte Kronleuchter in der Mitte wiegt etwa 11 t, die Leuchter an den Seiten wiegen jeweils etwa 7,25 t. Bei genauem Hinsehen erinnert ihr Design an eine umgedrehte Palme, ihre rot, grün und gelb funkelnden Kristallkugeln an Datteln.

Auf dem Boden liegt der größte **handgeknüpfte Teppich** der Welt mit einem Medaillon-Design und floralen Motiven. Das 5700 m² große Meisterwerk aus Wolle und Baumwolle wurde – von der Idee über den Entwurf bis zur Fertigstellung – in zwei Jahren von fast 1200 Kunsthandwerker:innen von Hand gefertigt. 96 Marmorsäulen tragen die drei Kuppeln über der Hauptgebetshalle und sind mit zarten Perlmuttranken geschmückt.

Das Design der Goldglasmosaik-**Mihrab** (eine Richtung Mekka gewölbte Nische in der Moscheewand) ist inspiriert von einem Hinweis im Heiligen Koran auf einen Fluss aus Honig und Milch unter den vielen Strömen des Himmels. Auf dieser Wand, der sogenannten **Qibla-Wand**, leuchten die 99 Namen Allahs in kufischer Kalligrafie. Zur Rechten befindet sich die Minbar (Kanzel) aus geschnitztem Zedernholz mit Intarsien aus Perlmutt, Glasmosaik und Weißgold.

Mond-Beleuchtung

Abends verwandelt sich die Moschee dank eines ausgeklügelten Beleuchtungssystems, das die Mondphasen simuliert, in einen himmlischen Anblick. Sie ist umgeben von 22 Lichttürmen, die Lichter und schwebende Wolken auf die Fassade und die Kuppeln projizieren. Der Schein wechselt je nach Mondzyklus allmählich von Blau zu Weiß und erreicht in der Vollmondnacht seine höchste Leuchtkraft, um dann in ein tiefes Blau überzugehen, das die Dunkelheit darstellt.

Geführte Touren durch das nördliche Foyer lassen das Mausoleum des verstorbenen Scheichs Zayid nur aus der Ferne sehen. Nur amtierende Präsidenten dürfen es betreten. Man darf das Mausoleum nicht fotografieren.

TOP-TIPPS

- Zum Betreten ist langärmelige, locker sitzende, knöchellange blickdichte Kleidung nötig. Frauen müssen ein Kopftuch tragen. In Geschäften im Souk Al Jami' sind ein Kopftuch, eine *abaya* oder eine *kandoura* günstig zu kaufen.
- Täglich finden von 10 bis 20 Uhr (freitags zwischen 12 und 16 Uhr) stündlich informative, kostenlose, 45-minütige Führungen durch die Moschee statt.
- Beim Fotografieren in der Moschee sollte man förmlich posieren und Abstand zu den Begleitern halten. Zärtlichkeiten und Handgesten sind verboten.
- Die beste Zeit für einen Besuch ist 30 Minuten vor Sonnenuntergang. Wenn man länger bleibt, kann man das Mondlicht am Abend bewundern.

Wahat Al Karama

DENKMAL FÜR DIE HELDEN

Wahat Al Karama (Arabisch für „Oase der Würde") ist eine Gedenkstätte für Märtyrer der Emirate, die ihr Leben für ihre Nation opferten. In der 46 000 m² große Anlage gibt's eine Gedenkstätte, den Ehrenpavillon, die Memorial Plaza und ein Informationszentrum. Sie wurde 2016 am Commemoration Day zu Ehren der Nationalhelden der VAE, darunter Soldaten, Polizisten, Diplomaten und Zivilisten, eingeweiht.

Das vom britischen Künstler Idris Khan entworfene Denkmal besteht aus 31 gigantischen, aluminiumverkleideten Tafeln, die aneinanderlehnen und Einheit, Solidarität und gegenseitige Unterstützung der Führer der VAE, ihrer Bürgerschaft und denen, die sie durch ihren Dienst schützen, symbolisieren. Auf den Tafeln eingraviert sind Gedichte und Zitate von Herrschern der VAE, darunter der verstorbene Scheich Zayid bin Sultan Al Nahyan. Die lange Tafel am Sockel des Denkmals ist mit dem Treueschwur der VAE-Streitkräfte beschriftet.

Die runde Innenwand des mehreckigen **Ehrenpavillons** ist mit über 2800 Aluminiumplatten verkleidet, die aus Militärfahrzeugen stammen und die Namen der Helden der VAE tragen. Die acht Platten auf dem Dach stehen für jedes der sieben Emirate und die Helden der VAE. Das Herzstück besteht aus sieben Glastafeln mit dem Treueschwur auf beiden Seiten. Ein Wasserbecken umgibt diese zentrale Struktur und schafft ein Gefühl der Ruhe.

NICHT VERSÄUMEN

Die Galerien im **Besucherzentrum** mit interaktiven Ausstellungen bieten Informationen über die Stätte und die diplomatischen und humanitären Programme der VAE in aller Welt. Lesenswert ist auch der Brief, den Scheich Mohammed bin Rashid Al Maktoum, Vizepräsident und Premierminister der VAE und Herrscher von Dubai, zum Internationalen Tag der Toleranz 2017 geschrieben hat und der einen Einblick in das Erbe und die Bedeutung von Toleranz in der Kultur der Emirate gibt.

Von der Dachterrasse hat man einen schönen Blick auf die Große Scheich-Zayid-Moschee.

PETER JESCHE/SHUTTERSTOCK ©

Wahat Al Karama

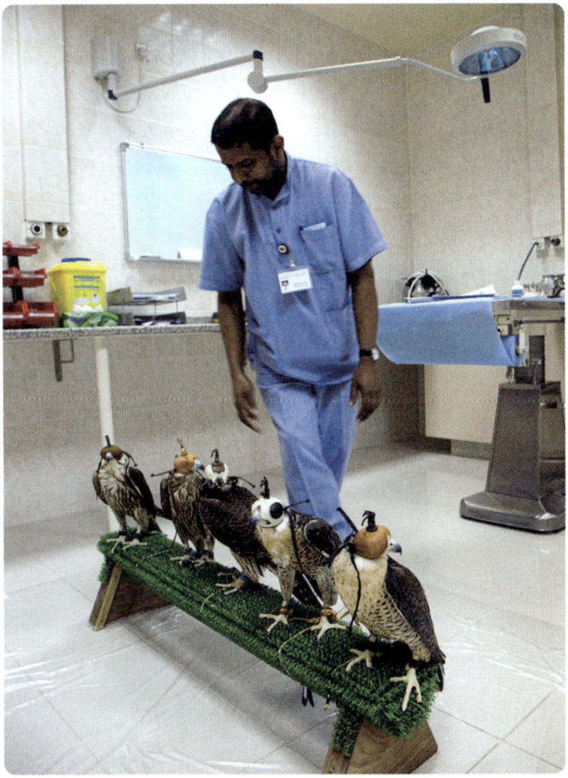

ARABIANEYE FZ LLC/ALAMY STOCK PHOTO ©

Abu Dhabi Falcon Hospital

Das Falkenkrankenhaus von Abu Dhabi

SYMBOL DES TRADITIONELLEN ERBES

Vermutlich bietet kein anderer Ort im Emirat einen tieferen Einblick in die kulturelle Bedeutung des Falken, des geliebten Nationalvogels der VAE, als das **Abu Dhabi Falcon Hospital**. Diese weltweit erste und größte Falkenklinik behandelt jedes Jahr Tausende von Falken aus den VAE und der Region.

Tägliche zweistündige Führungen beinhalten einen Besuch im Museum, Informationen über das Erbe und die Techniken der Falknerei und einen Halt im Untersuchungsraum, um Gefiederreparaturen und Krallenbeschneidungen zu sehen. Diese prächtigen Vögel im freien Flug in der Voliere zu beobachten, ist ein unvergessliches Erlebnis.

Eastern Mangrove National Park

WEITE GRÜNFLÄCHEN

Im **Eastern Mangrove National Park** wuseln gesprenkelte Krabben zwischen Sandbänken umher, Küstenreiher fischen in Gezeitenlagunen und Schildkröten schwimmen langsam in engen Kanälen zwischen üppiger Mangrovenvegetation. Dieses Schutzreservat ist ein Hotspot der Artenvielfalt und lockt mit Vogelbeobachtungen, Naturfotomotiven und Auszeiten vom Stadtleben.

Am besten ist diese atemberaubende Landschaft bei einer geführten zweistündigen Kajaktour der örtlichen Anbieter **Sea Hawk Watersports and Adventures** oder **Noukhada Adventure Company** zu erleben. Leihkajaks sind ebenfalls erhältlich. Mit etwas Glück sieht man Delfine oder Dugonge.

Alternativ bietet sich die **Al Gurm Corniche** mit einem 3,5 km langen Spazier- und Radweg direkt gegenüber dem Mangrovenpark an. Aussichtsterrassen, schattige Picknickplätze, der Fitnessraum im Freien und die Wellness-Plattformen bieten viele Möglichkeiten, die Mangroven zu bewundern, Vögel zu beobachten oder sich im Freien zu bewegen. Essen und Trinken mit Mangrovenblick bieten die Restaurants an der **Eastern Mangroves Promenade** nahe dem Anantara Eastern Mangroves Hotel.

DIE BESTEN ADRESSEN FÜR KARAK

House of Tea Cafeteria
Einheimische preisen den milchigen *zafran tea* (Safrantee), den karamelligen *biscuit tea* (Karak mit Keks-Topping) und den süßen Karak-Tee in dieser schlichten Cafeteria. $

Yadoo's House
Mit dem Karak in diesem Restaurant, dessen Name übersetzt „Haus der Großmutter" bedeutet, kann man nichts falsch machen. Es gibt auch ein tolles Frühstück. $

Filli Cafe
Der Safrantee ist ein Geheimtipp, ebenso die indischen Tee-Snacks wie *vada pav* (frittierte Kartoffelknödel im Brötchen). $

Al Hudayriyat Beach

MEHR GROSSE SCHEICH-ZAYED-MOSCHEE & UMGEBUNG

Strandtag auf Al Hudayriyat Island

Aktive Erholung am Meer

Ein Vormittag oder Nachmittag am Strand von **Al Hudayriyat Island**, nur zehn Autominuten von Al Bateen entfernt, ist eine tolle Idee, wenn man in den relativ kühleren Monaten von Oktober bis April in Abu Dhabi ist. Die sonnenverwöhnten Strände und das wunderschöne azurblaue Wasser des **Marsana Beach** und des benachbarten **Al Hudayriyat Beach** sind Grund genug für einen Trip, aber die vielen Aktivitäten reichen leicht für einen Tag.

Neben Foodtrucks und Cafés gibt's an den öffentlichen Stränden auch einen Kinderspielplatz, ein Fitnessstudio im Freien, Fußball-, Volleyball-, Basketball- und Tennisplätze, Wassersportoptionen, Laufstrecken und Tracks für Fahrräder und Mountainbikes. Im Abenteuerpark **Circuit X** warten ein Skatepark, ein BMX-Park, ein dreistufiger Hochseilgarten, eine 100 m lange Zipline, eine 50 m hohe Kletterwand und

WO MAN ZWANGLOS ESSEN GEHEN KANN

Salt
Im Foodtruck vor dem Umm Al Emarat Park gibt's saftige Beef Sliders und knusprige Chicken Sliders. $

Home Bakery
Diese Bäckerei im Umm Al Emarat Park ist populär für weiche Milchkuchen und köstliche Frühstücksgerichte. $$

Lgymat & Rgag
Beliebt für *luqaimat* (Donuts) und knuspriges *raqaq* (traditionelles Brot aus den Emiraten). $

ein Kinderplanschpark. Kaffee und Snacks bieten fantastische Cafés wie DRVN Coffee, Saddle Cafe oder Rain.

Die Insel ist im Begriff, zu einem bedeutenden Sportziel zu werden, denn in naher Zukunft sind die Eröffnung einer Weltklasse-Surfattraktion, eines Velodroms, eines Stadtparks und mehrerer neuer Strände geplant.

Kunstausstellungen in der Artbooth Gallery

Kunst in der Stadt

Diese neue **Kunstgalerie** im Hotel Centro Capital Centre wurde zur Förderung des künstlerischen Austauschs und der Zusammenarbeit zwischen Beirut und den VAE gegründet und zeigt Werke von regionalen und internationalen Kunstschaffenden in verschiedensten Medien. Der Eintritt zu den Ausstellungen ist frei und die meisten Kunstwerke sind verkäuflich.

Wunder der Tierwelt im National Aquarium

Wassermuseum mit Rettungsprogramm

Im neuen Freizeit- und Gastronomieviertel Al Qana beherbergt das 2021 eröffnete **National Aquarium Abu Dhabi** über 46 000 Meeres- und Landtiere und über 330 Spezies, darunter Sandtigerhaie, Barrakudas, Hummer, Stachelrochen, große Schlangen und Papageientaucher. Interaktive Exponate in zehn Themenzonen informieren über die Perlenfischertradition der VAE, Artenvielfalt in den Mangroven und Korallenriffen des Landes und Ökosysteme des Atlantischen, Pazifischen und Arktischen Ozeans. Frei fliegende Vögel und eine 115 kg schwere Netzpython, die als größte lebende Schlange der Welt gilt, sind im Regenwaldbereich zu sehen.

Das größte Aquarium der Region (Stand: Juni 2023) gibt an, seine Tiere verantwortungsvoll und ethisch zu beschaffen, und betreibt mit der Umweltbehörde von Abu Dhabi ein Programm zur Rettung, Rehabilitation und Freilassung von Wildtieren. Diese Initiative lässt Meeresschildkröten, die in einem schlechten oder bedrohlichen Zustand sind, im Aquarium ein einjähriges Rehabilitationsprogramm durchlaufen, bevor sie ins Meer entlassen werden. Zu den geretteten Bewohnern gehören ein ausgesetzter afrikanischer Graupapagei und eine Unechte Karettschildkröte aus einem Fischernetz.

Die reguläre Eintrittskarte gilt für die zehn Zonen, die Tour hinter die Kulissen umfasst einen Besuch des Rehabilitationszentrums. Tauchgänge und Touren mit dem Glasbodenboot durchs Aquarium gibt's auch.

DIE BESTEN RESTAURANTS AM UFER

Mado Al Qana
Fantastische Aussicht auf die Uferpromenade von Al Qana und köstliche türkische *menemen* (Eier mit Paprika und Tomaten), Kebabs, Pide (Fladenbrot) und Lamm Tandir (langsam gegartes Lamm). $$

Punjab Grill
In diesem prämierten indischen Restaurant mit Blick auf den Kanal werden modern interpretierte indische Gerichte wie Lachs-Tikka und Butterhuhn serviert. $$$

Otoro
Das Sushi, der Wagyu-Burger und gegrillte *kushiyaki* machen dieses japanische Restaurant in Al Qana zu einem absoluten Favoriten unter Kennern. $$

ÜBERNACHTEN RUND UM DIE GROSSE SCHEICH-ZAYID-MOSCHEE

Ritz-Carlton Abu Dhabi Grand Canal Fünf-Sterne-Strandresort im Stil eines venezianischen Dorfes, mit Gärten, Pools und Restaurants. $$$

Anantara Eastern Mangroves Abu Dhabi Luxuriöse Zimmer mit Blick auf den Eastern Mangrove National Park, Restaurants und besonderes Spa. $$

Park Rotana Modernes Stadthotel mit fünf Restaurants, Fitnesscenter, Swimmingpool und Blick auf den Khalifa Park. $$

Al Mina & Saadiyat Island

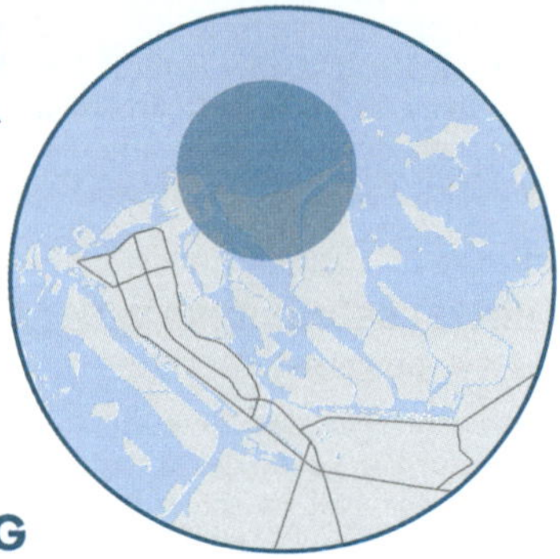

EINE KULTURELLE HOCHBURG

Abu Dhabis Haupthafen Mina Zayed in Al Mina, eröffnet 1972, entwickelte sich zum Handelszentrum der Hauptstadt und leitete dabei eine Ära des kulturellen Austauschs ein.

Das Gebiet rund um den Dau-Hafen wurde im Juni 2023 saniert, doch die Vielfalt und Weltoffenheit blieben erhalten, wie die Eröffnung des neuen Al-Mina-Fischmarkts zeigt: Ein syrischer Händler verkauft Garnelen aus dem Oman, ein Einwanderer aus Bangladesch zeigt im Pflanzensouk Zimmerpflanzen und ein Verkäufer aus Kerala bietet auf dem Obst- und Gemüsemarkt Aprikosen aus dem Libanon an.

Im kulturellen Gedächtnis der Stadt ist die Bedeutung des Hafens so tief verankert, dass er nostalgisch gesinnte Kunstschaffende inspiriert, in Al Mina Kunstprojekte und Ausstellungen in und bei umgenutzten Lagerhäusern zu organisieren.

Zehn Fahrminuten von Mina Zayed liegt Saadiyat Island (Insel des Glücks), wo Kulturinstitutionen wie der Louvre Abu Dhabi, das Abrahamic Family House, das Manarat Al Saadiyat sowie das Guggenheim Abu Dhabi und das Natural History Museum Abu Dhabi – beide sind im Bau begriffen und sollen 2025 fertig sein – auf Abu Dhabis Ambition hinweisen, seine Position als kulturelle Hochburg in der Region in naher Zukunft zu festigen.

Die Architektur in dieser Gegend, dem sogenannten Saadiyat Cultural District, ist einfach überwältigend: von der gigantischen perforierten Kuppel des Louvre Abu Dhabi über die dünenartige, gewellte Verkleidung des UAE Pavilion (mit dem Berklee Abu Dhabi) bis zu den spektakulären flügelförmigen Türmen des noch im Bau befindlichen Zayed National Museum.

Doch auch einen 9 km langen Strand gibt's auf der natürlichen Insel, wo dank eines staatlichen Schutzprogramms von März bis Juni in den Dünen Karettschildkröten nisten, sich im glasklaren Wasser oft Delfine tummeln und auf den Grünanlagen der Resorts und des Saadiyat Beach Golf Club Arabische Gazellen zu sehen sind.

NICHT VERSÄUMEN ...

LOUVRE ABU DHABI
Wegen der einzigartigen Architektur und der Meisterwerke aus aller Welt ist der Besuch ein Muss.
S. 166

MANARAT AL SAADIYAT
In diesem Kulturzentrum mit Ausstellungen zeitgenössischer Kunst und Events kann man sich unter Kunstbegeisterte mischen.
S. 169

ABRAHAMIC FAMILY HOUSE
Dieser Komplex mit einer Kirche, einer Moschee und einer Synagoge vermittelt die Kultur der Toleranz, Diversität und friedlichen Koexistenz der VAE.
S. 165

TOP-TIPP

Um von der Vergangenheit in die Gegenwart zu reisen, startet man am besten auf den Märkten um Mina Zayed. Auf dem neuen Al-Mina-Fischmarkt beginnt der Tag mit scherzhaftem Geplänkel und leckerem Essen, dann geht's zu weiteren Märkten in der Umgebung. Danach bieten die Weltklasse-Museen auf Saadiyat Island ein zeitgenössisches Kulturerlebnis.

ks: Neuer Al-Mina-Fischmarkt (S. 168); oben: Eminence Ahmed El-Tayeb Mosque, Abrahamic Family House (S. 165)

LOCAL TIPP: SEHENSWERTES IN AL MINA & AUF SAADIYAT ISLAND

Ebrahim Alharbi, Gründer und CEO von Golden Link Travel & Tourism (www.goldenlinktravel.com) sowie zertifizierter Guide der VAE, verrät einige seiner Lieblingsattraktionen.

Dattel-, Obst- und Gemüsemarkt
Von einheimischen zu importierten Produkten ist hier alles zu finden. Ein Bereich gehört den Datteln und man kann kolumbianische Mangos und „Bananentrauben" kosten.

Neuer Al-Mina-Fischmarkt
Der neue Fischmarkt ist eine moderne Version des traditionellen Fischhandels. Man kann hier Fisch und Meeresfrüchte kaufen und in einem Marktrestaurant kochen lassen.

Panoramafahrt am Saadiyat Golf Club
Auf der reizvollen Fahrt, die am Kreisverkehr vor dem Golfclub beginnt, sieht man viel Grün und Wildtiere.

SAADIYAT ISLAND
0
1 km
Al Saadyat
Marine-
Nationalpark
Persischer Golf
Saadiyat Beach
Club (1,5 km);
Jumeirah at Saadiyat
Island Resort (2 km)
Louvre
Abu
Dhabi
2
16
11
19
20
13
15
7
12
14
17
18
9
10
5
8
Saadiyat
Island
1
Abrahamic
Family
House
3
Manarat Al
Saadiyat
4
Saadiyat
Beach Golf
Course
6
Khor
Laffan
Sheikh Khalifa bin Zayed Bridge
Sheikh Khalifa bin Zayed St

Abrahamic Family House

KARTE S. 164

Eine Ode an die friedliche Koexistenz

Der Besuch dieses **Komplexes** mit einer Kirche, einer Moschee und einer Synagoge macht die Kultur der Toleranz, Vielfalt und friedlichen Koexistenz der VAE erlebbar und verständlich. In den drei Gebetshäusern sind Gläubige und Angehörige aller Religionen willkommen. Sie wurden vom ghanaisch-britischen Sir David Adjaye entworfen, dessen Architektur voller religiöser Symbolik ist.

In der **Eminence Ahmed El-Tayeb Mosque**, die zur heiligen Stadt Mekka ausgerichtet ist, strömt Sonnenlicht durch die *mashrabiya-Holzgitter vor den Fenstern*. Die Holzleisten im Gewölbe der nach Osten schauenden **St. Francis Church** repräsentieren das göttliche Licht. Das Bronzegeflecht und das Oberlicht in der **Moses Ben Maimon Synagogue**, die nach Jerusalem blickt, verweisen auf eine Sukka, eine traditionelle Laubhütte, die während des jüdischen Laubhüttenfestes Sukkot genutzt wird.

Man kann den Komplex auf eigene Faust erkunden, doch die kostenlosen Führungen alle 20 Minuten versehen die architektonische Bedeutung und die Symbolik mit Kontext.

GUT ZU WISSEN

Alle Gebäude sind Gebetshäuser. Fotografieren für den persönlichen Gebrauch ist erlaubt, andere Personen dürfen ohne ihre Zustimmung aber nicht abgebildet werden. Eingelassen werden sowohl Männer als auch Frauen nur in angemessener Kleidung, die Arme und Beine bedeckt. Frauen müssen in der Moschee ein Kopftuch tragen. Tücher und Umhänge können im Besucherzentrum geliehen werden, sofern genug verfügbar sind.

HIGHLIGHTS
1 Abrahamic Family House
2 Louvre Abu Dhabi
3 Manarat Al Saadiyat

SEHENSWERTES
4 Berklee Abu Dhabi
5 Iridium Spa
6 Saadiyat Beach Golf Club
7 Soul Beach
8 Zayed National Museum (under construction)

SCHLAFEN
9 Saadiyat Rotana Resort
10 St Regis Saadiyat Island

ESSEN
11 Alkalime
siehe 2 Art Lounge Louvre Abu Dhabi
12 Beach House
13 Beirut Sur Mer
14 Buddha-Bar Beach
15 Ethr
16 Fouquet's Abu Dhabi
17 Sontaya
18 Turtle Bay Bar & Grill

AUSGEHEN & FEIERN
19 LOCAL Mamsha
20 Mamsha Al Saadiyat
siehe 2 Marta Bar
siehe 2 Museum Café

HAMADALZAABI/SHUTTERSTOCK ©

Abrahamic Family House

MOHAMED SOMJI/LOUVRE ABU DHABI ©

PRAKTISCH & KONKRET
Für Preise und Öffnungszeiten diesen QR-Code scannen:

TOP SIGHT

Louvre Abu Dhabi

KARTE S. 164

Der 2017 eröffnete **Louvre Abu Dhabi** ist das erste Museum seiner Art in der Region und eine Ikone der zeitgenössischen Architektur in Abu Dhabi. Die Kunstwerke, Artefakte, Skulpturen, Manuskripte und Exponate in den 23 Galerien des Museums illustrieren kulturelle Errungenschaften von Zivilisationen in aller Welt und umfassen mehrere Jahrtausende Menschheitsgeschichte.

GUT ZU WISSEN
Die gigantische Kuppel, die über den Gebäuden des Louvre Abu Dhabi zu schweben scheint, beschattet nicht nur die Häuser und die Outdoor-Plaza, sondern verringert auch den Gesamtenergieverbrauch des Museums.

Architektur

Das Museum ist ein grandioses architektonisches Meisterstück des mit dem Pritzker-Preis ausgezeichneten Architekten Jean Nouvel, doch am faszinierendsten ist die schillernde, 7500 t schwere geometrische Stahlkuppel, die eine Medina-artige Ansammlung von 55 niedrigen Gebäuden überdacht, darunter 23 Galerien. Die achtlagige Kuppel mit 7850 sternförmigen Öffnungen erzeugt in der Plaza ein Muster aus Sonnenlichtsprenkeln, die an das Lichtspiel unter Palmenwedeln erinnern. Für diesen Effekt, auch „Lichtregen“ genannt, sollte man etwas Zeit auf den Terrassenstufen zu den Wasserbecken verbringen. Das Museum ist auf drei Seiten von Wasser umgeben, eine Reminiszenz an traditionelle Küstensiedlungen.

Museumsgalerien

In Anerkennung der gemeinsamen Menschlichkeit aller Zivilisationen sind die Museumsgalerien chronologisch in zwölf Abschnitte unterteilt, von der Frühgeschichte bis in die Gegenwart. Sie zeigen mehr als 600 Kunstwerke aus der ständigen Sammlung, darunter Statuen, religiöse Texte, Keramiken und Gemälde, sowie Leihgaben von Institutionen wie dem Musée d'Orsay, dem Centre Pompidou und dem Department of Antiquities of Jordan. Dem Museumskonzept liegt die Betonung universeller Themen und Charakteristiken des kreativen Ausdrucks statt geografischer Gebiete oder einzelner historischer Themen zugrunde.

Vom **Grand Vestibule** aus besucht man die Galerien in den vier Flügeln am besten der Reihe nach. Die Galerien in **Flügel 1** erzählen die Geschichte der ersten Siedlungen und wie die aufkommenden landwirtschaftlichen Lebensweisen das Konzept von Macht, Königreichen und schließlich riesigen Imperien und Zivilisationen prägten. In **Flügel 2** dokumentieren die Galerien die Entstehung der großen Religionen wie Buddhismus, Christentum und Islam über 2000 Jahre und das Aufkommen von Handelsrouten, die Kreativität, Innovationen und kulturellen Austausch förderten.

Die vier Galerien in **Flügel 3** fokussieren auf Navigation und Kosmografie, territoriale, wirtschaftliche und militärische Expansion, frühen Globalisierungsfolgen und den Auswirkungen von Warenproduktion auf Gesellschaften und Kulturen. In **Flügel 4** schließlich widmen sich die Galerien den Einflüssen der Industriellen Revolution, der Kolonialisierung und des technischen Fortschritts auf die Kunst sowie der Neuerfindung der Kunst in der Gegenwart.

Neben der ständigen Ausstellung gibt's auch Sonderausstellungen. Wer wenig Zeit hat, sollte an der 45-minütigen museumspädagogischen Expressführung teilnehmen, die täglich um 12 Uhr beginnt. Man kann sich auch im App Store oder auf Google Play den Multimedia-Guide des Museums herunterladen, der auf Deutsch, Englisch, Arabisch, Französisch, Mandarin, Russisch und Hindi erhältlich ist.

Highlights

Zu den Highlights der Sammlung gehören eine Skulptur des römischen Kaisers Augustus aus der Zeit zwischen 27 v. Chr. und 100 n. Chr., eine Bodhisattva-Statue von 100 bis 300 n. Chr., ein bronzenes Astrolabium von Muhammad ibn Ahmad Al-Battuti aus dem 18. Jh., Jacob Jordaens Gemälde Der barmherzige Samariter aus dem 17. Jh., Rembrandts Gemälde aus dem 17. Jh. mit dem Titel *Mann mit gekreuzten Armen, Ölstudie Christi* und Georges de La Tours Gemälde *Mädchen, in ein Kohlebecken blasend* aus dem 17. Jh.

Restaurants und Bars im Louvre Abu Dhabi

Im **Aptitude Café** bekommt man Frühstück, Salate, Sandwiches und Hauptgerichte. Das **Museum Café** ist ebenfalls gut, aber teurer. Die **Art Lounge** auf dem Dach ist in den kühleren Monaten geöffnet und ein schöner Ort für Sundowner. Das **Fouquet's Abu Dhabi** ist eine gehobene Brasserie im Pariser Stil, die mit dem renommierten französischen Koch Pierre Gagnaire entwickelt wurde. Für den Absacker geht's in die luxuriöse **Marta Bar**.

CHILDREN'S MUSEUM

Im **Children's Museum, das sich** über drei Etagen erstreckt, können sich Kinder von vier bis zehn Jahren mit interaktiven Exponaten und in immersiven Ausstellungen vergnügen.

TOP-TIPPS

- Mehrere Galerien innerhalb weniger Stunden können überwältigen. Die Fußwege im Freien bieten Ruhe, wenn man mal an die frische Luft möchte.
- Vor dem Besuch lädt man den unglaublich nützlichen Multimedia-Guide aufs Smartphone und nutzt beim Rundgang die Kopfhörer, um die Geschichten hinter den Kunstwerken und Architekturelementen zu hören.
- Ein toller Abschluss des Besuchs ist eine geführte 60-minütige Kajaktour rund ums Museum von **Sea Hawk Water Sports & Adventures.** Die Tour bei Sonnenuntergang belohnt mit dem schönsten Blick. Kleidung zum Wechseln nicht vergessen.
- Im Museum gibt's kostenlose Rollstühle und Kinderwagen.

Märkte in Al Mina

KARTE S. 168

Markt-Hopping in Mina Zayed

Die Märkte rund um Abu Dhabis Haupthafen Mina Zayed sind eine Wohltat für alle Sinne. Auf dem **neuen Fischmarkt** werden Reihen von wildem Hummer aus dem Oman, Riesengarnelen, rosa Sultan Ibrahims und glänzenden weißen Calamari präsentiert. Nach dem Kauf kann man die Ware in Reinigungsstationen ausnehmen und filetieren und danach in einem der Marktrestaurants grillen oder braten lassen – oder man bestellt à la carte. Das freundliche Personal feilscht gerne und lässt sich fotografieren, doch man sollte vorher fragen.

Zehn Gehminuten entfernt gibt's auf dem **Obst- und Gemüsemarkt** marokkanische Heidelbeeren, türkische Weintrauben und indische Mangos, auf dem **Dattelmarkt** nebenan verschiedene Sorten wie *medjool*, *khalas*, *dabbas* und *shishi*. Die Preise variieren je nach Herkunft, Süße und Textur. Manche Stände bieten ihrer Kundschaft *gahwa* (arabischen Kaffee) an. Neben Datteln finden sich auch *mamoul* (Dattelkekse), Dattelketchup und getrocknete Feigen.

Im **Teppichsouk** ist jeder Laden ein wahrer Farbenrausch und afghanische Händler entrollen stolz ihre Woll- und Seidenteppiche – aus Afghanistan, Kaschmir, der Türkei, Marokko und Iran. Handgewebte Teppiche, deren Herstellung bis zu zwei Jahre dauert, sind teurer als maschinell gefertigte. Der **Al Ghouth Carpet Shop** ist seit Generationen im Geschäft und offeriert Tee beim Auswählen. Handeln ist üblich, doch sind die Preise von Anfang an im Rahmen.

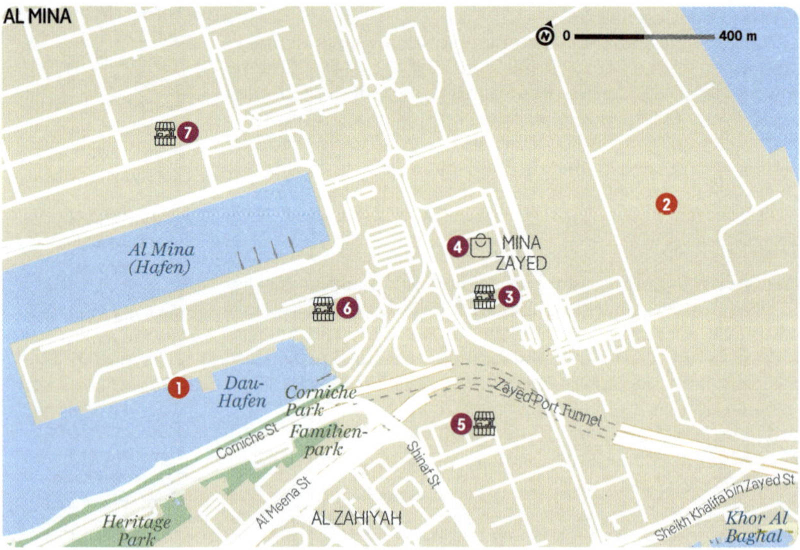

SEHENSWERTES
siehe 7 421
1 Dau-Hafen
2 Mina Zayed

SHOPPEN
3 Dattelmarkt
siehe 6 Bu Tafish Mina Fish Market
4 Obst- und Gemüsemarkt
5 Al-Mina-Teppich-souk
6 Neuer Fischmarkt
7 Warehouse 421

Manarat Al Saadiyat

ABU DHABI ART FAIR

Die jährliche fünftägige Kunstmesse **Abu Dhabi Art Fair** findet im November im Manarat Al Saadiyat statt und präsentiert Arbeiten etablierter und aufstrebender Kunsttalente aus dem In- und Ausland. Ihr Programm mit Ausstellungen, Auftragsarbeiten, Installationen, Performances, Ateliergesprächen und anderen Events zieht zahlreiche regionale Kunstschaffende, Kunst-Aficionados und Sammelfreudige an. Außerdem werden am Veranstaltungsort Kunstwerke von Galerien aus aller Welt verkauft.

MEHR AL MINA UND SAADIYAT ISLAND

Zeitgenössische Kultur im Manarat Al Saadiyat

KARTE S. 164

Kunst, Kultur und Community-Events

Das **Manarat Al Saadiyat** ist einer von mehreren Veranstaltungsorten im Herzen der spannenden Kulturszene Abu Dhabis und veranstaltet ganzjährig Kunst- und Kulturausstellungen und Community-Events. In den drei Galerien und im Atrium werden Wechselausstellungen bei freiem Eintritt gezeigt. Engagierte Kunst- und Fotoateliers bieten Workshops an sowie Kunst-, Bildhauerei-, Töpfer- und Fotokurse für Erwachsene und Kinder, die man ohne Buchung besuchen kann.

Bei den Community-Events, darunter Comedy-Abende, Yoga- und Klangheilungskurse und Künstlergespräche, kann man sich unter Gleichgesinnte mischen. Der Veranstaltungskalender auf der Website wird regelmäßig aktualisiert. Im Manarat Al

ÜBERNACHTEN AUF SAADIYAT ISLAND

St Regis Saadiyat Island
Elegante Zimmer mit Butler-Service, eine Strandbar auf weißem Sand, Pools im Freien, ein Spa, Tennisplätze und Restaurants. **$$$**

Jumeirah at Saadiyat Island Resort
Auf Nachhaltigkeit bedachtes Resort mit Luxuszimmern, sieben Restaurants, Pools, Privatstrand und einem Spa. **$$$**

Saadiyat Rotana Resort
Familien lieben die Padelplätze, den Fußballplatz, die Minigolfanlage und den fantastischen Kids Club dieses Strandresorts. **$$$**

JUBAIL MANGROVE PARK

Nur zehn Fahrminuten von Saadiyat Island ist der **Jubail Mangrove Park** nicht nur eine herrlich grüne Ecke der VAE, der CO_2-absorbierende Mangrovenwald steht auch für Abu Dhabis Engagement, im Kampf gegen den Klimawandel das natürliche Mangrovenhabitat zu restaurieren. In diesem Ökosystem mit grauen Mangroven, Salzmarschen und Gezeitenlagunen leben Schildkröten, Krabben, Reiher, Mangrovenschnecken und verschiedene Fisch- und Zugvogelarten.

Auf dem 2 km langen Plankenweg des Parks gibt's Infotafeln, Aussichtspunkte, einen Aussichtsturm, eine Strandplattform und mehr. Angeboten werden einstündige geführte Kajak- und Elektrobootto uren bei Flut. Vorher anrufen und die Zeiten bestätigen.

Saadiyat findet auch das alternative Filmfestival **CineMAS** statt, das Filme von unabhängigen Filmemacher:innen aus der Region und andernorts zeigt und Gespräche mit Regisseur:innen veranstaltet.

Draußen befindet sich der Park **MAS Space**, wo Menschen aus der Nachbarschaft gern entspannen, Basketball und Tischtennis spielen und auf der Skaterrampe Kickflips üben. Andere diskutieren im italienischen Café und Restaurant **L'Arte** je nach Tageszeit bei einem Kaffee oder einer Pizza über Kunst.

Die Kunstszene im 421

KARTE S. 168

Abu Dhabi für Kunstinteressierte

Das Kunst- und Nachbarschaftszentrum **421** befindet sich in einem renovierten Lagerhaus im Viertel Mina Zayed und bietet Einblicke in die Entwicklung von Kultur und Gesellschaft der VAE im zeitgenössischen Kontext aus Sicht der Kunst. Es zeigt regelmäßig Kunst- und Fotoausstellungen von Kunstschaffenden aus den VAE und der Region und fördert den Austausch mit speziellen Events, Vorträgen und Filmvorführungen. Es gibt einen ruhigen Co-Working-Raum, eine Bibliothek, einen kleinen Innenhof und ein Café, wo man nach dem Ausstellungsbesuch entspannen kann. Der Eintritt ist frei, Gäste müssen sich aber vor dem Besuch online registrieren.

Die Cafészene in Mamsha Al Saadiyat

KARTE S. 164

Kaffee und Concept Stores

Entlang der Strandpromenade in **Mamsha Al Saadiyat**, gegenüber dem belebten Soul Beach auf Saadiyat Island, verteilen sich einheimische Cafés, Geschäfte und Restaurant.

Im Café und Concept Store **Ethr**, das von Einheimischen geführt wird, schaffen cremefarbene Vorhänge, Holzmöbel und Pflanzen eine Rückzugsatmosphäre und bieten Schutz vor der Nachmittagssonne. Neben Kaffeespezialitäten werden hier auch einheimische Köstlichkeiten wie Feigenkuchen mit Orangen oder Dattel- und Sandelholztee serviert. Das verkäufliche Kunsthandwerk im Café ist von der Tradition der Emirate inspiriert und wird in der eigenen Werkstatt hergestellt, darunter Schlüsselringe und Halsketten mit traditionellen Motiven, Düfte, minimalistische Lederportemonnaies und Laptophüllen. Weitere Filialen sind im Abrahamic Family House (S. 165) auf Saadiyat Island und in der Oase Al Ain.

Bei **LOCAL Mamsha** mit Café, Lifestyle-Geschäft und Herrenfriseur gibt's Streetwear und Artikel aus aller Welt. Hierher kommen Stammgäste, um bei einer Kaffeespezialität und Blick auf den Strand zu arbeiten.

STRANDCLUBS AUF SAADIYAT ISLAND

St Regis Saadiyat Island
Ein Tagespass gilt für drei Pools im Freien, darunter einer nur für Erwachsene und ein Kinderpool, und den schneeweißen Privatstrand.

Saadiyat Beach Club
Mit einem 650 m² großen Infinitypool an einem Strand mit Blauer Flagge, Livemusik, Poolbar, drei Restaurants, Whirlpool und Padelplätzen.

Soul Beach
Der günstige Eintritt enthält Liege und Sonnenschirm, Duschen und Toiletten an einem 1 km langen öffentlichen Strand.

Eine Runde Golf im Saadiyat Beach Golf Club

KARTE S. 164

Golf mit Meerblick

Der preisgekrönte, vom legendären Golfer Gary Player entworfene Par-72-Kurs des **Saadiyat Beach Golf Club** ist der erste Golfkurs in der Region mit Strandlage. Mit drei Süßwasserseen und Sanddünen bietet er eine grandiose Kulisse. Das Restaurant **Hawksbill** im Clubhaus serviert mediterrane Küche. Startzeiten kann man auf der Website von Viyagolf buchen.

Ein Thai-Festmahl im Sontaya

KARTE S. 164

Kräftige Aromen

Jedes Gericht im eleganten thailändischen Restaurant **Sontaya** im St. Regis Saadiyat Island Resort ist eine Sinfonie der Aromen und Texturen. Von herrlich knusprigen Frühlingsrollen mit Panko-Panade über Papayasalat mit der genau richtigen Schärfe bis zu köstlichem Seafood, leckerem Pad Thai und herzhaften Currys – hier schmeckt einfach alles. Dazu gibt's ausgezeichnete Cocktails und fruchtige Mocktails. Der Service ist erstklassig und das Personal berät gern, wenn man sich nicht entscheiden kann. Der Sitzbereich im Freien mit einer Terrasse, die über dem Pool zu schweben scheint, eignet sich bestens für ein intimes Abendessen. An den Wochenenden ist es gut besucht, dann sollte man reservieren.

Erholung im Iridium Spa

KARTE S. 164

Gute Gründe, sich zu entspannen

Das **Iridium Spa** im St. Regis Saadiyat Island Resort – nach dem Vorbild des originalen Iridium Room, der 1938 im Hotel St. Regis New York eröffnet wurde – bietet viele gute Gründe, ein paar Stunden Stadtentdeckung gegen eine belebende Massage oder Ganzkörperanwendung in luxuriösen Behandlungsräumen zu tauschen. Neben traditionellen Thai-, balinesischen und schwedischen Massagen gibt's Spa-Erlebnisse, die moderne Techniken mit traditionellen Wellnessanwendungen der Region verbinden, wie das Türkische Bad und der Royal Hammam mit einer Honig- und Gelée-royal-Maske. Beim marokkanischen Tekmida-Ritual folgt auf das Bernstein-Körperpeeling eine Massage mit heißen, feuchten Handtüchern, die Spannung abbaut. Am besten kommt man 30 Minuten vorher, um das Tauchbecken und den Saunabereich zu nutzen, die für Spa-Gäste kostenlos sind. Auf Paare wartet die Couples Luxury Experience mit eigenem Jacuzzi – eine Extravaganz, die sich lohnt.

WARUM ICH SAADIYAT ISLAND LIEBE

Natasha Amar, Autorin

Saadiyat Island fühlt sich wie ein ganz besonderer Teil Abu Dhabis an. Hier bekomme ich meist ein greifbares Gefühl für seine kulturelle Entwicklung an wichtigen Orten, die das Selbstverständnis der Emirate repräsentieren. Ob ich durch die Galerien des Louvre Abu Dhabi spaziere, im Manarat Al Saadiyat einen Arthouse-Film anschaue oder im Mamsha Al Saadiyat von der Tradition inspirierte Streetwear kaufe, immer werde ich daran erinnert, wie souverän Abu Dhabi die Vergangenheit und die Zukunft in Balance hält. Und es gibt Ausstellungen von einheimischen und in den VAE lebenden Kunstschaffenden an Orten wie dem Manarat Al Saadiyat, durch deren machtvolle Linse alle einen Blick werfen können.

ESSEN AUF SAADIYAT ISLAND

Alkalime
Auf der saisonalen Karte stehen Açai-Bowls, Salate, Bohnen-Burger, milch- und zuckerfreie Desserts und gesunde Fruchtsäfte und Smoothies. **$$**

Beirut Sur Mer
Hier lohnt sich das libanesische Frühstück mit Speisen wie gegrilltem Halloumi mit Feigenmarmelade und *zaatar*-gewürztem Rührei. **$$**

Buddha-Bar Beach
Japanisch-peruanische Gerichte wie Tempura, Ceviche und Sushi sowie köstliche Cocktails unter freiem Himmel am Strand. **$$$**

Yas Island & Umgebung

HIER WIRD SPASS GROSSGESCHRIEBEN

Nur zwei Jahre nach der Grundsteinlegung im Jahr 2007 begrüßte Yas Island als Gastgeber des ersten Grand Prix in Abu Dhabi Tausende Formel-1-Fans und Gäste aus der ganzen Welt und präsentierte die beeindruckende, von Hermann Tilke entworfene 5,5 km lange Rennstrecke Yas Marina Circuit.

Über der Rennstrecke erhebt sich das futuristische, LED-beleuchtete Dach des einzigen Hotels der Welt auf einer Formel-1-Rennstrecke – das heutige W Abu Dhabi Yas Island.

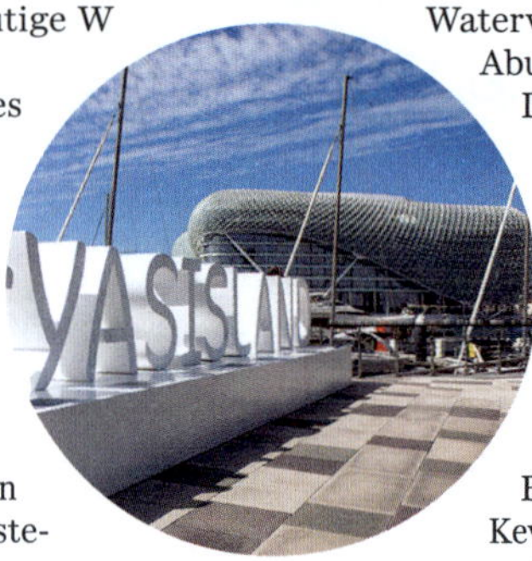

Für Motorfreaks gab es noch weitere Gründe für einen Besuch, als die Ferrari World Abu Dhabi 2010 ihre Pforten öffnete und Autofans mit zahlreichen aufregenden Erlebnissen begrüßte, die bis dahin nur professionellen Rennfahrern vorbehalten waren. Zehn Jahre später stehen noch heute Besuchermassen Schlange für einen Platz in der Formula Rossa, der schnellsten Achterbahn der Welt.

Seither entwickelte sich Yas Island zu Abu Dhabis größtem Freizeit- und Unterhaltungszentrum und ist ein Muss für alle, die in ihrem Abu-Dhabi-Urlaub Nervenkitzel suchen. Mit Themenparks wie Yas Waterworld, Warner Bros World Abu Dhabi und SeaWorld Abu Dhabi wird es auf der Insel nie langweilig.

Die spektakuläre Etihad Arena mit 18 000 Plätzen liegt an der Yas Bay neben einigen der besten Restaurants, Cafés und Nachtlokalen der Insel. Hier sind schon Sting, die Backstreet Boys, Maroon 5, Kevin Hart und AR Rahman vor ausverkauftem Haus aufgetreten.

Wer es ruhiger angehen lassen möchte, besucht zum Entspannen den Strand Yas Beach und luxuriöse Strandclubs wie das Café del Mar Abu Dhabi.

NICHT VERSÄUMEN ...

YAS BAY WATERFRONT
Der beste Wasserpark der VAE bietet gleichermaßen viel Spaß und Abenteuer und viele Möglichkeiten, sich abzukühlen.
S. 177

FERRARI WORLD ABU DHABI
In diesem Indoor-Vergnügungspark fährt man mit der schnellsten Achterbahn der Welt.
S. 176

YAS WATERWORLD
Ob japanisches Streetfood oder Spaß am Abend mit Livemusik – die Bars an der Uferpromenade enttäuschen nicht.
S. 175

TOP-TIPP

Der kostenlose, klimatisierte und sehr praktische Shuttlebus Yas Express hält an allen Sehenswürdigkeiten, Attraktionen und Hotels auf Yas Island.

PITK/SHUTTERSTOCK ©

Links: W Abu Dhabi Yas Island (S. 178); oben: Ferrari World Abu Dhabi (S. 176)

LOCAL TIPP: DIE COOLSTEN ORTE AUF YAS ISLAND

Tamara Clarke (@iamtamaraclarke on Instagram), amerikanische freiberufliche Journalistin und Autorin, die in Abu Dhabi lebt, verrät ihre Lieblingsorte auf Yas Island.

Skateparks Yas South und Yas West
Yas Island ist Abu Dhabis beliebtestes Freizeitziel, aber auch weniger bekannte Orte wie die Skateparks Yas South und Yas West bieten jede Menge Spaß. Überdachungen sorgen für Schatten.

Central
Im Central an der Yas Bay geht das Vergnügen weiter: Hier gibt's eine Spielhalle, eine Bowlingbahn und die besten Burger der Hauptstadt unter einem Dach.

Yas Links
Auf dem 18-Loch-Golfplatz direkt am Wasser mit atemberaubendem Blick auf die Skyline von Abu Dhabi und den Arabischen Golf abschalten.

YAS ISLAND & UMGEBUNG

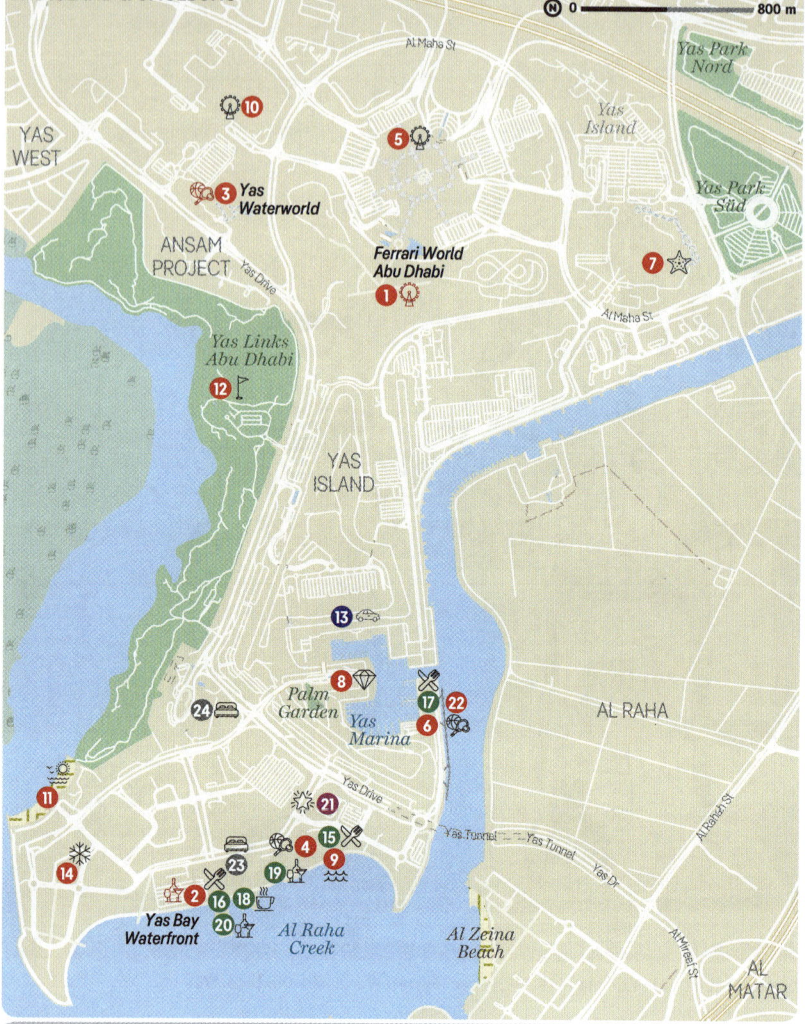

HIGHLIGHTS
1 Ferrari World Abu Dhabi
2 Yas Bay Waterfront
3 Yas Waterworld

SEHENSWERTES
4 Etihad Arena
5 Fun Works
6 Musical Fountain
7 SeaWorld Abu Dhabi
8 Spa at W Abu Dhabi Yas Island
9 The Emerging Man
10 Warner Bros World Abu Dhabi
11 Yas Beach
12 Yas Links
13 Yas Marina Circuit
14 Yas South Skate Park

ESSEN
siehe 8 Angar
15 Art Market Yas Bay
16 Asia Asia
17 Cipriani

AUSGEHEN & FEIERN
18 Cafe del Mar Beach Club Abu Dhabi
19 Lock, Stock & Barrel
siehe 21 Mad on Yas Island
20 Siddharta Lounge by Buddha-Bar
siehe 8 W Lounge

UNTERHALTUNG
21 White Abu Dhabi

SPORT & AKTIVITÄTEN
22 Seawings

SCHLAFEN
23 Hilton Abu Dhabi Yas Island
siehe 8 W Abu Dhabi Yas Island
24 Yas Island Rotana

Warner Bros World Abu Dhabi

Größter Indoor-Themenpark der Welt

Der rekordverdächtige Indoor-**Themenpark** auf einer Fläche von über 153 000 Quadratmetern bietet 29 Spaß- und Hightech-Fahrgeschäfte, Attraktionen, Achterbahnen und Spiele, die sich thematisch um ikonische Figuren wie Familie Feuerstein, die Jetsons, Scooby-Doo, Batman und Superman drehen. Außer Fahrgeschäften in sechs Themenländern sorgen 15-minütige Shows auf der Warner Bros Plaza für Unterhaltung und zahlreiche Restaurants und Eisdielen fürs leibliche Wohl.

Warner Bros World Abu Dhabi

Yas Waterworld

Yas Waterworld

Den Sprung wagen

Im spannendsten Wasserpark der VAE führt die Figur Dana aus den Emiraten auf der Suche nach einer Perle durch einen Tag voller Abenteuer. Es gibt über 40 aufregende Fahrgeschäfte und Rutschen, darunter die weltgrößte Tornado-Wasserachterbahn für sechs Personen, eine atemberaubende Looping-Wasserrutsche und die weltgrößte statische Surfwelle auf einem riesigen Doppelbuckel. Wer keine Lust auf rasante Abenteuer hat, entspannt im Wellenbad, im Lazy River oder im 5D-Theater.

Yas Beach

Entspannte Atmosphäre und Blick auf Mangroven

Der wunderschöne palmengesäumte Sandstrand mit ruhigem, flachem Wasser ist ideal für einen Nachmittag in der Sonne und einen Sprung in den Infinitypool. Aktive spielen Volleyball oder Padel, fahren Jetski oder paddeln mit dem Kajak durch die Mangroven. Das Strandrestaurant serviert Salate, Sandwiches, Pizzas und Fischgerichte sowie Smoothies und Cocktails.

An Wochenenden sorgen Poolpartys und Live-DJs für Stimmung. Im Eintritt inbegriffen sind Handtücher und Liegestühle mit Sonnenschirmen; klimatisierte Chalets und Cabanas am Pool können gemietet werden. Das Ladies-Day-Paket (mittwochs) bietet Frauen ein gutes Preis-Leistungs-Verhältnis für den ganzen Tag. Wer in einem Hotel auf Yas Island übernachtet, kann nachfragen, ob das Hotel kostenlosen Zugang zum Yas Beach anbietet.

Ferrari World Abu Dhabi

Garantierter Adrenalinrausch

In einem auffälligen roten Gebäude, das von der klassischen Doppelkurve des Ferrari-GT-Chassis inspiriert ist, bietet der Indoor-**Themenpark** über 40 schwindelerregende Erlebnisse rund um Ferrari. Die größte Attraktion hier ist die schnellste Achterbahn der Welt **Formula Rossa,** die in rasanten 4,9 Sekunden auf 240 km/h beschleunigt und sich 52 m in die Höhe schraubt. Wer schon immer wissen wollte, wie sich ein F1-Rennwagen fährt – die Formula Rossa ist die Antwort.

Ebenfalls aufregend sind die höchste Looping-Achterbahn der Welt, die 63 m hohe **Flying Aces** mit einer Geschwindigkeit bis zu 120 km/h, und die **Turbo Track**, bei der man durchs Dach katapultiert wird und dann im freien Fall wieder landet.

Für einen Aufpreis von 895 Dhs kann man mit der **Ferrari Driving Experience** in Begleitung eines Fahrlehrers einen Ferrari über Yas Island steuern. Die 290 m lange Kartbahn des Parks ist die erste elektrische Kartbahn in den VAE.

Zu den Attraktionen für jüngere Kinder und Familien gehören ferngesteuerte Boote und Autos, ein Reifenwechselwettbewerb und ein immersives 4D-Theater.

ARTEVENT ET/SHUTTERSTOCK ©

Ferrari World Abu Dhabi

Yas Marina Circuit

Geschwindigkeitsrausch

Die von Hermann Tilke entworfene Rennstrecke gab ihr Formel-1-Debüt 2009 beim Grand Prix von Abu Dhabi. Außerhalb der Rennsaison bietet der **Yas Marina Circuit** geführte Touren und viele spannende Motorsporterlebnisse. Hinter dem Steuer eines Alfa Romeo Giulia Quadrifoglio kann man die Kraft des 510 PS starken Twin Turbo spüren oder sich für eine 10-minütige Fahrt im einsitzigen Formula Yas 3000 melden, der einen Formel-1-Paddle-Shift hat und in nur 2,8 Sekunden auf 100 km/h beschleunigt. Man kann Beschleunigungsrennen in einem Chevrolet Camaro SS fahren, seine Drifting-Fähigkeiten in einem Polaris RZR RS1 verbessern oder die 1-km-Strecke der Yas Kartzone angehen.

Cipriani

MEHR YAS ISLAND & UMGEBUNG

Bar-Hopping an der Yas Bay Waterfront

Nachtleben auf Yas Island

An dieser lebhaften Uferpromenade liegen die besten neuen Restaurants, Bars und Cafés. Abends wird die 3 km lange Strecke zum Treffpunkt für Partyhungrige, Urlauberfamilien und stylishe Einheimische. Bei **Akiba Dori** gibt's japanisches Streetfood, im **Lock, Stock & Barrel** Livebands und im **White Abu Dhabi** tanzt man durch die Nacht. Den ultimativen Pool-Tag in Cabanas und Villen mit privaten Whirlpools genießt man im preisgekrönten schwimmenden Beachclub **Café Del Mar**.

Die **Etihad Arena** mit 18 000 Plätzen veranstaltet Konzerte mit großen Namen, Sport- und Stand-up-Comedy-Veranstaltungen und Musicals. Siehe die Website fürs Programm.

SeaWorld Abu Dhabi

Meeresthemenpark

Liveshows, Fahrgeschäfte, Spiele, Achterbahnen und Tierbegegnungen: Neben 68 000 Meerestieren im Aquarium gibt's hier Seelöwen, Delfine, Flamingos, Walrosse, Aras, Papageientaucher, Robben, Seeotter, Haie und Rochen in Gefangenschaft. Tierbegegnungen (sogenannte „Expeditionen“) und

YAS-BAY- SK ULPTUREN

An der Uferpromenade von Yas Bay stehen ein Dutzend faszinierende **Kunstinstallationen** und **Skulpturen** von talentierten Kunstschaffenden aus aller Welt. Dazu gehören *The Emerging Man,* ein riesiger 8 m hoher bronzefarbener Kopf mit einer Tauchermaske und zwei gewaltigen Händen, die aus dem Wasser ragen, eine 10 m hohe goldene Blumenskulptur namens *Flower Parent and Child* des japanischen Künstlers Takashi Murakami und vier riesige *Astrocat*-Skulpturen von CoolRainLabo.

ESSEN AUF YAS ISLAND

Art Market Yas Bay
Coole, künstlerische Atmosphäre, guter Kaffee, gesunde Bowls und Salate sowie köstliche Toasts und Sandwiches. **$**

Asia Asia
Maki-Rollen, Robata-Grillgerichte, Currys und Cocktails mit Wasabi und Safran in lebhafter Atmosphäre. **$$$**

Cipriani
Feiner Italiener mit Gerichten wie Ricotta-Gnocchi, Jakobsmuscheln aus der Pfanne und chilenischem Seebarsch. **$$$**

-vorführungen finden mit Walrossen, Seelöwen, Seeottern, Robben und Delfinen statt. Es gibt auch einen Unterwasserrundgang im Aquarium.

Jongleure, Stelzenläufer und Liveshows (mit menschlichen Darstellern und thematisch um Perlentauchen und Polarforschung gestaltet) runden das Programm ab. Man kann auch einen Blick in die hauseigene Tierarztpraxis werfen. SeaWorld Abu Dhabi führt Forschungs-, Rettungs-, Rehabilitations- und Bildungsprogramme durch und gibt an, sich für den Schutz der Meere einzusetzen. Der Themenpark ist von Global Humane zertifiziert.

DIE BESTEN BARS AUF YAS ISLAND

Lock, Stock & Barrel Ausgefallene Bar im Industrie-Chic mit lebhaftem Publikum, Livemusik und vierstündiger Happy Hour (an Wochenenden bis zu achtstündig).

W Lounge In dieser stilvollen Lounge mit ausgezeichneten Cocktails und Blick auf Yas Marina sollte man sich entsprechend schick kleiden.

Siddharta Lounge by Buddha-Bar Tapas und Cocktails mit Blick auf die Yas Bay. An Wochenenden geht die Party mit DJs, Tanz und Akrobatik bis spät in die Nacht.

Kraft schöpfen im Spa des W Abu Dhabi Yas Island

Erholung vom Freizeitstress

Eine Pause vom Nervenkitzel versprechen im preisgekrönten **Spa at W Abu Dhabi Yas Island** Massagen, Körper- und Gesichtsbehandlungen und tief reinigende Hammam-Anwendungen, nach denen man sich wie neu fühlt. Die 60-minütige Behandlung Abu Dhabi Soul umfasst ein gründliches, reichhaltiges Peeling, gefolgt von einer wohltuenden Massage mit aromatischen ätherischen Ölen.

Indisches Festmahl im Angar

So schmeckt Indien

In der Restaurantküche des W Abu Dhabi Yas Island weiß man offensichtlich, wie richtig gekocht wird, denn es ist selbst unter der Woche voll. Besonders gut sind die saftigen Tandur-Grillgerichte wie das zart schmelzende Chicken Tikka mit Safran und die würzigen Lammkoteletts. Das Fischcurry mit Kokosnuss ist sehr schmackhaft und das Butterhühnchen ist, wie der Name verrät, köstlich wie in „Old Delhi".

Golf im Yas Links

Schwünge in eine schöne Umgebung

Dieser wunderschöne Par-72-Meisterschaftsplatz, entworfen von Kyle Phillips, ist der erste Golfplatz der Region und ein Muss für Golfbegeisterte. Er liegt inmitten von sanften Hügeln und Mangroven an der Westküste von Yas Island und rangiert derzeit unter den Top 100 des Golf Digest weltweit auf Platz 48. Neben dem 18-Loch-Platz gibt's einen Neun-Loch-Par-3-Übungsplatz sowie ein Clubhaus, Schwimmbad, Fitnesscenter und Spa für Männer.

ÜBERNACHTEN AUF YAS ISLAND

W Abu Dhabi Yas Island Das einzige Hotel der Welt auf einer Formel-1-Rennstrecke. Avantgardistisches Design, preisgekrönte Restaurants und Bars und besonderes Spa. **$$$**

Hilton Abu Dhabi Yas Island Luxuriöses Hotel, helle und moderne Zimmer mit Blick aufs Wasser, fünf Restaurants und ein großer Außenpool. **$$$**

Yas Island Rotana Geräumige, moderne Zimmer, sechs Restaurants, ein voll ausgestattetes Fitnessstudio, ein Außenpool und kostenloser Zugang zum Yas Beach. **$$**

SOPHIE JAMES/SHUTTERSTOCK ©

W Abu Dhabi Yas Island

Tagesausflüge ab Dubai & Abu Dhabi

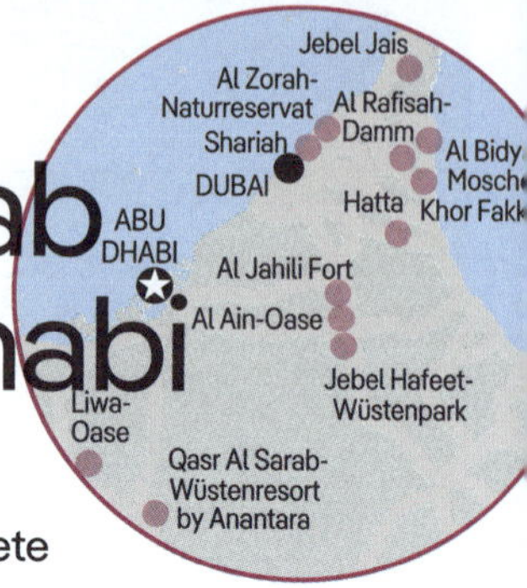

Außerhalb Dubais und Abu Dhabis warten majestätische Wüsten, grüne Oasen, zerklüftete Berge, und Festungen erinnern an die Vergangenheit der Region.

Wer den Kontext von Geschichte, Kultur und Gesellschaft in den VAE besser verstehen möchte, sollte die Städte verlassen und die erstaunlich vielfältigen Landschaften erleben. Die geriffelten orangen Dünen des „Leeren Viertels", die sonnigen, smaragdgrünen Oasen Liwa und Al Ain und die schroffen Gipfel des Hajar-Gebirges sind nicht nur grandiose Landschaften mit fotogenen Motiven – ihre steinernen Festungen, antiken Gräber, Palastmuseen und freundlichen Dörfer erzählen die Geschichte der Region vom Beginn ihrer Zivilisation in der Jungsteinzeit. Im Emirat Sharjah kann man in beeindruckenden Museen und auf lebhaften Festivals in die traditionelle und zeitgenössische Kunst und Kultur eintauchen.

TOP-TIPP

Einige Ausflugziele wie Hatta, Ajman und Al Ain erreicht man zwar von Dubai und Abu Dhabi mit öffentlichen Verkehrsmitteln, doch mit einem Mietwagen geht's wesentlich schneller.

Dhafeer Fort

PHILIP LANGE/SHUTTERSTOCK ©

MATT STARLING PHOTOGRAPHY/SHUTTERSTOCK ©

Rub' al Khali

Die dramatischen Landschaften der Liwa-Oase

Dünen, Oasen und Festungen

Eine der faszinierendsten Landschaften der VAE liegt in der Region Al Gharbia, zweieinhalb Fahrstunden von Abu Dhabi entfernt. Je näher man der weltweit größten, durchgehenden Sandwüste **Rub al Chali** kommt, desto rötlicher werden die riesigen Dünen. Die auch „Leeres Viertel" genannte Wüste liegt überwiegend in Saudi-Arabien, zieht sich aber bis in die VAE, Oman und Jemen. Seit Jahrtausenden ziehen nomadische Beduinenstämme wie die Bani Yas (Vorfahren der heutigen Herrscher) durch diese Wüste mit einer der härtesten Lebenswelten der Welt.

Im Norden liegt die **Liwa-Oase** mit ruhigen Dörfern, Dattelplantagen und Festungen. Die meisten Festungen wurden im 19. Jh. gebaut, um die Farmen und Wasserquellen der Siedlungen zu schützen, und nach ihrem Verfall wieder errichtet. Einen Besuch lohnen **Al Yabbana,** Anfang der 2000er-Jahre wiederaufgebaut, das **Al Meel Fort** und das **Mezaira'a Fort**, beide in den 1980er-Jahren erneuert, und das 1996 rekonstruierte **Dhafeer Fort**. Der Eintritt ist frei, die Besichtigung dauert etwa zehn Minuten. Von Wachtürmen kann man die Aussicht genießen.

FRÜCHTE DER OASEN

Die **Dattelpalmen** der Liwa-Oase sind eine kostbare Ressource für die Region, wo traditionell Stamm, Palmwedel und Pflanzenfasern beim Bau und im Kunsthandwerk genutzt werden. Wohl kein anderer Teil der Dattelpalme ist kulturell so bedeutsam wie die süße, karamellartige Frucht, die einen hohen Nährwert hat und ein wesentlicher Bestandteil der Ernährung in den Emiraten ist. Datteln sind eine wichtige Einkommensquelle der lokalen Wirtschaft und werden bis in den Herbst geerntet. Ein Besuch im **Liwa Dates Store** in Mezaira'a lohnt sich, um neben Datteln auch Dattelmarmeladen und *mamoul* (Dattelkekse) zu kaufen. Vielleicht findet ja gleichzeitig auch das jährliche **Liwa Date Festival** mit Dattelwettbewerben und Auktionen statt.

EINEN HAPPEN ESSEN IN DER LIWA-OASE

Liwa Dates Cafe Das Café in Mezaira'a lädt zu einem Eiskaffee, Milkshake oder Datteleis ein. $

Amber Rolls Restaurant and Grill Herzhafte pakistanische Fleischgerichte, *mandi,* Gegrilltes und Kebabs, großzügige Portionen. $

Liwa Alhaditha Markets & Bakery In dieser Bäckerei kann man sich unterwegs mit frischen Baklava, *fatayer* und *kunafeh* und auch Pizza eindecken. $

CAPTURED BLINKS/SHUTTERSTOCK ©

Qasr Al Sarab Desert Resort by Anantara

VOM AUSSTERBEN GERETTET

Das **Qasr Al Sarab Protected Area** ist ein 308 km² großes Schutzgebiet, in dem verschiedene Vogel- und Reptilienarten sowie Wüstensäugetiere leben. Eine bemerkenswerte Erfolgsgeschichte ist die Rückkehr der Arabischen Oryx, einer Wüstenantilope mit weißem Fell und beringten Hörnern, die in den 1970er-Jahren als ausgestorben galt. Dank eines 1968 begonnenen Schutzprojektes mit einem Zuchtprogramm sowie des Sheikh Mohamed Bin Zayed Arabian Oryx Reintroduction Programme von 2007 konnte die Environment Agency Abu Dhabi die Spezies durch Auswilderung wieder ansiedeln. Ende 2022 gab es in den VAE die größte Population (ca. 1595) von wild lebenden Arabischen Oryx.

Von Mezaira'a geht's zur 300 m hohen Sanddüne **Tel Moreeb**, der höchsten in den VAE. Im Dezember finden beim jährlichen **Liwa International Festival** Motorsportrennen statt: Angefeuert vom großen Publikum fahren Draufgänger aus der Region in modifizierten Jeeps, Geländewagen sowie auf Motorrädern die steilen Hänge hinauf. Auch wer nicht so ambitioniert ist, sollte schon wegen der spektakulären Fahrt zum Hauptparkplatz ein Auto mieten. Die befestigte Straße schlängelt sich an riesigen Dünen mit Parkbuchten vorbei, man kann anhalten und die Landschaft bewundern, die zum Sonnenuntergang besonders spektakulär wirkt. Allradantrieb ist nicht notwendig.

Busse der Linie X60 fahren vom Al Nahyan, Abu Dhabis Busbahnhof, zum Busbahnhof Mezaira'a (32,50 Dh, 3½ Std.).

Dinner in den Dünen am Qasr Al Sarab

Eine denkwürdige Mahlzeit

Inmitten riesiger Dünen liegt das **Qasr Al Sarab Desert Resort by Anantara.** Wie eine mächtige Festung steht es mit sprudelnden Brunnen und palmengesäumten Fußwegen am Rand der überwältigenden Wüste Rub al-Chali. In den Restaurants, die auch Tagesgäste ohne Reservierung willkommen heißen, kann man beim Essen die Dünen bewundern, ob man nun drinnen, am Pool oder auf einer Dachterrasse sitzt. Das mittags und abends geöffnete **Ghadeer** serviert mediterrane Salate, Meze, Meeresfrüchte, Pasta und Pizza. Im Steak-

EINE NACHT IN DER WÜSTE

Qasr Al Sarab Desert Resort by Anantara Stattliche Zimmer und Villen mit Pool, sechs Restaurants, ein Pool und ein Fitnesscenter sowie verschiedene Wüstenerlebnisse. **$$$**

Bab Al Nojoum Bateen Liwa Komfortable Villen mit privaten Pools und Feuerstellen in den Dünen sowie ein Pool, ein Fitnesscenter und Wüstenaktivitäten. **$$$**

Liwa Hotel Klassische Zimmer und Villen, ein Pool im Freien und ein Restaurant auf einem Hügel in Mezaira'a. **$$$**

house **Suhail,** nur abends geöffnet, gibt's erstklassige Steaks und eine preisgekrönte Weinkarte; am schönsten sitzt man auf der Dachterrasse.

Tiefer in die Wüste

Sand unter den Füßen

Der Besuch des Qasr Al Sarab lohnt sich schon fürs Essen oder den Sonnenuntergang, doch das Resort bietet auch **geführte Wüstentouren** für alle, die noch tiefer in die Wüste vordringen wollen; Tagesgäste sollten diese im Voraus buchen. Auf ruhigen Ausflügen mit Geländewagen, Fatbikes, Polaris-Buggys oder auf dem Kamelrücken erkundet man die Dünen, noch beschaulicher sind die Sternenbeobachtungen in der Wüste. Der einheimische Guide zeigt und erklärt die Himmelskörper und Konstellationen, erzählt Geschichten von arabischen Astronomen und lässt den Nachthimmel durch ein Teleskop bewundern.

Wanderung durch die Al-Ain-Oase

Ein Dach aus Palmwedeln

Nur 90 Fahrminuten von der Innenstadt Abu Dhabis überrascht **Al Ain**, übersetzt „die Quelle", mit fruchtbaren Oasen, grünen Parks, historischen Forts, archäologischen Stätten und einer geruhsamen Lebensart. Am besten beginnt man die Erkundung von Abu Dhabis „grüner Stadt" mit einer entspannten Wander- oder Radtour in der **Al-Ain-Oase**, der größten der sechs Oasen der Stadt, die Teil der UNESCO-Welterbestätte Al-Ain sind.

Am Haupteingang am Westtor mietet man ein Fahrrad oder einen Buggy oder spaziert vom Besucherzentrum aus auf den schattigen Wegen, vorbei an Tausenden Dattelpalmen und fruchttragenden Mango-, Orangen-, Bananen und Sidr-Bäumen. Schmale *falaj,* Bewässerungskanäle, die einzigartig in der Region sind, versorgen ganzjährig Hunderte von Farmen in der Oase. Selbst an Wochenenden mit Menschengedränge kann man sich in dieser labyrinthischen Oase wunderbar verlieren und allein mit den zwitschernden Vögeln in den Palmen sein. Das Café **Ethr** (im Sommer geschlossen) serviert eiskalte Getränke und Kaffee. Ein **Ökozentrum** informiert über die Geschichte der Oase.

Busse der Linie X90 fahren von Abu Dhabis Busbahnhof Al Nahyan zum Zentralen Busbahnhof Al Ain (27 Dh, 2¼ Std.). Vom Busbahnhof Al Ghubaiba in Abu Dhabi verkehren reguläre Busse der Linie E201 zum Zentralen Busbahnhof Al Ain (25 Dh, 2¼ Std.).

KULTURELLES ERBE AL AFLAJ

In der Al-Ain-Oase kann man ***aflaj*** (Plural von *falaj*) in Betrieb sehen. Diese 3000 Jahre alte Bewässerungsmethode nutzt ein Netzwerk handgegrabener unterirdischer und oberirdischer Kanäle, um trockenes Land effektiv zu bewässern. Die zwei Typen des in Al Ain genutzten *falaj*-Systems heißen Al Aini und Dawood. Das Wasser stammt aus Brunnen im Grundwasserreservoir und aus saisonalen Flüssen des Hajar-Gebirges. In der nahen Hili-Oase gibt's Zeugnisse von *falaj* aus der Eisenzeit – ein Hinweis auf die lange Landwirtschaftstradition in der Region. Al Aflaj steht auf der Liste des immateriellen Kulturerbes der Menschheit der UNESCO.

ESSEN IN AL AIN

Al Fanar Restaurant & Cafe
Grüner Innenhof mit Holztischen und Bogensäulen wie in einem traditionellen arabischen Haus. **$$**

Zaher El Laymoun
Bei Stammgästen in Al Jahili beliebt wegen Shawarma, Grillgerichten, großzügigen Portionen und freundlichem Service. **$$**

Golden Sheep Restaurant
Kebabs, jordanisches *mansaf* und gegrillte Meeresfrüchte- und Fleischgerichte – man kann nichts falsch machen. **$$**

Das historische Al Jahili Fort

Geschichten der Wüste und der Oase

Das **Al Jahili Fort** wurde 1898 auf Befehl von Scheich Zayid bin Khalifa Al Nahyan (auch Zayid I. genannt) aus Lehmziegeln gebaut und als königliche Residenz sowie als Hauptquartier der britischen Streitkräfte genutzt. Später wurde es mehrmals restauriert und beherbergt mittlerweile ein Kulturzentrum mit Multimediaexponaten und einer ständigen Ausstellung zu den Reisen des britischen Forschers Sir Wilfred Thesiger in der Region, darunter seine zweimalige Durchquerung des „Leeren Viertels" mithilfe von beduinischen Begleitern in den 1940ern.

GUT ZU WISSEN VOR DER WANDERUNG

Die beste Zeit zum Wandern in Hatta ist von Oktober bis April, wenn es etwas kühler ist und die Sonne am Nachmittag nicht so brennt. Zwischen Juni und September sind die Hitze und hohe Luftfeuchtigkeit nicht zu unterschätzen, die sehr plötzlich zu Benommenheit führen können. Wegen Gerölls und loser Steine ist das Terrain recht anspruchsvoll – mit rutschfesten Wanderschuhen lassen sich Stürze und Knöchelverletzungen vermeiden.

Pro Person mindestens 3 l Wasser mitnehmen, bei längeren Wanderungen 4 l, um einer Dehydrierung vorzubeugen.

Antike Gräber Jebel Hafeet Desert Park

Ein Stück Geschichte

Der **Jebel Hafeet Desert Park** in Al Ain liegt 20 Fahrminuten von der Stadt am Fuß des Jebel Hafeet. Die faszinierende archäologische Stätte ist Teil der UNESCO-Welterbestätte Al-Ain und beherbergt Relikte aus dem Neolithikum, die auf nomadische Hirtengemeinschaften in dem Gebiet hindeuten. Im Park verteilen sich über 500 Bienenkorbgräber aus der Bronzezeit, die fast 5000 Jahre alt sind. Einige der runden Gräber mit nur einer Grabkammer wurden 1959 bei Ausgrabungen entdeckt und restauriert. Die raue Landschaft erkundet man am besten auf einer geführten Wander-, Mountainbike- oder Buggytour oder auf dem Kamelrücken, zu buchen im Aktivitätszentrum des Parks (geöffnet September bis Mai).

Sonnenuntergang am Jebel Hafeet

Ein traumhaftes Panorama

Vom Jebel Hafeet Desert Park führt eine 30-minütige Fahrt mit einem 11,6 km langen Anstieg über die Jabal Hafeet Street auf den Berg zum Aussichtspunkt auf dem Gipfel des **Jebel Hafeet**. Der mit 1249 m höchste Berg Abu Dhabis und zweithöchste der VAE bietet einen spektakulären Panoramablick auf die felsige Landschaft und die Stadt Al Ain, der bei Sonnenuntergang am schönsten ist. Unterwegs gibt's zahlreiche Parkplätze und Aussichtspunkte, doch die beste Sicht hat man ganz oben. Es gibt viele Parkplätze sowie einen Spielplatz, Toiletten und zwei Cafeterias (im Sommer geschlossen). Zwischen November und Februar ist es ratsam, eine Picknickdecke und eine Jacke mitzunehmen.

DIE BESTEN PARKS IN AL AIN

Al Jahli Park
Großer Park mit Wegen, Spielplätzen und Rasenflächen, auf denen oft Fußball gespielt wird.

Green Mubazzarah Park
Schöner Park in den Ausläufern des Jebel Hafeet mit Grillplätzen, heißen Quellen, See (Kajakfahren möglich) und öffentlichen Pools.

Al Wadi Park
Hübscher Park mit schattigen Sitzgelegenheiten, Outdoor-Fitnesspark und Sportplätzen.

ALEXEYS/GETTY IMAGES ©

Gräber, Jebel Hafeet Desert Park

Bergabenteuer in Hatta

Dubais Hochland

Die Stadt **Hatta** liegt 130 km und 90 Fahrminuten südöstlich von Dubai am Fuß des Hajar-Gebirges und ist das Tor zu einer Landschaft mit schroffen Gipfeln, Wadis (Täler oder Flussbetten), Seen, Quellen, fruchtbaren Tälern und Feldern, die Einblicke ins dörfliche Leben geben.

Hier ist die Temperatur ganzjährig einige Grade kühler als in Dubai, was die Stadt zu einem beliebten Wochenendziel macht. Zu den Attraktionen rund um Hatta gehören Schutzgebiete, Forts, Moscheen, Farmen, Dämme, ein historisches Museum, ein Bienenhaus und ein Aktivitätszentrum.

Die Stadt liegt gleich nördlich des **Hatta Mountain Reserve**, einem Schutzgebiet mit indigenen Wildtieren, darunter der gefährdete Arabische Tahr, der Arabische Leopard und der Schmutzgeier sowie verschiedene Vogel-, Fisch- und Amphibienarten.

Durch das Schutzgebiet führen mehrere Wander- und Fahrradwege durch ausgetrocknete Wadis und auf staubige Gipfel, vorbei an Obstplantagen und Farmen, die eine Gelegenheit sind, diese faszinierende Landschaft zu erkunden

SIEDLUNGEN, DIE ZU DEN ÄLTESTEN DER VAE GEHÖREN

Hatta gehörte früher zum Oman und wurde um 1850 eine Enklave des Emirats Dubai. Archäologische Ausgrabungen in der Region legten neben Gräbern und Felszeichnungen Zeugnisse von Siedlungen aus der frühen Bronzezeit frei. Man nimmt an, dass in den Dörfern der Region, Al Hajareen genannt, Gemeinden lebten, die saisonal zwischen den Bergen und fruchtbaren Tälern wechselten und Ackerbau und Tierzucht betrieben.

ÜBERNACHTEN IN AL AIN

Al Ain Rotana
Große moderne Zimmer, Pools, Padelplätze, ein Fitnesscenter und sechs Restaurants. **$$**

Radisson Blu Hotel & Resort, Al Ain Mit drei Pools im Freien, Tennisplätzen und fünf Restaurants ist dies eine schöne und bezahlbare Option für Familien. **$**

Aloft Al Ain
Komfortable Zimmer, Dachpool, Fitnesscenter, ein internationales Restaurant und eine Sport- und Cocktailbar mit Livemusik. **$**

WARUM ICH HATTA LIEBE

Natasha Amar,
Autorin
Diese malerische Bergstadt ist von Dubai aus in nur 90 Fahrminuten zu erreichen, doch sie wirkt Welten entfernt von der urbanen Hektik und bietet naturliebenden Großstadtflüchtigen wie mir ein dringend benötigtes Refugium. Die Schönheit dieser rauen Landschaft, die mit grünen Dattelfarmen und strahlend blauen Seen durchsetzt ist, hat etwas Wildes und zugleich Ruhiges. In den kühleren Monaten zwischen Oktober und März bietet Hatta zahlreiche Möglichkeiten für Outdoor-Aktivitäten, ob Kajakfahren auf dem ruhigen Wasser der Hatta-Talsperre oder Wandern in Begleitung von Bergziegen auf einem der vielen Trails. Wegen des fantastischen Sternenhimmels lohnt es sich, hier zu übernachten oder bis in die Nacht zu bleiben.

SARATH MAROLI/SHUTTERSTOCK ©

Kajakfahren, Hatta Dam

und vielleicht Tiere zu sichten. Es gibt etwa 32 km Wander- und 50 km Radwege, die ganzjährig zwischen 6 und 18 Uhr geöffnet und je nach Länge und Schwierigkeitsgrad farbig markiert sind.

Sie beginnen in der Nähe des **Hatta Wadi Hub** (von Mai bis Oktober eingeschränkte Öffnungszeiten) mit Infos und Wanderkarten und Mountain- und E-Bike-Verleih.

Hatta soll sich in den nächsten Jahren zu einem großen Outdoor-Abenteuerziel entwickeln, es gibt Pläne für einen neuen Strand, eine Seilbahn, einen See, einen Souk und ein 120 km großes Radwegenetz.

Hatta-Expressbusse der Linie H02 fahren vom Busbahnhof Dubai Mall zum Busbahnhof Hatta (25 Dh, 2 Std., 6-mal tgl.). Hattas Hop-on-Hop-off-Bus H04 beginnt und endet am Busbahnhof Hatta und hält unterwegs am Hatta Wadi Hub, am Hatta Hill Park, an der Talsperre Hatta und am Heritage Village (2 Dh pro Station, alle 30 Min.).

GLAMPING IN HATTA

Sedr Trailers Resort
Klimatisierte Airstream-Wohnwagen am Ufer der Hatta-Talsperre mit bequemen Betten, Fernseher, WLAN, Minibar und Bad. **$$$**

Hatta Caravan Park
Klimatisierte Wohnmobile mit eigenem Bad, Wohnbereich, WLAN, Küche und Terrasse. **$$$**

Hatta Dome Park
Geräumige, klimatisierte Kuppelzelte mit Bad, Fernseher, WLAN und einer Terrasse mit Grill und Feuerstelle. **$$$**

Kajakfahren bei der Talsperre Hatta

Blaugrünes Wasser und zerklüftete Gipfel

Die **Talsperre Hatta** wurde in den 1990er-Jahren zur nachhaltigen Wasserversorgung der Ansässigen gebaut und ist einer der beliebtesten Kajakspots in Dubai. Die gezackten Gipfel rund um das ruhige blaugrüne Wasser des Sees bilden eine grandiose Kulisse. Ein paar Stunden vergehen schnell beim Kajakfahren, besonders zwischen Oktober und Mai, wenn das Wetter angenehm ist. **Hatta Kayak** verleiht Kajaks, Wasserfahrräder, Tretboote, Kajaks, runde Donut-Boote und mehr. Von Mitte Mai bis Oktober gibt's an Werktagen verkürzte Öffnungszeiten.

Am Damm ist ein Wasserkraftwerk der Dubai Electricity and Water Authority im Bau. Es ist das erste seiner Art in der Region, soll Ende 2024 fertig sein und ist Teil eines Gesamtkonzepts, den überwiegenden Teil der benötigten Energie bis 2050 aus erneuerbaren Quellen zu gewinnen.

Actionreiche Erlebnisse am Hatta Wadi Hub

Abenteuer für Groß und Klein

Dieses Aktivitätszentrum bietet eine breite Palette von Aktivitäten, von Klettern, Bogenschießen und Axtwerfen bis zu Tubing, Ziplining und einer wilden Schleuderfahrt mit fast 100 km/h. Für jede Altersgruppe ist etwas dabei, dafür sorgen ein Hochseilgarten, ein Kletterpark mit verschiedenen Kletterparcours, Zorbing, Gelbälle und Trampoline für Kinder und Erwachsene. Nachmittags kann man sich wunderbar abkühlen: Auf einer der steilen Wasserrutschen des Wadi Hub saust man mit fast 80 km/h direkt in ein Wasserbecken. Der Hatta Wadi Hub schließt im Sommer, in der Regel von Mitte Mai bis Ende September; der Zeitpunkt der Saisoneröffnung hängt vom Wetter ab.

Das Hatta Heritage Village

Eine Reise in die Vergangenheit

Das **Hatta Heritage Village**, das 2023 restauriert wurde, ist ein rekonstruiertes Bergdorf, das eine Vorstellung vom Dorfleben vor fast 3000 Jahren gibt. Wer wissen will, wie das ländliche Leben früher aussah, wandert durch nachgebaute Steinhäuser, Höfe, den *madschli* und das Museum mit traditionellem Werkzeug, Kunsthandwerk, Kleidung und Waffen. Das restaurierte **Hatta Fort** aus Lehmziegeln und Stein stammt von 1896 und diente zur Verteidigung und als Wohnhaus. Zwei runde Wachtürme aus den 1880er-Jahren bieten eine Aussicht auf grüne Farmen. Man kann auch die benachbarte Farm **Al Sharia** besuchen, im Schatten von Palmen einen Rundgang machen und einen *falaj* (S. 183) in Betrieb sehen.

RESPEKTVOLLES VERHALTEN AUSSERHALB DER STÄDTE

In kleineren, konservativer geprägten Städten und Dörfern in der Nähe der Ostküste der VAE sollte man besonders auf respektvolles Verhalten gegenüber Einheimischen achten. Für Frauen bedeutet das locker sitzende, bequeme Kleidung, die Schultern und Knie verhüllt. Sowohl Frauen als auch Männer, die eine Moschee besuchen wollen, sollten Kleidung tragen, die Schultern und Knöchel bedeckt; Frauen müssen ein Kopftuch tragen.

Es fällt auf, dass sich einige muslimische Frauen – sowohl Einheimische als auch Touristinnen – hier konservativer kleiden. Viele tragen einen *niqab* (Gesichtsschleier, der nur die Augen freilässt) und vermeiden Interaktionen mit Männern außerhalb ihrer Familie. Selbstverständlich ist es nicht angemessen, jemanden ohne Erlaubnis zu fotografieren.

ESSEN IN HATTA

Tanoor Restaurant
Das Restaurant in Hatta ist für sein saftiges Lamm berühmt, das langsam unter der Erde gegart und mit Reis serviert wird. **$$**

Al Hajarain
In diesem Restaurant im Hatta Heritage Village gibt's für jeden etwas, von Quesadillas über Pizza bis zu Kebabs. **$$**

Janam Restaurant
Nahöstliche, türkische und indische Gerichte wie Kebab und Biryani serviert dieses traditionelle Restaurant. **$$**

EINE ENKLAVE INNERHALB DER ENKLAVE

Madha ist eine omanische Enklave in den VAE mit niedrigen Häusern, schmalen Straßen und Farmen. Das modernisierte Dorf **Nahwa,** eine Enklave des Emirats Sharjah, liegt innerhalb Madhas und ist Teil der VAE. Ein Blick auf die Karte erklärt, warum Madha auch der „omanische Donut" genannt wird. Diese Enklave in der Enklave datiert aus den 1930er-Jahren, als diese Region Vertragsoman war. Damals sollten die Dorfbewohner Madhas einen der vier dominanten Clans wählen. Sie entschieden sich, dem Sultan von Oman Treue zu schwören in der Hoffnung, dass dessen militärische Macht ihre Frischwasserquellen schützen würde, die in der Zeit vor den Ölfunden sehr kostbar waren. Nahwa dagegen entschied sich für die Zugehörigkeit zu den Quasimis, den heutigen Herrschern der Emirate Sharjah und Ras Al Khaimah.

Besuch des Hatta Honeybee Garden

Summende Geschäftigkeit

Im **Hatta Honeybee Garden and Discovery Center**, der ersten Bienenköniginnenaufzucht der VAE mit fast 300 Bienenstöcken, schlüpft man in Imkerschutzanzüge und wohnt einem immersiven Imker-Meisterkurs bei. Man erfährt viel über die Bedeutung der Bienen fürs Ökosystem und beobachtet sie im schönen, 16 000 m^2 großen Bienengarten mit indigenen, Nektar produzierenden Ghaf- und Sidr-Bäumen bei der Arbeit. Danach kann man frische Honigsorten, gewürzte Honigmischungen, nahrhafte Honigwaben und Propolis verkosten.

Malerische Aussicht am Al Rafisah Dam

Natur und Geschichte am Wadi Shie

Zum **Al Rafisah Dam** sind es von Dubai 90 Fahrminuten in Richtung Khor Fakkan; am besten mietet man ein Auto. Der Damm aus den 1980er-Jahren befindet sich im Emirat Sharjah und wurde zum Freizeitareal ausgebaut. Von der Terrasse bietet sich ein traumhafter Blick aufs türkisblaue Wasser vor der Kulisse des Hajar-Gebirges.

Bei **Al Khor Kayak** kann man Kajaks, Tretboote und Donut-Boote leihen. Außerdem gibt's ein Restaurant (zur Zeit der Recherche wurde es renoviert) und schattige Picknickplätze. Der künstliche Wasserfall und der Kinderspielplatz locken viele Familien mit Kindern.

Ein 1 km langer Wanderweg, ausgeschildert als The Walk, führt über die Brücke des Damms und am Rand des Berges entlang bis zum **Najd Al Maqsar Heritage Village**, einer archäologischen Stätte im Wadi Shie, wo prähistorische Felsbilder darauf hindeuten, dass diese Gegend schon 2000 v. Chr. besiedelt war. Restaurierte einhundertjährige Häuser aus Lehm, Stein und Palmwedeln umringen eine 300 Jahre alte Festung. Der Wachturm auf einem Hügel bietet Aussicht auf die Stadt Khor Fakkan. Das Dorf soll in der nahen Zukunft ein Heritage-Hotel werden.

Wer eine größere Herausforderung sucht, wandert auf dem **Al Rafisah Hiking Trail** hinter der Brücke den steilen Berg hinauf und genießt oben auf dem Gipfel die fantastische Aussicht. Für eine dreistündige Wanderung geht man noch weiter bis zum **Al Suhub Rest Area,** das für seine Panoramaaussicht auf Khor Fakkan berühmt ist.

Neben dem Besucherzentrum am Al Rafisah Dam befinden sich eine Moschee, ein Eisladen und ein Supermarkt, außerdem gibt's ganzjährig geöffnete Toiletten und Parkplätze. Für Restaurants, Kajakverleih und Geschäfte gelten von Mai bis Oktober verkürzte Öffnungszeiten.

ÜBERNACHTEN IN HATTA

JA Hatta Fort Hotel Zimmer und Villen mit großartigem Bergblick. Es gibt Pool, Bogenschießen, Padeltennis, Minigolf, Spa und mehr. **$$$**

Damani Lodges Resort Gemütliche klimatisierte Berglodges mit WLAN, Fernseher, Privatterrasse und Blick auf den Hatta Wadi Hub. **$$**

Hatta Terrace Villen mit drei Schlafzimmern, beheiztem Pool, Küche und Grillbereich. Beste Aussicht von der Poolterrasse. **$$$**

Al Rabi Tower

Küstencharme in Khor Fakkan

Das Tor zur Ostküste

Nach 90 Fahrminuten auf der S142 Khor Fakkan Road von Dubai ist **Khor Fakkan** eine großartige Einführung in die Ostküste der VAE. Das Hajar-Gebirge erhebt sich majestätisch über Dattelplantagen und am Golf von Oman erstrecken sich breite Sandstrände. Die entspannte Atmosphäre in der größten Stadt an der Fudschaira-Küste, eine Enklave des Emirats Sharjah, zieht viele Wochenendgäste an.

Vom **Al Rabi Tower** auf einem Hügel über der Stadt bietet sich eine spektakuläre Aussicht auf Khor Fakkan. Der 1915 erbaute Turm war einer der ersten in dieser Gegend und diente zum Schutz vor Eindringlingen. Hier beginnt und endet der leichte, gut markierte **Al Rabi Tower Trail,** der auf den 395 m hohen Gipfel mit noch schönerer Aussicht führt.

Beim Bummel durch den **Old Souq**, der wie ein traditioneller Marktplatz gebaut ist, sieht man Läden mit Gewürzen, eingelegtem Gemüse, Kaffee, Datteln und Kunsthandwerk sowie einige Cafés. In einem restaurierten Haus widmet sich das Museum **Hisn Khor Fakkan** dem früheren Dorfleben und seiner Geschichte. Khor Fakkan war ein bedeutender Handelshafen und wurde im 16. Jh. von portugiesischen und anderen Regionalmächten besetzt.

UNTER DER WASSEROBERFLÄCHE

Am Khor Fakkan Beach (S. 190) werben Anbieter für eine zehnminütige Bootsfahrt zur nahen **Shark Island**, wo flaches Wasser, Korallengärten und vielfältiges Meeresleben ideale Bedingungen zum Schnorcheln und Tauchen bieten. Die Insel ist zwar nach den Schwarzspitzen-Riffhaien benannt, die von November bis April östlich davon zu finden sind, doch die Sichtung von Muränen, Rochen, Barrakudas, Makrelen, Schildkröten, Arabischen Kaiserfischen und Zylinderrosen ist wahrscheinlicher.

Die Preise variieren saisonal, liegen für die Hin- und Rückfahrt zwischen 100 und 300 Dh und sind höher, wenn das Boot für mehrere Stunden gechartert wird. Bei der Hafenbehörde muss der Pass vorgelegt werden. **Freestyle Divers** und **Nemo Diving Center** bieten geführte Tauchgänge in der Gegend an.

ESSEN IN KHOR FAKKAN

Husn Khorfakkan Restaurant
Gläser mit Mixed Pickles und Gewürzen an den Wänden und jede Ecke erzeugt Nostalgie. Einen *namlet* probieren! **$$**

The View by Wave
Grandiose Aussicht auf Khor Fakkan und alle Speisen von Türkischen Eiern bis zu Hühnersandwiches. **$$**

Ahl Al Daar Pastry Bakery
Bäckerei und Café im Old Souk mit knusprigem *raqaq* (traditionelles Brot) und *karak*-Tee. Gutes lokales Frühstück. **$**

ÜBERNACHTEN IM SIX SENSES ZIGHY BAY

Das **Six Senses Zighy Bay**, 40 Fahrminuten von Dibba Al Fujairah gelegen, wirkt auf der Halbinsel Musandam wie ein omanisches Dorf. Die Steinvillen des Resorts mit Privatpool stehen an der türkisblauen Zighy Bay. Man kann viel unternehmen, von Paragliding bis Tauchen, doch der Sandstrand, der Salzwasserpool und das Spa des Resorts sind gute Gründe, um zu relaxen. Kulinarische Highlights sind ein Essen am Strand mit omanischem *shuwa* (langsam unter der Erde gekochtes Lamm) und Seafood.

Das Engagement des Resorts für Nachhaltigkeit ist herausragend und zeigt sich in jedem einzelnen Aspekt. Eine Nachhaltigkeitstour informiert die Gäste über das Abfall- und Wassermanagement, das Recycling, die Energiesparmaßnahmen, die Biolandwirtschaft und die Beiträge zum Community Development.

HABIBULLAH QURESHI/SHUTTERSTOCK ©

Resistance Monument

Im **Resistance Monument** am Khor Fakkan Square, das mit markantem geometrischem Design und goldener Kuppel nicht zu übersehen ist, veranschaulicht ein Museum mittels Augmented Reality den städtischen Widerstand gegen die portugiesische Invasion im Jahr 1507. Mehr zum Thema erfährt man beim Besuch des **Portuguese Fort** von 1620.

Am 3 km langen **Khor Fakkan Beach** gibt's eine Laufbahn zum Joggen, Sport- und Spielplätze, Toiletten und Umkleidekabinen. Bei **Al Marjan Marine Amusements** kann man Parasailing, Jetski und Bootsfahrten buchen.

Vom Busbahnhof Union Square im Dubaier Bezirk Deira fahren Busse der Linie E700 in die Innenstadt von Fujairah (25 Dh, 2½ Std.).

ESSEN IN DIBBA AL FUJAIRAH

Murheb Mandi
Das schlichte Restaurant serviert köstliche Kebabs, Speisen vom Grill und *mandi*, ein Fleisch- und Reisgericht. $

Al Hamoor Indian
Gegrilltes Seafood, *mandi*, Kebabs, Biryani und südindische Fischcurrys stehen auf der Karte dieses beliebten Restaurants. $

Rumailah Farms Coffee Shop
Hier kann man sich mit einem Milkshake, einem Eiskaffee oder Eis neben Dattelpudding und Milchkuchen erfrischen. $

Die älteste Mosche der VAE

Historische Architektur in Fujairah

Die älteste Moschee der VAE, die noch für tägliche Gebete genutzt wird, ist die 1446 erbaute **Al Bidya Mosque** in Fujairah, 15 Fahrminuten von Khor Fakkan entlang der Küste. Ihr rechteckiger Grundriss und die markante Architektur sind bemerkenswert. Auf vier ungleichen Kuppeln sitzen mehrere kleinere Kuppeln und alles wird von einer zentralen Säule gestützt. In den Lehm- und Steinwänden befinden sich die *mihrab* und eine *minbar*. Nichtmuslime dürfen eintreten, wenn die Kleidung Arme und Fußknöchel bedeckt und Frauen ein Kopftuch tragen. Von den Wachtürmen hinter der Moschee bietet sich ein schöner Blick auf Farmen und Berge.

Hochgebirgsabenteuer am Jebel Jais

Der höchste Berg der VAE

Zwei Fahrstunden von Dubai entfernt erhebt sich im Hajar-Gebirge im Emirat Ras Al Khaimah der 1934 m hohe **Jebel Jais**, der höchste Berg der VAE. Auf der 30 km langen Jais Street zum 1250 m hohen **Jais Viewing Deck Park** ergeben sich imposante Panoramablicke auf das felsige Wüstengebirge, Klippen, Haarnadelkurven, verlassene Dörfer und trockene Wadis. Die schönen Aussichtsterrassen sind mit Teleskopen ausgestattet, außerdem gibt's zwei Cafés, Toiletten und einen Spielplatz.

Für einen noch spektakuläreren Aussichtspunkt folgt man dem markierten Trail von hier zum 1415 m hohen **Viewing Deck Park Summit,** auf dem eine große Fahne der VAE weht. Der steile Aufstieg über Geröll und Felsstufen dauert nur 30 Minuten, ist aber eine ziemliche Kraxelei und sollte nur mit Wanderschuhen unternommen werden. Die Wanderung führt noch weiter zum **South Summit** auf 1640 m. Die örtliche Agentur **Adventurati Outdoor** bietet geführte Wanderungen am Jebel Jais an.

Wer dieses Panorama lieber aus der Vogelperspektive erleben möchte, geht zum **Jais Adventure Center,** um mit dem Jais Flight, der mit 2,83 km längsten Zipline der Welt, von 1680 m Höhe mit Geschwindigkeiten zwischen 120 und 160 km/h wie ein Superheld das Tal zu überqueren. Wem auch das noch zu einfach ist, auf den wartet die zweistündige Jais Sky Tour, eine Reihe von sechs Ziplines mit insgesamt 5 km Länge und neun Plattformen, darunter eine furchterregende „Sky Bridge".

Genauso aufregend, aber deutlich kürzer ist die Jais **Sledder,** die längste Schienenrodelbahn der VAE. Die Schlitten sausen mit 40 km/h bergauf, bergab, durch wilde Kurven und legen die 1,84 km in acht Minuten zurück – zum Glück kann man selbst bremsen.

BEAR GRYLLS SURVIVAL ACADEMY

Neben Hochseilgarten, Klettern und geführten Wanderungen bietet die nahe **Bear Grylls Survival Academy** vierstündige und 24-stündige Survival-Kurse am Jebel Jais an. Dort lernt man Überlebenstechniken wie Feuermachen, das Bauen einer Notunterkunft und die Navigation auf schwierigem Terrain. Wer übernachten möchte, bucht eine Hütte im **Explorer Camp** (Klimaanlage, eigene Toilette und Dusche, kein WLAN).

ESSEN IN JEBEL JAIS

1484 by Puro
Auf der Karte des höchstgelegenen Restaurants der VAE stehen Salate, Burger, Pizzas und Hauptgerichte wie Lachs-*teryaki.* $$

Puro Express
Snacks wie Pizza, Burger und Waffeln und erfrischende Slushs gibt's auf der Terrasse des Jais Viewing Deck Park. $$

The Muse Cafe
Café im Jais Viewing Deck Park bietet ordentliche heiße und geeiste Kaffees, Kuchen und Nutella-Crêpes. $$

URBANMYTH/ALAMY STOCK PHOTO ©

Sharjah Calligraphy Museum

Kajakfahren im Al Zorah Nature Reserve

Idyllischer Mangrovenwald

Im **Al Zorah Nature Reserve**, 50 Fahrminuten von Dubai und am einfachsten mit Taxi oder Mietwagen zu erreichen, stehen in einem Priel rosa Flamingos anmutig auf einem Bein und die einzigen Geräusche sind Vogelgezwitscher und das Plätschern von Paddeln im Wasser. Das Naturschutzgebiet im Emirat Ajman im Norden der Stadt umfasst 1 Mio. m^2 natürlichen Mangrovenwald mit einer erstaunlichen Vogel- und Meereswelt und lässt die Großstadt ringsum fast verschwinden. Wer Flamingos, Kormorane und Reiher aus der Nähe erleben will, bucht bei **Quest for Adventure** eine geführte Kajak- oder Elektrokanutour. Die einzige Agentur im Schutzgebiet leistet beträchtliche Beiträge zum Schutz der Mangroven und organisiert Strand- und Meeresreinigungsaktionen in der Region.

Da der Mangrovenwald ein Schutzgebiet ist, darf man ihn nur mit einem Guide besuchen. Geführte Kajaktouren dauern etwa zwei Stunden. Flamingos sieht man am besten bei Hochflut. Bei Sonnenuntergangstouren kann man vom Kanu orange-rote Himmel über den Mangroven erleben.

Vom Busbahnhof Union Square in Dubai fahren Busse der Linie E400 zum Busbahnhof Al Musallah in Ajman (12 Dh, 50 Min.).

ESSEN IN AJMAN

The Grove
Das helle, moderne Restaurant serviert Gerichte aus verschiedenen Ländern, von köstlichen Kebabs, jordanischem *mansaf*, *machboos* aus den Emiraten und Biryani bis zu Pasta und indischem *butter chicken*, doch das Highlight ist der Mangrovenblick von der Terrasse. **$$**

Shakespeare and Co.
Schönes Café für ein Frühstück mit Blick auf die Mangroven. Die Sandwiches, Salate und Wraps eignen sich im Sommer auch bestens als leichtes Mittagessen. **$$**

Sandwich Khas
Nicht vom Namen dieses unauffälligen Restaurants täuschen lassen: Es serviert in Ajman kaum übertroffene Shrimps-Burger, Seafood-Sandwiches und Fisch in Salzkruste. **$**

ÜBERNACHTEN IN AJMAN

Oberoi Beach Resort, Al Zorah Großzügige Zimmer und Suiten mit Terrassen und Gärten, Pool-Villen, ein Weltklasse-Spa und Restaurants. **$$$**

Zoya Health & Wellbeing Resort Die Programme umfassen Ernährung, Yoga, Entgiftung, Meditation, Physiotherapie und Schönheitsmedizin. **$$**

Radisson Blu Hotel, Ajman Zimmer mit allen Annehmlichkeiten, sechs Restaurants und glamouröse Jazzlounge im Stil der 1920er-Jahre. **$$**

Erkundung des historischen Sharjah

Eine Kulturhochburg

Sharjah, 30 km von Dubai entfernt, wirkt eher unauffällig, doch beim Erkunden der Stadt und der vielen Museen, Moscheen, Souks und Kulturstätten wird deutlich, dass ihre Identität tief in ihrer Geschichte und Kultur verwurzelt ist. Sie wurde 1998 von der UNESCO zur „Kulturhauptstadt der Arabischen Welt" ernannt und 2014 von der ICESCO als „Hauptstadt der Islamischen Kultur".

In den ruhigen Gassen des historischen Viertels **Heart of Sharjah** stehen restaurierte Bauten aus Korallengestein, meist frühere Residenzen des Emirats, die heute Kultureinrichtungen, Cafés und Boutique-Hotels beherbergen. In der restaurierten Festung **Al Hisn** von 1823 (auch Sharjah Fort), einst Regierungssitz und Residenz der Herrscherfamilie Al Quasimi, erzählt eine Ausstellung die Geschichte der Anfänge vor fast 200 Jahren und die Regierungsgeschichte des Emirats. Im **Sharjah Heritage Museum** bieten Werkzeuge, Kunsthandwerk, Kleidung, Schmuck und Fotos in thematisch gegliederten Sälen Eindrücke vom traditionellen Leben und der Gesellschaft.

Im nahen **Bait Al Naboodah**, dem früheren traditionellen Haus eines Perlenhändlers aus dem 19. Jh., kann man für vornehme Häuser typische Designs und einfallsreiche Architekturelemente bewundern. Das günstige „Heritage Joint Ticket" (20 Dh) beinhaltet den Eintritt in die beiden genannten Museen und die Festung sowie ins **Al Eslah School Museum,** Sharjahs älteste Schule und heute ein Museum (zur Zeit der Recherche wegen Restaurierung geschlossen), und ins **Sharjah Calligraphy Museum** mit erstaunlicher kalligrafischer Kunst auf Leinwand, Papier, Keramik und Holz.

Von hier führen zehn Gehminuten am Uferpark Al Majarrah entlang zum **Sharjah Museum of Islamic Civilization** in einem stattlichen Gebäude mit goldenen Kuppeln, wo eine riesige Sammlung mit über 5000 Exponaten die Beiträge der islamischen Kultur und muslimischer Gelehrter zu verschiedenen Disziplinen wie Religion, Wissenschaft, Technik, Kunst und Astronomie illustriert.

Das **Sharjah Art Museum** im Zentrum Sharjahs zeigt Sonderausstellungen mit Werken arabischer Kunstschaffender aus aller Welt sowie eine ständige Ausstellung mit Gemälden und Skulpturen etablierter Künstler wie Abdulqader Al Rais, Louay Kayali und Bashir Sinwa.

Ab Dubai fahren Busse der Linie E306 vom Busbahnhof Al Ghubaiba sowie Busse der Linie E303 vom Busbahnhof Union Square in Deira zum Busbahnhof Al Jubail in Sharjah (jeweils 10 Dh, 45 Min.).

ZEITGENÖSSISCHE KULTURSZENE

Sharjah fördert eine aufregende zeitgenössische Kunst- und Kulturszene und der Veranstaltungskalender ist mit interessanten Festivals und Events vollgepackt. Am interessantesten ist die **Sharjah Biennial** (Februar bis Juni) mit Ausstellungen, Künstlergesprächen, Filmaufführungen, Performances und mehr in Veranstaltungsorten in ganz Sharjah. Ein weiteres Highlight ist das zehntägige **Sharjah Light Festival** (Februar), wenn Licht- und Soundprojektionen und -installationen mit Spitzentechnologie die architektonischen Juwelen der Stadt in eine Leinwand für kreative Erzählkunst verwandeln.

ESSEN IN SHARJAH

Arabian Tea House Das traditionelle Restaurant serviert Hausmannskost, wie eine fantastische Frühstücksplatte im Stil der Emirate. **$$**

Restaurant at the Chedi Al Bait Aromatischer *sayadieh* (gewürzter Reis) mit Wolfsbarsch, gebackene Aubergine und Butterhühnchen. **$$$**

Kabab Bombay Cafeteria Köstliche *chicken malai boti* und Chicken Tikka im Stil malaysischen Streetfoods in schlichtem Ambiente. **$**

PRAKTISCHES

Die wichtigsten Informationen für die perfekte Reise nach Dubai & Abu Dhabi im Überblick. Nützliche Tipps, Tricks und Hintergründe zur Orientierung und Vorbereitung.

Conrad Abu Dhabi Etihad Towers (S. 145)

Ankunft

Die internationalen Flughäfen von Dubai und Abu Dhabi sind nach wie vor die wichtigsten Einreisepunkte in die VAE; zusätzlich gibt es täglich begrenzte Flüge von Sharjah, Fujairah und Ras Al Khaimah. Darüber hinaus kommen jeden Tag viele Besucher über die zahlreichen Grenzübergänge an den Landgrenzen zum Sultanat Oman und zu Saudi-Arabien. Auch wichtige Kreuzfahrtrouten führen durch Dubai und Abu Dhabi.

Visa

Ein 30-Tage-Visum bei der Ankunft ist für manche Nationalitäten kostenlos; vor der Reise überprüfen! Ein E-Visum kann für 300 Dh unter gdrfad.gov.ae, über Fluggesellschaften und Reisebüros beantragt werden.

SIM-Karten

Etisalat und du sind die wichtigsten Internetanbieter. Du bietet am Flughafen Dubai kostenlose SIM-Karten für Touristen an. Die Datenpakete reichen von 49 Dh für 2 GB bis 189 Dh für 20 GB Datenvolumen und 28 Tage.

Einreise

Die VAE teilen sich mehrere Grenzübergänge mit Saudi-Arabien und dem Sultanat Oman. Jeder Reisende, der die VAE verlässt, muss eine Ausreisegebühr von 35 Dh entrichten.

WLAN

Kostenloses WLAN ist an allen Flughäfen und in allen öffentlichen Verkehrsmitteln in den VAE verfügbar. WLAN-Hotspots sind in Restaurants, Cafés und Einkaufszentren im ganzen Land leicht zu finden.

Vom Flughafen in die Stadt

	Dubai	Abu Dhabi
U-BAHN	20-40 Min. **5 Dh**	–
BUS	40-77 Min. **5 Dh**	45-70 Min. **4 Dh**
TAXI	15-30 Min. **45 Dh**	24-45 Min. **130 Dh**

REISEN ZWISCHEN DUBAI & ABU DHABI

Zwei täglich verkehrende Intercity-Shuttle-Linien (E100 und E101) machen das Reisen zwischen Dubai und Abu Dhabi für nur 25 Dh relativ einfach. Die Busse von Abu Dhabi starten am Busbahnhof im Stadtzentrum und brauchen etwa zwei Stunden bis zum Busbahnhof Ibn Battuta in Dubai oder zum Busbahnhof Al Ghubaiba.

Außerdem gibt es rund um die Uhr einen Express-Shuttle vom internationalen Flughafen Abu Dhabi zum Ibn-Battuta-Busbahnhof in Dubai. Eine einfache Fahrkarte kostet 30 Dh und kann online oder am Flughafen gebucht werden. Bei Flügen mit Etihad oder Emirates gibt es auch kostenlose Shuttles von und nach Dubai.

OBEN: FUSE/GETTY IMAGES ©

Unterwegs vor Ort

Die top Sehenswürdigkeiten von Dubai und Abu Dhabi sind jeweils nah beieinander. In Dubai sind sie mit Taxis, Bussen, Straßen- und U-Bahn erreichbar. In Abu Dhabi bieten Fähren und Abras reizvolle Touren.

REISEKOSTEN

Nol Red Ticket (Tageskarte)
20 Dh

Überlandbus
25 Dh einfach

Taxi
Ab 12 Dh

UNBEDINGT BEACHTEN/ VORSCHRIFTEN

Apps zur Reiseplanung Darbi für das Bussystem von Abu Dhabi und S'Hail für die öffentlichen Verkehrsmittel in Dubai sind unverzichtbare Apps; mit S'Hail kann man die Nol-Karte aufladen, Taxis buchen und Fahrpläne der Überlandbusse einsehen.

Ein Auto im Voraus mieten Die Flughafenzuschläge kann man umgehen, indem man den Mietwagen im Voraus bucht. Eine Versicherung ist obligatorisch; Vollkasko empfiehlt sich, da kleinere Zwischenfälle häufig sind. Manche Nationalitäten benötigen zur Reservierung einen gültigen internationalen Führerschein – ggf. im Voraus besorgen.

Tickets und Tageskarten Will man die Metro in Dubai nur für eine Handvoll Fahrten nutzen, reicht ein Nol Red Ticket. Es kostet 2 Dh und kann zehnmal wieder aufgeladen werden. Wenn man ein paar Tage zu Besuch ist, ist die Nol Silver Card günstiger. Sie gilt auch für Busse und Straßenbahnen und kostet 25 Dh (19 Dh Guthaben); die Fahrpreise beginnen bei 3 Dh für eine Zone. In Abu Dhabi ermöglicht die Hafilat-Chipkarte (5 Dh nur für die Karte) den Zugang zum Überlandbussystem der Stadt. Eine Wochenkarte bietet unbegrenzte Fahrten innerhalb der Stadt und kostet 30 Dh.

Pinke Taxis Ausschließlich für Frauen, mit Fahrerinnen. Buchbar unter 80088088 (Dubai) oder 600535353 (Abu Dhabi).

MIETWAGEN

Autofahren in den VAE ist nichts für schwache Nerven. Dennoch sind Mietwagen eine preiswerte Option für Ausflüge raus aus der Stadt. Hierfür muss man mindestens 21 Jahre alt sein, einen gültigen Führerschein und eine Kreditkarte besitzen; einige Nationalitäten benötigen einen internationalen Führerschein.

UNBEDINGT BEACHTEN

Rechts fahren

Anschnallpflicht für alle Passagiere.

Eine rote Ampel zu überfahren, kann bis zu 50 000 Dh kosten und das Fahrzeug kann beschlagnahmt werden.

Aggressive Gesten oder Beschimpfungen anderer Fahrer können zu Haftstrafen oder einer möglichen Ausweisung führen.

Öffentlicher Nahverkehr

Das Netz mit Straßen- und U-Bahn, Wassertaxi, Fähre und Abra der Roads & Transport Authority (RTA) ist gut und günstig – für Dubai gibt es Tickets ab 2 Dh. Karten, Fahrpläne und Tarife stehen in der RTA-App S'Hail und unter www.rta.ae bereit.

Tickets & Tageskarten

Für Dubai gibt es die wiederaufladbare Nol-Karte (nol.ae) – beim Ein- und Aussteigen vorzeigen! In Abu Dhabi gibt es für Busse die wiederaufladbare Hafilat-Karte (hafilat.darb.ae). Kaufen und wiederaufladen am Flughafen und am zentralen Busbahnhof.

Fahrdienst-Apps

Fahrdienst-Apps wie Uber (uber.com), Careem (careem.com) und XXRide (xxride.com) sind hier aktiv. Taxis sind zwar oft billiger, aber Mitfahr-Apps bieten mehr Komfort, eine größere Auswahl an Fahrzeugen und eine vorgegebene Route zum Zielort.

Geld

WÄHRUNG: **DIRHAM DER VEREINIGTEN ARABISCHEN EMIRATE (DH)**

Kreditkarten

Visa und Mastercard werden überall in den VAE akzeptiert, auch in Taxis; viele Einzelhändler und Restaurants akzeptieren American Express nicht.

Digital bezahlen

Digitale Bezahlmethoden wie Apple Pay und Google Wallet auf Telefonen und Smartwatches sind beliebt in den VAE, die meisten Orte verfügen über Tap-and-Pay-Systeme.

Steuern & Erstattungen

Seit Januar 2018 wird auf fast alle Waren und Dienstleistungen in den VAE eine Mehrwertsteuer von 5% erhoben. Touristen können die Mehrwertsteuer bei registrierten Geschäften zurückfordern – bewahre eine Kopie aller Rechnungen für Einkäufe über 250 Dh auf. Erstattungen werden bei der Abreise am Flug-, See- oder Landhafen bearbeitet.

Trinkgeld

Hotels Gepäckträger 5–10 Dh, Zimmerreiniger 5–10 Dh/Tag

Restaurants 10–15% der Rechnung. Bargeld wird bevorzugt, damit es direkt an die Kellner geht.

Taxis 5–10 Dh, oder man lässt sie das Wechselgeld behalten

Tourguides 10–15%

WIE VIEL KOSTET…

Rabattkarte für Attraktionen
Ab 229 Dh (Dubai) oder 99 Dh (Abu Dhabi)

Busse von Abu Dhabi nach Dubai
25 Dh mit aufgeladener Nol-Karte

Museumseintritt
25–149 Dh

WIE… Ein paar Dirham sparen

Für preisbewusste Reisende ist die beste Zeit für einen Besuch der VAE die Nebensaison, etwa von April bis September. Das bedeutet reduzierte Flugpreise, günstige Hotelangebote und viele Schlussverkäufe, darunter Dubais zweitgrößtes Shopping-Festival, Dubai Summer Surprises, das von Juni bis September stattfindet. Zwar ist es draußen ziemlich heiß, doch die meisten Attraktionen der VAE befinden sich drinnen.

LOCAL TIPP

Lade dir vor deinem Besuch Apps wie Entertainer, Groupon und Cobone herunter. Sie bieten zahlreiche preisgünstige Angebote für beliebte touristische Aktivitäten, Hotels, Restaurants, Spas sowie Gesundheit und Fitness in den VAE.

DIE HOHEN LEBENSKOSTEN

Die Entdeckung des Erdöls in den 1960er-Jahren veränderte die wirtschaftliche Entwicklung der VAE für immer. Dank der Reinvestition des durch die Ölindustrie erwirtschafteten Reichtums sind Dubai und Abu Dhabi heute blühende Zentren des internationalen Tourismus, der Finanzen, der Technologie, des Handels und des Verkehrs. Die Preise spiegeln diesen Wohlstand wider, von Luxushotels und Sternerestaurants bis hin zu Einkaufszentren der Spitzenklasse. Die hohen Kosten für die Unternehmenstätigkeit, einschließlich der Gehälter für Expats, tragen ebenfalls zum Ruf der VAE als teures Reiseziel bei.

Kurz & knapp

ÖFFNUNGSZEITEN

Die Öffnungszeiten variieren je nach Saison und Feiertagen.

Banken Mo–Do 8–15, Fr 7.30–12.30 Uhr

Behörden Mo–Do 7.30–15.30, Fr 7.30–12 Uhr

Einkaufszentren Mo–Do 10–23, Fr–So 10–24 Uhr

Bars 7–1 Uhr

Restaurants 12–15 & 18–24 Uhr

Rauchen

In Dubai und Abu Dhabi ist das Rauchen in allen öffentlichen Bereichen verboten, außer in Bars und Nachtclubs. In Einkaufszentren und Hotels gibt es häufig ausgewiesene Raucherbereiche.

Maße & Gewichte

In den VAE wird das metrische System verwendet. Liter ist die offizielle Maßeinheit für Kraftstoff.

GUT ZU WISSEN

Zeitzone
GMT/UTC+2

Ländervorwahl
971

Notruf
999

Bevölkerung
9,28 Mio.

FEIERTAGE & FERIEN

In den VAE gibt es sieben gesetzliche Feiertage. Die Daten der islamischen Feiertage sind von den Mondphasen abhängig.

Neujahr
1. Januar

Eid Al Fitr

Eid Al Adha

Islamisches Neues Jahr

Prophet Mohammeds Geburtstag

Gedenktag
30. November

Nationalfeiertag
2. Dezember

Strom 220V/50Hz

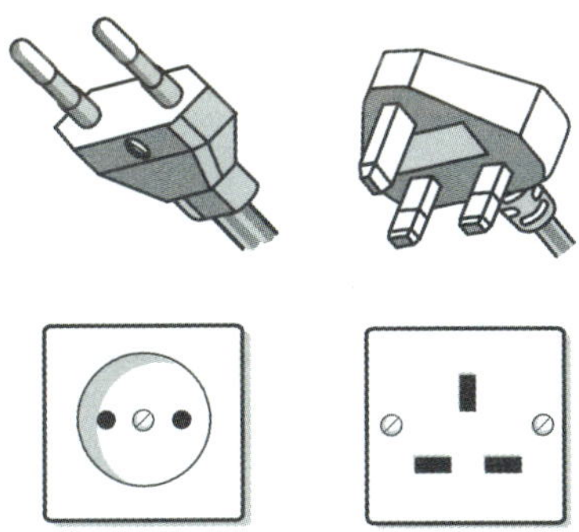

Type C
220V/50Hz

Type G
230V/50Hz

LINKS OBEN: ARAVIND TEKI/SHUTTERSTOCK ©; LINKS UNTEN: MDXB/SHUTTERSTOCK ©; RECHTS: QVIST/SHUTTERSTOCK ©

Übernachten

Von 24-Karat-Gold-Spa-Angeboten und Michelin-Sterne-Restaurants bis hin zu Butler-Service rund um die Uhr und Unterwasser-Suiten – es lässt sich nicht leugnen, dass die VAE den Standard für gehobene Hotellerie setzen. Neben Luxusunterkünften gibt es in Dubai und Abu Dhabi aber auch Optionen für jeden Geldbeutel, darunter Hotelapartments, historische B&Bs und sogar Hostels. Mit über 120000 Hotelzimmern allein in Dubai findet man in den VAE immer ein Dach über dem Kopf – man sollte nur rechtzeitig buchen, um das beste Angebot zu bekommen.

WIE VIEL KOSTET EINE NACHT...

Historisches Hotel
440 Dh

Schlafsaal im Hostel
55 Dh

Hotel-Apartment
Ab 250 Dh

Strand-Resorts

An der Küste der Vereinigten Arabischen Emirate reihen sich zahlreiche Strandresorts aneinander, von Ultra-Luxus-Anlagen wie dem Atlantis The Royal in Dubai bis hin zu Mittelklasseoptionen wie dem Sheraton Hotel & Resort in Abu Dhabi. Diese Anlagen haben oft einen privaten Strandzugang, Wellnessangebote zur Verjüngung und zahlreiche Ess- und Trinkmöglichkeiten; viele bieten auch Wassersportarten wie Paddleboarding, Jetski und Segeln an.

Boutique-Hotels & Historische Hotels

Reisende, die bei ihrem Besuch in den Vereinigten Arabischen Emiraten intensive kulturelle Erlebnisse suchen, finden dies und mehr in den charmanten historischen Hotels in Dubai. Diese in Deira und Bur Dubai gelegenen Boutique-Hotels (oft auch B&Bs) bieten eine einzigartige Mischung aus arabischer Gastfreundschaft und modernen Annehmlichkeiten und spiegeln lokale Architektur, Design und Bräuche wider.

Hotelapartments

Für längere Aufenthalte bieten sich Hotelapartments an – auch für Familien oder große Gruppen. Die Größe reicht von Studios bis hin zu Apartments mit drei Schlafzimmern. Sie bieten meistens Küchen und Housekeeping sowie Zugang zu Fitnessstudios und Pools.

Appartement-Vermietungen

Kurzzeit-Apartments sind eine tolle Möglichkeit, die Gegend kennenzulernen und auch für Gruppen eine preisgünstige Option. Vor der Buchung sollte man sich über die Mindestaufenthaltsdauer und die verfügbaren Einrichtungen informieren – viele bieten Parkplätze und Zugang zu Pools und Fitnessstudios. In der Regel wird eine Reinigungsgebühr erhoben.

Hostels

In einem Land, das für luxuriöse Unterkünfte bekannt ist, sind Hostels eher unüblich. Dennoch gibt es immer mehr für Besucher mit schmalem Geldbeutel – meistens mit Gemeinschaftszimmern (manchmal nach Geschlechtern getrennt), WLAN, Schließfächern, Gemeinschaftsbädern und Gemeinschaftsräumen.

ZIMMERPREISE

Die Preise in Dubai und Abu Dhabi sind je nach Hotelkategorie und Jahreszeit sehr unterschiedlich. In der Regel erreichen die Preise zwischen November und März aufgrund des Wetters oder während beliebter Feiertage wie Eid ihren Höhepunkt. Im Sommer bieten die Hotels oft verlockende Vergünstigungen an, wie z.B. freien Eintritt zu den wichtigsten Sehenswürdigkeiten der Stadt oder kostenloses Essen für Kinder. Die besten Unterkünfte sind schnell ausgebucht, also sollte man rechtzeitig reservieren. Meist kann man online buchen, oft mit Bestpreisgarantie.

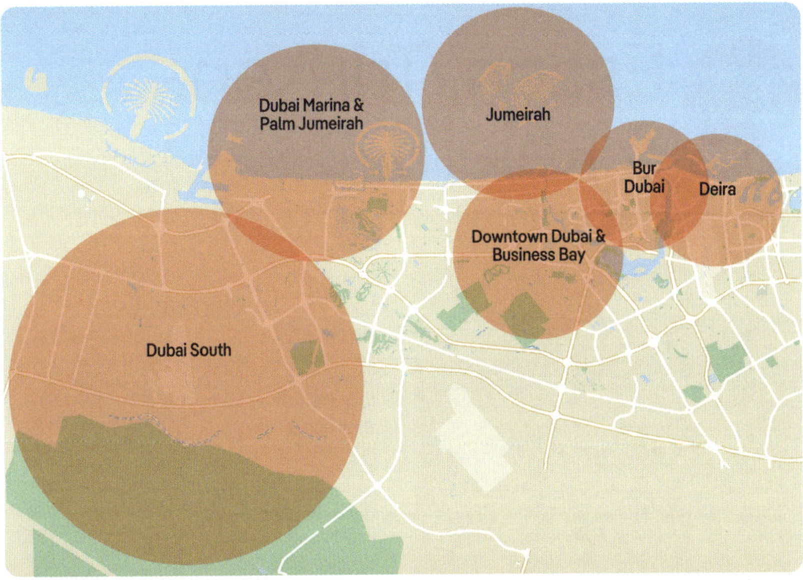

STADTVIERTEL	ATMOSPHÄRE
Deira	In der Nähe des Creeks mit außergewöhnlichem Blick aufs Wasser. Einfacher Zugang zur U-Bahn, Parken in den Stoßzeiten schwierig; günstige Unterkünfte können auch Bordelle sein.
Bur Dubai	In der Nähe des Creek stehen mehrere Heritage-Hotels und Boutique-Hotels zur Auswahl; erschwingliche Hotelapartments befinden sich hinter der BurJuman Mall.
Downtown Dubai & Business Bay	Hier befinden sich einige der wichtigsten Attraktionen Dubais sowie erstklassige Hotels, feine Restaurants und ein spannendes Nachtleben.
Jumeirah	Das Viertel für Strandfeeling. Hotelapartments gibt's in der Nähe der Mall of the Emirates. Von den meisten Hotels muss man per Taxi zur nächsten U-Bahn-Station fahren.
Dubai Marina & Palm Jumeirah	Luxushotels mit privatem Strandzugang überwiegen in den Vierteln Marina und Palm Jumeirah. Die Palm-Resorts sind abgelegen und preiswerte Optionen rar gesät.
Dubai South	Mehr Wohngebiet; außerdem eher abseits von den meisten Sehenswürdigkeiten Dubais, man muss mit dem Taxi zur U-Bahn fahren.
Downtown Abu Dhabi	Große Auswahl an Hotels für jedes Budget. Die Resorts entlang der Corniche bieten einen schönen Blick aufs Wasser.
Breakwater & Umgebung	Der Emirates Palace ist die Hauptattraktion hier. Es gibt viel zu sehen und zu tun, zum Beispiel ein Rundumblick von der Aussichtsplattfsorm der Etihad Towers.
Al Zahiyah, Al Maryah Island & Al Reem Island	Al Zahiyah, auch bekannt als Tourist Club Area, ist eines der ältesten Viertel der Stadt und ein direkter Kontrast zu den mondänen Anwesen auf den Inseln Al Maryah und Al Reem.
Al Mina & Saadiyat Island	Um einen Eindruck vom alten Abu Dhabi zu bekommen, eignet sich ein Besuch in Al Mina, wo Souks, Kunstgalerien und Dhau-Häfen warten. Saadiyat Island ist der Ort zum Sehen und Gesehen-werden; und teuer.
Yas Island & Umgebung	Familienfreundliches Viertel. Es gibt mehrere Hotels zur Auswahl; manche sind teuer. Täglich fahren Shuttlebusse über die Insel.

Essen, Trinken & Feiern

Restaurantregeln

Rauchen Achtung: Das Rauchen von Zigaretten, Zigarren und Shisha ist in vielen Restaurants, Kneipen, Bars und Lounges nur in ausgewiesenen Bereichen erlaubt.

Tischmanieren Unsoziales Verhalten, wie anzügliche Sprache und offensichtliche Trunkenheit, ist eine Straftat.

Zeiten In der Regel wird das Frühstück von 7 bis 11 Uhr serviert, Brunch und Mittagessen zwischen 12 und 16 Uhr und das Abendessen bereits ab 18.30 Uhr, vor allem in gehobenen Lokalen mit zwei Runden pro Abend.

Wo?

Mini-Cafés In der Regel findet man sie in den Altstadtvierteln; hier gibt es schnelle, schnörkellose Snacks wie Schawarma oder gefülltes Paratha-Brot.

Foodtrucks Wie Mini-Cafés, nur mit Rädern. Foodtrucks stehen bei Last Exit, Kite Beach und Khalifa City.

Restaurants ohne Schanklizenz Restaurants außerhalb von Hotels, von Strandcafés bis hin zu Restaurants in Einkaufszentren, haben in der Regel keine Schanklizenz und sind familienfreundlich.

Restaurants mit Schanklizenz Nur lizenzierte Restaurants, die sich hauptsächlich in Hotels befinden, dürfen Alkohol ausschenken. Kinder sind in der Regel ohne feste Sperrstunde willkommen.

KULINARISCHES

Fattoush Salat mit knusprigem Fladenbrot und Granatapfelmelasse

Kibbeh Gebratene rugbyballförmige Bällchen aus gewürztem Rinder- oder Lammhackfleisch und geschrotetem Bulgur

Laban Püriertes Joghurtgetränk

Labneh Dicke, cremigere Version von Laban als pikanter Dip

Moutabel Gebackene und pürierte Aubergine, gewürzt mit Knoblauch, Zitrone und Tahini

Shawarma Fleischwrap mit feinen Hühner-, Lamm-, Hammel- oder Rindfleischstücken, die in einem umgedrehten Kegel gestapelt und in einem vertikalen Rotisserie-Grill gegart, dann in Scheiben geschnitten und in Fladenbrot serviert werden

Shish tawook Kebab aus Hühnerbrustwürfeln

Sumac Scharfes Gewürz für Spieße und Salate wie Fattoush

Toum Knoblauchcreme als Dip

WIE... Eine Shisha teilen

Shisha-Rauchen ist Teil der arabischen Kultur. Die Pfeife besteht aus einer mit Wasser gefüllten Vase, auf der sich eine Schale mit Tabak mit Fruchtgeschmack befindet, einem Tablett mit glühenden Kohlen und einem Schlauch. Wenn der Benutzer durch den Schlauch inhaliert, drückt der Sog die Luft an der Kohle vorbei und erhitzt den Tabak, wodurch Rauch entsteht. Der Rauch wandert dann den Hals hinunter, durch das Wasser und in die Basis, so dass das Wasser den Rauch abkühlt, bevor er inhaliert wird. Die Shisha wird in der Regel im Uhrzeigersinn weitergegeben und mit Freunden und Verwandten geteilt, wobei der hohe Nikotingehalt einen leichten Rausch erzeugt, eine Alternative zum Alkohol. Für das Ende des Schlauchs gibt es Einwegmundstücke aus Kunststoff. Seit der Pandemie gibt es jedoch Bedenken hinsichtlich der Übertragung von Keimen aus der Atemwegsflüssigkeit, die in die Pfeife gelangt.
Man zieht nur zwei bis drei Minuten an der Pfeife, bevor man sie weitergibt. Wenn alle fertig sind, wickelt man den Schlauch um die Vase.

WIE VIEL KOSTET...

- Glas Wein **40–200 Dh**
- Pint Bier **40–70 Dh**
- Kaffee **30 Dh**
- Shawarma **30 Dh**
- Kneipenessen **150–250 Dh**
- Eis **25–50 Dh**
- All-inclusive-Brunch **250–700 Dh**
- Essen im Sternerestaurant **600–2000 Dh**

WIE... Arabischen Kaffee trinken

In den VAE ist Kaffee ein Symbol für Gastfreundschaft. Früher brauten die Beduinen ihren Kaffee über einer Feuerstelle im Sand. Heute ist die Kaffeemaschine das Herzstück der emiratischen Küche. Die Zubereitung des arabischen Kaffees ist ein Prozess, und jede Familie hat ihr eigenes Lieblingsrezept. Die Kaffeekanne heißt *dallah* und es gibt drei Arten: Die größte wird zum Aufbrühen des Kaffees mit Aromen verwendet, wobei Kardamom die wichtigste Zutat ist, die mittelgroße wird zum Filtern verwendet und die kleinste zum Servieren.

Der Einschenker hält die *dallah* mit der linken Hand, wobei der Daumen nach oben zeigt, und gießt den Kaffee in die kleine Tasse (*finjal*), die in der rechten Hand gehalten wird. Wird einem eine Tasse Kaffee angeboten, so ist es ebenfalls höflich, sie mit der rechten Hand anzunehmen. In der islamischen Kultur wird die rechte Hand traditionell zum Essen und Trinken benutzt, während die linke Hand für die Körperpflege reserviert ist. Beim Einschenken des Kaffees sollte der wichtigste oder älteste Gast zuerst bedient werden. Die Tasse wird nur zu etwa einem Viertel gefüllt. Trink ein bis drei Tassen. Um zu signalisieren, dass man genug getrunken hat, kippt man die Tasse ein paar Mal von links nach rechts.

Gahwa

Im Jahr 2015 wurde der Brauch des arabischen Kaffeetrinkens (gahwa im arabischen Dialekt der Emirate) in die Repräsentative Liste des Immateriellen Kulturerbes der Menschheit der UNESCO aufgenommen.

BRUNCH AUF VAE-ART

In den meisten anderen Teilen der Welt ist Brunch eine entspannte Mahlzeit und ein Mix aus Frühstück und Mittagessen eingenommen wird. In den VAE ist der Brunch eine der größten Partys der Woche. Er findet zur gleichen Zeit wie das Mittagessen statt, dauert aber viel länger, etwa drei bis vier Stunden.

In der Regel finden die Brunches am Wochenende in den Restaurants von Fünf-Sterne-Hotels statt. Am Samstag sind sie am ausgelassensten. All-inclusive-Pakete beinhalten unbegrenzte Getränke, riesige Büfetts oder Menüs und eine Mischung aus Unterhaltung, Hüpfburgen, Zeichentrickfilmen und Kinderschminken bei Familien-Brunches bis hin zu Live-Bands, aufreizenden Tanzeinlagen und DJs bei Brunches nur für Erwachsene.

Man sollte im Voraus reservieren, vor allem um wichtige Feiertage wie Weihnachten und Neujahr. Die beliebtesten Lokale sind schnell ausgebucht. In vielen Lokalen hat man die Wahl, ob man drinnen oder draußen sitzen möchte. Wer empfindliche Haut hat, sollte es vermeiden, im Freien zu sitzen. Es werden Sonnenschirme zur Verfügung gestellt, aber die Sonne wandert während des Essens.

Brunchbüfetts bestehen oft aus Massen an nahöstlichen Meze, mediterranen Canapés, frisch gebackenem Brot, Käse und Aufschnitt, Schalentieren, ganzem gebackenem Fisch, gebratenem Fleisch, Pasta, Pizza, Currys, Salaten, Gemüse und einer obszönen Auswahl an Desserts. Manche Brunchbüfetts sind so groß, dass die Hotels ihren Gästen Karten zur Verfügung stellen. Die teureren Büfetts bieten Austern, Kaviar, Königskrabben und Steaks, die mit erstklassigem Champagner heruntergespült werden.

Reisen mit Kindern

Von Wasserattraktionen bis hin zu aufregenden Fahrgeschäften in Themenparks – an familienfreundlichen Aktivitäten herrscht in den VAE kein Mangel. Ganz gleich, ob man den Tag beim Kajakfahren in Hatta verbringt oder sich im Kindermuseum des Louvre Abu Dhabi in die Kunst vertieft, sowohl Dubai als auch Abu Dhabi bieten eine Fülle von Erlebnissen, die man mit den Kindern im Schlepptau genießen kann.

Sehenswertes

Die meisten Attraktionen in den VAE bieten Kindertickets an, die etwas günstiger sind als der Erwachsenentarif; manchmal zahlen jüngere Kinder sogar gar keinen Eintritt. In Abu Dhabi zum Beispiel können Kinder unter 18 Jahren den Louvre Abu Dhabi kostenlos besuchen. Tickets online zu kaufen kann das Budget schonen.

Auswärts essen

Viele große Restaurants in den VAE bieten Kindermenüs an. Einige haben eigene Spielbereiche, andere, wie das The Scene in Dubai Marina, bieten spezielle Tage an, an denen Kinder gratis essen. Hochstühle sind auf Anfrage meistens vorhanden.

Ausstattung

- Viele Strandresorts bieten Kinderclubs und kinderfreundliche Aktivitäten an. Beliebt sind beispielsweise der Sandcastle Club im St Regis Saadiyat Island in Abu Dhabi und der Club Mina im Le Méridien Mina Seyahi.
- Die Autovermietungen vermieten zwar Autositze, aber am besten bringt man seine eigenen mit, genau wie Kinderwagen.
- Windeln und Babynahrung sind in den meisten Apotheken und Supermärkten in den VAE erhältlich.

Unterwegs vor Ort

Kinder unter fünf Jahren können in Dubai kostenlos mit öffentlichen Verkehrsmitteln fahren. In Abu Dhabi fahren Kinder unter zehn Jahren gratis im Bus mit.

KINDERFREUNDLICHE AUSWAHL

Dubai Parks and Resorts (S. 119)

In diesem Themenpark in Jebel Ali warten aufregende Erlebnisse.

Dubai Aquarium & Underwater Zoo (S. 79)

Seltene Wasserlebewesen tummeln sich in dieser beliebten Attraktion der Dubai Mall.

Wasserparks

Im Aquaventure auf der Palm Jumeirah, im Wild Wadi Waterpark oder in der Yas Waterworld in Abu Dhabi stehen Wellenbäder, Rutschen oder Lazy Rivers zur Auswahl.

Ski Dubai (S. 91)

In dieser Skihalle kann man auf perfektem Schnee das Skifahren lernen.

EIN SOMMER DER ANGEBOTE

In der Sommerzeit gibt's viele gute Angebote für Familien, die die VAE besuchen. In den Ferien gehen die Kinder ihren Hobbys nach und verbringen viel Zeit mit der Familie. Es ist auch nicht ungewöhnlich, Kinder bei gesellschaftlichen und familiären Veranstaltungen zu sehen, die bis in die Nacht dauern. Top-Sehenswürdigkeiten wie die Dubai Parks and Resorts und die Aussichtsplattform At the Top des Burj Khalifa bieten in den Sommermonaten freien Eintritt für Kinder in Begleitung eines Erwachsenen. Und das ist noch nicht alles. Viele Hotels in den VAE, wie z.B. das Jumeirah Emirates Towers, haben im Sommer „Kids Go Free"-Angebote, bei denen Kinder kostenlos übernachten und oft auch gratis essen können.

RAHHAL/SHUTTERSTOCK ©

Barrierefrei reisen

Regierungsinitiativen wie die Dubai Disability Strategy 2020 haben dafür gesorgt, dass in den VAE die Zugänglichkeit für Menschen mit Behinderungen (offizielle Bezeichnung „People of Determination") verbessert wurde. Der Grad der Barrierefreiheit kann je nach Standort variieren – so gibt es z.B. in älteren Vierteln nur selten abgesenkte Bordsteine.

Öffentlicher Nahverkehr

Die Metrostationen in Dubai sind mit akustischen Durchsagen und taktilen Bodenmarkierungen für Sehbehinderte ausgestattet. In jedem U-Bahn-Abteil gibt es ausgewiesene Plätze für Rollstühle. Taxis mit speziellen Aufzügen für Rollstühle können im Voraus gebucht werden.

Übernachten

Die meisten internationalen Hotelketten in den VAE sind für Menschen mit Behinderungen ausgestattet. Barrierefreie Gästezimmer haben extrabreite Türen und angepasste Badezimmer mit rollstuhlgerechten Duschen und Haltegriffen. Fast alle Hotels, auch die günstigen, haben Aufzüge.

Flughafen

Beide internationalen Flughäfen verfügen über barrierefreie Check-in-Schalter, automatische Türen und Aufzüge. Der internationale Flughafen Dubai bietet auch einen speziellen Check-in-Schalter für Reisende mit besonderen Bedürfnissen. In Abu Dhabi gibt es E-Gates mit Zugang für Rollstuhlfahrer.

INFOS IM INTERNET

Wings Of Angelz (instagram.com/wingsofangelz) Eine gemeinnützige Organisation, die sich dafür einsetzt, öffentliche Plätze in Dubai rollstuhlgerecht zu gestalten, das Bewusstsein zu schärfen und Menschen mit Behinderung zu helfen.

Zayed Higher Organization for People of Determination (zho.gov.ae) Abu Dhabis offizielle Dachorganisation für die Bereitstellung von Bildung, therapeutischer Hilfe und Informationen für Menschen mit Behinderung, die in der Hauptstadt leben.

Was anziehen

Die VAE sind zwar ein tolerantes, aber auch ein muslimisches Land – und dezente Kleidung in der Öffentlichkeit ist ein Zeichen des Respekts. Frauen müssen ihr Haar nicht bedecken, aber es wird empfohlen, die Schultern und Knie zu verhüllen, wenn man kulturelle Stätten oder historische Teile der Stadt besucht.

Frauen unterwegs

Als Frau allein nach Dubai zu reisen, ist im Allgemeinen sicher – die VAE stehen auf der Liste der sichersten Länder der Welt ganz oben. Es ist für Frauen sicher, Taxis zu nehmen, allein in Hotels zu übernachten und durch die Stadt zu laufen.

STRÄNDE

Der Kite Beach war einer der ersten Strände in Dubai mit einem rollstuhlgerechten Steg, der direkt zum Strand führt. Umm Suqeim Beach, Al Mamzar Beach und Jumeirah Beach sind ebenfalls zugänglich.

MUSEEN & SEHENSWERTES

Beliebte Sehenswürdigkeiten wie Burj Khalifa, Dubai Frame, Emirates Palace und die große Scheich-Zayid-Moschee sind alle für Rollstuhlfahrer zugänglich.

Einkaufszentren in den VAE verfügen in der Regel über Rollstuhlrampen an den Ein- und Ausgängen; Aufzüge sorgen für einen einfachen Zugang zu den verschiedenen Etagen. Neuere Restaurants und Bars sind fast immer für Rollstuhlfahrer zugänglich. In älteren Stadtvierteln ist die Barrierefreiheit möglicherweise nicht gegeben, man sollte sich lieber vorher kundig machen.

Nachhaltig reisen

Reisen & Klimawandel

Es ist unmöglich, die Auswirkungen unserer Reisen zu ignorieren, und es ist wichtig, dass wir etwas ändern, wo wir können. Lonely Planet fordert alle Reisenden dazu auf, sich mit ihrem Kohlenstoff-Fußabdruck auseinanderzusetzen. Es gibt viele Kohlenstoffrechner im Internet, mit denen Reisende die durch ihre Reise verursachten Kohlenstoffemissionen abschätzen können; z.B. resurgence.org/resources/carbon-calculator.html. Viele Fluggesellschaften und Buchungsportale bieten den Reisenden die Möglichkeit, die Auswirkungen der Treibhausgasemissionen auszugleichen, indem sie einen Beitrag zu klimafreundlichen Initiativen in der ganzen Welt leisten. Wir kompensieren auch weiterhin den CO_2-Fußabdruck aller Reisen von Lonely Planet-Mitarbeitern, sind uns aber bewusst, dass dies eher eine Abmilderung als eine Lösung ist.

Emirati-Küche

Genieße die Küche der Emirate im Sheikh Mohammed Centre for Cultural Understanding, einer gemeinnützigen Einrichtung in Dubais historischem Stadtteil Al Fahidi, die sich der Vermittlung der Kultur, Traditionen und Gastfreundschaft der Emirate verschrieben hat.

UNESCO-Wunderwerke

Besuche die Oase Al Ain, eine UNESCO-Welterbestätte, die für die alte Form der Bewässerung, den *falaj*, bekannt ist. Es gibt zwei zentrale Falaj-Systeme, die das Wasser aus den Bergen und unterirdischen Wadis holen.

Unternimm eine Wildtier-Safari auf Sir Bani Yas Island, dem größten Wildtierreservat der Vereinigten Arabischen Emirate, das über 17000 Tiere beherbergt. Freue dich auf Geparden, Oryx-Antilopen, Gazellen, Giraffen, Flamingos, Graureiher und vieles mehr.

Setze auf lokale Zutaten. Das ERTH Restaurant (erthrestaurant.ae) in Abu Dhabi verwendet für seine Speisekarte lokale Produkte von Bauernhöfen aus den gesamten VAE – eine moderne Interpretation der Emirati-Küche.

KULTURELLE KREUZFAHRT

Fahre mit einer traditionellen Dhau über den Dubai Creek. Einst das Schiff der Wahl für die einheimischen Fischer, werden die Dhaus heute für abendliche Dinner-Kreuzfahrten auf dem Dubai Creek und in der Dubai Marina umfunktioniert.

OBEN LINKS: JOHNDO/SHUTTERSTOCK ©; UNTEN LINKS: PICHIT SANSUPA/SHUTTERSTOCK ©; RECHTS: VINNIKAVA VIKTORYIA/SHUTTERSTOCK ©

REISEN AUSSERHALB DER SAISON

Reisen in der Nebensaison, die etwa von April bis Oktober dauert, bedeutet weniger Menschenmassen, günstigere Flüge und Unterkünfte. Man erlebt das Land zudem intensiver und authentischer.

Wüstenreservat

Im Dubai Desert Conservation Reserve taucht man ein in das Erbe und die Kultur der Beduinen des Landes. Das weitläufige Reservat, das nur 30 Minuten vom Stadtzentrum Dubais entfernt liegt, beherbergt über 200 Tier- und Pflanzenarten, darunter Oryxantilopen, Karakale und Sandfüchse.

Delfine

Das UAE Dolphin Project widmet sich dem Schutz und der Dokumentation der Delfinpopulation in den Vereinigten Arabischen Emiraten. Man kann als Freiwilliger an einer der öffentlichen Veranstaltungen teilnehmen oder das ganze Jahr über Feldarbeit im Meer leisten. Weitere Informationen gibt es unter uaedolphinproject.org.

Grüne Iftars

Während des Green Ramadan kompostieren die teilnehmenden Hotels in den VAE überschüssige Lebensmittelabfälle von den abendlichen Iftar-Essen, bauen ihr eigenes Obst und Gemüse an, beziehen nachhaltige Zutaten und spenden übrig gebliebene Lebensmittel an die örtliche Tafel.

Die kulinarische Tour von Frying Pan Adventures wird von langjährigen Einwohnern Dubais geführt. Bei einem Spaziergang durch Old Dubai gibt's Kostproben beliebter Straßengerichte aus einigen der ältesten Gemeinden der Stadt.

Im Haus der Kunsthandwerker in Qasr Al Hosn in Abu Dhabi kann man die alten Emirati-Künste *Al-Sadu* (Weben), *khoos* (Dattelpalmenweben; im Bild) und *talli* (dekorative Stickerei) kennenlernen.

40

Im Global Sustainability Index liegen die VAE weltweit auf Platz 40. Obwohl das Land bei den Klimaschutzmaßnahmen hinterherhinkt, bietet es kostengünstige Solarenergie und ist derzeit ein bedeutender Investor in erneuerbare Energieprojekte.

FUSSGÄNGERFREUNDLICHE VIERTEL

Heart of Sharjah (heartofsharjah.ae) hat zum Ziel, ein fußgängerfreundliches Viertel zu schaffen und die traditionelle Kultur und Architektur der Emirate wiederzubeleben.

INFOS IM INTERNET

UAE Ministry of Climate Change & Environment (moccae.gov.ae) Die offizielle Umweltbehörde des Landes.

Emirates Nature-WWF (emiratesnaturewwf.ae) Örtliche gemeinnützige Naturschutzorganisation in Zusammenarbeit mit dem WWF, die Freiwilligenarbeit anbietet.

Sheikh Mohammed Centre for Cultural Understanding (cultures.ae) Lokale gemeinnützige Organisation, die sich für das Verständnis von Kultur und Bräuchen in den VAE einsetzt.

Sicher reisen

Anti-LGBTIQ+-Gesetze

Homosexualität ist in den VAE eine Straftat, die zu Gefängnisstrafen, hohen Geldstrafen und Ausweisung führen kann. Bei öffentlichen Zuneigungsbekundungen – Küssen und Streicheln sind eine Straftat – ist sowohl für LGBTIQ+ als auch für heterosexuelle Reisende Vorsicht geboten. Cross-Dressing ist ebenfalls illegal und kann zu Geldstrafen und mindestens sechs Monaten Gefängnis führen.

INFOS IM INTERNET

Staatliche Beschränkungen erschweren es NRO, die sich mit LGBTIQ+-Themen befassen, in den VAE offiziell zu arbeiten. Wer Hilfe braucht, kann sich an die nächstgelegene Botschaft seines Landes wenden. Die Blogger Stefan und Sebastien von Nomadic Boys haben mehrere hilfreiche Artikel über das Leben von Schwulen in den VAE (nomadicboys.com/gay-life-in-dubai/) verfasst. Ein sehenswerter Film ist *Only Men Go to the Grave* des emiratischen Filmemachers Abdallah Al Kaabi.

Hotels

Gleichgeschlechtliche Paare, die sich während eines Besuchs in den VAE ein Hotelzimmer teilen, können als Freunde oder Reisende auf einem preisgünstigen Urlaub betrachtet werden. Auch wenn niemand kontrolliert, wird erwartet, dass sie getrennte Betten haben, z.B. ein Kingsize-Bett und ein Doppelbett oder zwei Queensize-Betten.

DAS KONZEPT VON TASAMUH

Die VAE machen sich das arabische Konzept tasamuh, d.h. gegenseitige Toleranz für ihre vielfältige Bevölkerung, zu eigen. Kulturelle Vielfalt bedeutet hier, die Nuancen im Sexual- und Geschlechterverhalten zu akzeptieren, die im Westen etwas ganz anderes bedeuten würden. So ist es zum Beispiel nicht ungewöhnlich, dass Männer Hand in Hand gehen oder sich auf die Wange küssen – dies sind Zeichen der Freundschaft und kein Hinweis auf die sexuelle Orientierung. Emirati-Männer begrüßen Freunde manchmal mit einem „Nasenkuss". Es gibt sogar ein Ministry of Tolerance & Coexistence (tolerance.gov.ae), das sich für die Förderung dieser Werte einsetzt.

BARS & CLUBS

Trotz der vorhandenen Risiken für einheimische LGBTIQ+-Personen gibt es sowohl in Abu Dhabi als auch in Dubai eine queere Underground-Szene. Für ausländische Reisende kann es jedoch schwierig sein, diese zu finden, da sich Veranstaltungen in der Regel über Mundpropaganda oder diskret über soziale Medien verbreiten.

Seiten & Apps

LGBTIQ+-Websites und Dating-Apps wie Grindr sind offiziell gesperrt. Online-Händler wie Amazon schränken den Verkauf von LGBTIQ+-bezogenen Artikeln ein.

ARZNEIMITTEL & VERSCHREIBUNGSPFLICHTIGE MEDIKAMENTE

Für alle Medikamente, die ins Land gebracht werden, ist ein Rezept erforderlich. Es ist zudem ratsam, ein ärztliches Attest vorzulegen, aus dem hervorgeht, dass man die Medikamente einnehmen muss. Bestimmte Medikamente gelten als Betäubungsmittel und bedürfen einer vorherigen Genehmigung des Gesundheitsministeriums der VAE für den persönlichen Gebrauch. Erkundige dich bei der VAE-Botschaft in deinem Land nach einer aktuellen Liste.

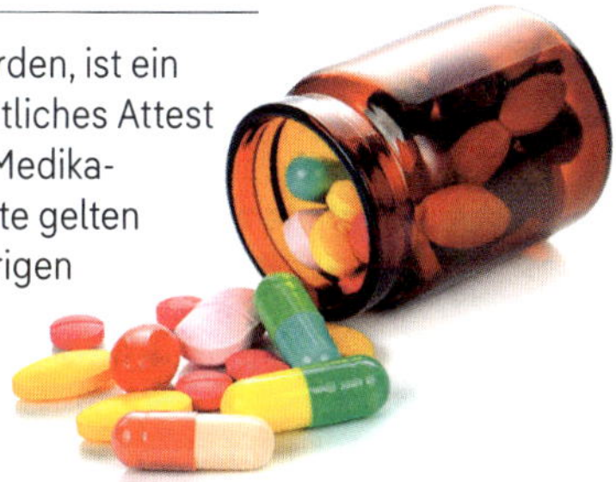

Extreme Hitze

Die Temperaturen steigen in den VAE jeden Sommer weiter an. Es ist nicht ungewöhnlich, dass die Temperaturen tagsüber 50 °C erreichen und die Luftfeuchtigkeit 95% beträgt. Infolgedessen verlagern sich die meisten Aktivitäten nach drinnen (Essen im Freien ist einfach unmöglich), wo es eine Klimaanlage gibt. Wer sich ins Freie wagt, sollte auf ausreichende Flüssigkeitszufuhr achten, Sonnenschutzmittel tragen und direkte Sonneneinstrahlung vermeiden.

Verkehrsunfälle

Autofahren in den VAE ist nicht ohne Risiken. Häufige Ursachen für Verkehrsunfälle sind zu dichtes Auffahren, rücksichtsloses Fahren und Geschwindigkeitsübertretungen, für die es hohe Geldstrafen und Bußgelder gibt. Die meisten Straßen in Dubai und Abu Dhabi sind gut instand gehalten und oft mit hochmodernen Kameras ausgestattet – halte dich also immer an die Geschwindigkeitsbegrenzung.

LEITUNGS-WASSER

Obwohl die meisten Einwohner der VAE gerne Wasser aus Flaschen trinken, ist das Leitungswasser absolut sicher.

FAHR VORSICHTIG

Kreisel
Fahr in Pfeilrichtung

Mindestgeschwindigkeit auf der Autobahn
Nicht langsamer fahren

Gewähre Fußgängern Vorfahrt
Fußgänger haben Vorfahrt

Achtung vor Kamelen
Langsamer fahren und nicht hupen

Krankenversicherung

Die Krankenhäuser in Dubai und Abu Dhabi erfüllen hohe Standards. Um saftige Arztrechnungen zu vermeiden, sollte man eine Reiseversicherung abschließen (sie ist für jede Reise obligatorisch), die auch eine Krankenversicherung für die Dauer des Aufenthalts beinhaltet. Achte außerdem darauf, dass die Versicherung in Notfällen auch die Rückführung in dein Heimatland abdeckt. In Abu Dhabi ist die Notfallbehandlung kostenlos.

RECHTSFRAGEN

Man darf sich vom Glanz und Glamour der VAE nicht täuschen lassen, hier ist nicht alles erlaubt – und Unwissenheit schützt vor Strafe nicht. Das Land ist bis zu einem gewissen Grad tolerant und offen; wer darüber hinausgeht, muss mit den strengsten Strafen rechnen. Um unnötigen Ärger während der Reise zu vermeiden, sollte man sich über den Verhaltenskodex von Dubai informieren (dmcc.ae/application/files/5914/8465/5175/TheDubaiCodeOfConduct-Eng.pdf).

Sprache

Arabisch ist die offizielle Sprache der Vereinigten Arabischen Emirate (VAE), aber Englisch wird weitgehend verstanden. Die in den VAE gesprochene (und in diesem Abschnitt beschriebene) arabische Variante ist als Golf-Arabisch bekannt.

Nützliches

Hallo. اهلا و سهلا. *ah·lan was ah·lan*
Tschüss. مع السلامة. *ma' sa·laa·ma*
Ja./Nein. نعم./لا. *na·'am/la*
Bitte.
من فضلك. *min fad·lak* (m)
من فضلِك. *min fad·lik* (f)
Danke. شكران. *shuk·ran*
Entschuldigung.
اسمح. *is·mah* (m)
اسمحي لي. *is·mah·ee lee* (f)
Tut mir leid. مع الاسف. *ma' al·as·af*
Wie heißen Sie? اش اسمَك/اسمِك؟
aash is·mak/is·mik (m/f)
Mein Name ist... اسمي ... *is·mee ...*
Sprechen Sie Englisch?
تتكلم انجليزية؟ *tit·kal·am in·glee·zee·ya* (m)
تتكلمي انجليزية؟ *tit·ka·la·mee in·glee·zee·ya* (f)
Ich verstehe nicht مو فاهم. *moo faa·him*

Unterwegs

Wo ist der/die...? من وين ...؟ *min wayn ...*
Wie lautet die Adresse?
ما العنوان؟ *ma il·'un·waan*
Könnten Sie das bitte aufschreiben?
لو سمحت اكتبه لي؟ *law sa·maht ik·ti·boo lee* (m)
لو سمحت اكتبيه لي؟ *law sa·maht ik·ti·bee lee* (f)
Können Sie mir das (auf der Karte) zeigen?
لو سمحت وريني *law sa·maht wa·ree·nee*
(علخريطة؟) *('al·kha·ree·ta)*

Schilder

Eingang مدخل
Ausgang خروج
Geöffnet مفتوح
Geschlossen مقفول
Information معلومات
Verboten ممنوع
Toiletten المرحاض
Herren رجال
Damen نساء

Uhrzeit

Wie spät ist es? الساعة كم؟
i·saa·a' kam
Es ist (zwei) Uhr. الساعة (ثنتين).
i·saa·a' (thin·tayn)
Halb (drei). الساعة (ثنتين) و نس.
i·saa·a' (thin·tayn) wa nus
gestern... البارح ... *il·baa·rih ...*
morgen... باكر ... *baa·chir ...*
Vormittag صباح *sa·baah*
Nachmittag بعد الظهر *ba'd a·thuhr*
Abend مساء *mi·saa*

Notfälle

Hilfe!
مساعد *moo·saa·'id (m)*
مساعدة! *moo·saa·'id·a (f)*
Gehen Sie weg! ابعد!/ابعدي! *ib·'ad/ib·'ad·ee (m/f)*
Rufen Sie...!
تصل على ...! *ti·sil 'a·la ...* (m)
تصلي على ...! *ti·si·lee 'a·la ...* (f)
einen Arzt طبيب *ta·beeb*
die Polizei الشرطة *i·shur·ta*

ZAHLEN

1 واحد ١ *waa·hid*
2 اثنين ٢ *ith·nayn*
3 ثلاثة ٣ *tha·laa·tha*
4 اربع ٤ *ar·ba'*
5 خمسة ٥ *kham·sa*
6 ستة ٦ *si·ta*
7 سبع ٧ *sa·ba'*
8 ثمانية ٨ *tha·maan·ya*
9 تسعة ٩ *tis·a'*
10 عشرة ١٠ *'ash·ar·a*

AUS DEM ARABISCHEN ÜBERNOMMEN

Einiges – wie Alkohol, Artischoke, Chemie, Kaffee, Kuppel, Makramee, Safran

CHARAKTERISTISCHE LAUTE

Das **gh** ist ein gutturaler Laut (wie das pariserische „r“), das **r** wird gerollt, und das **kh** klingt wie das „ch“ in Buch.

Aussprache

Die Betonung liegt normalerweise auf der ersten Silbe eines Wortes oder auf der Silbe mit einem langen Vokal. Das Symbol ' wird wie die Pause in der Mitte von „oh oh“ ausgesprochen.

MSA

Modernes Standardarabisch oder MSA ist die modernisierte Version des klassischen Arabisch, die in Schulen, Verwaltung und Medien verwendet wird und die offizielle Verkehrssprache der arabischen Welt ist.

Einführung ins Arabische

Muslime sagen, dass Arabisch die vollkommenste Sprache von allen ist, da es die ist, in der der Koran offenbart wurde. Ungeachtet der religiösen Überzeugungen beeindruckt der internationale Status des Arabischen: Mit über 300 Millionen Sprechern gehört es zu den zehn am meisten gesprochenen Sprachen der Welt.

Arabisch wird im gesamten Nahen Osten und Nordafrika als erste Sprache gesprochen und ist in der gesamten islamischen Welt als Zweitsprache weit verbreitet. Es hat in 25 Ländern, in der Arabischen Liga und der Afrikanischen Union offiziellen Status und ist eine der sechs Amtssprachen der Vereinten Nationen.

Golf-Arabisch wird in den Vereinigten Arabischen Emiraten gesprochen, ägyptisches, levantinisches und tunesisches Arabisch sind weitere gesprochene Varianten, die weite Teile des Nahen Ostens abdecken.

WER SPRICHT MODERNES STANDARD-ARABISCH?

Modernes Standardarabisch wird in ganz Nordafrika, auf der arabischen Halbinsel und in Teilen des Nahen Ostens gesprochen – allerdings sind nicht alle Dialekte untereinander verständlich.

313 Mio. Menschen weltweit sprechen Arabisch

11 Mio. sprechen Golf-Arabisch

Reisen in die VAE während des Ramadan

Langes Fasten bei Tageslicht und lebendige Iftar-Feste in der Nacht verändern den gesellschaftlichen Rhythmus in den VAE während des heiligen Monats Ramadan. Es ist nicht ungewöhnlich, dass sich das Leben während des Tages verlangsamt. Abends wird das gemeinschaftliche Essen bis weit in die Nacht hinein ausgedehnt.

WICHTIGE DATEN

- **Eid Al Fitr** Endpunkt des Ramadan.
- **Eid Al Adha** Markiert die Wallfahrt nach Mekka.
- **Islamisches Neujahr** Auch bekannt als Hiri New Year, Kennzeichen Halbmond.
- **Geburtstag des Propheten Mohammed** Auch bekannt als Mawlid al-Nabi; wird am 12. Tag des dritten Monats im islamischen Kalender gefeiert.

Was ist Ramadan?

Der Ramadan ist für die Muslime in den Vereinigten Arabischen Emiraten eine zutiefst spirituelle Zeit. Als heiligster Monat des muslimischen Jahres – er fällt auf den neunten Monat des islamischen Kalenders; das genaue Anfangsdatum ändert sich jährlich je nach Sichtung der Mondsichel – ist der Ramadan eine Zeit des Fastens vom Morgengrauen bis zur Abenddämmerung, der Frömmigkeit, der wohltätigen Handlungen und der Reinigung von Geist, Körper und Seele des Menschen. Mit Eid Al Fitr wird das Ende des Ramadan gefeiert.

Iftar-Essen

Iftar ist das große Festmahl, mit dem Muslime bei Sonnenuntergang ihr Tagesfasten brechen. *Iftar*-Essen in den VAE sind in der Regel deftige Mahlzeiten mit reichhaltigen Speisen, die von lokalen Gerichten wie *machboos* (würziger Fleisch- und Reisauflauf) und *harees* (weizenbreiähnlicher Eintopf mit Fleisch) bis hin zu einer Auswahl an beliebten nahöstlichen Meze wie Weinblättern, Fatayer, Kibbeh und gegrilltem Fleisch reichen.

Restaurants & Bars

Während des Ramadan schenken die Bars in Dubai Alkohol aus und sind den ganzen Tag über geöffnet. Die meisten Clubs sind jedoch während des Monats geschlossen. In dieser Zeit gibt es auch keine Live-Musik oder DJs. Im Jahr 2021 haben die Regierungen von Dubai und Abu Dhabi die Regeln für Restaurants während des Ramadan weiter gelockert – sie sind nun nicht mehr verpflichtet, während der Fastenzeit ihre Schaufenster mit Vorhängen abzudecken oder Sichtschutzwände aufzustellen.

WICHTIGE REGELN

Für Nicht-Muslime ist das Fasten im Ramadan nicht verpflichtend.

In der Öffentlichkeit sollte man tagsüber nicht essen, trinken (auch kein Wasser), Kaugummi kauen oder rauchen.

Keine laute Musik oder Tanzen in der Öffentlichkeit.

Kleide dich bescheiden, d.h. bedecke deine Schultern und Knie, und vermeide es, während des Monats ein Dekolleté zu zeigen oder freizügige Kleidung zu tragen.

REISEN WÄHREND EID

Eid Al Adha markiert die Pilgerreise der Muslime nach Mekka und ist eine beliebte Reisezeit in der Region. Dubai erlebt einen Zustrom von Reisenden aus den nahe gelegenen Ländern des Gulf Cooperation Council (GCC), einschließlich Saudi-Arabien und Katar, während die Einwohner die lange Pause nutzen, um ins Ausland zu reisen. Wer während des Eid in die Vereinigten Arabischen Emirate reist, sollte am besten im Voraus buchen und früh anreisen, da vor allem an den Wochenenden mit Verzögerungen am Flughafen zu rechnen ist.

Große Jumeirah-Moschee (S. 95), Dubai

WIE… Eine Moschee besuchen

Obwohl die Ausmaße der großen Moscheen auf Erstbesucher einschüchternd wirken können, bietet das Innere einen einzigartigen Einblick in die Kultur und Traditionen der Emirate. Sowohl die Große Scheich-Zayid-Moschee (S. 156) in Abu Dhabi als auch die Große Jumeirah-Moschee (S. 95) in Dubai bieten Nicht-Muslimen die Möglichkeit, die islamische Architektur von innen zu bestaunen. Man hat die Gelegenheit, mit einheimischen Gläubigen in Kontakt zu treten und die Feinheiten des Islam, der offiziellen Religion der VAE, zu verstehen.

Reisezeit

Sunnitische Muslime bilden die Mehrheit der Bevölkerung in Dubai und Abu Dhabi. Daher wird fünfmal am Tag gebetet – der Stand der Sonne bestimmt die Zeiten, und der Azan (muslimischer Gebetsruf) signalisiert den Gläubigen, wann es Zeit zum Beten ist. Die meisten Moscheen sind zwar den ganzen Tag über geöffnet, aber Nicht-Muslime besuchen sie am besten außerhalb dieser fünf Gebetszeiten. Einige Moscheen haben sogar spezielle Besuchszeiten für Führungen. Die Jumeirah-Moschee zum Beispiel bietet von Samstag bis Donnerstag täglich zwei Führungen an; die erste beginnt um 10 Uhr, die zweite um 14 Uhr.

Kleidung

Die Moschee ist für Muslime ein heiliges Gotteshaus, und es ist wichtig, sich beim Besuch sittsam zu kleiden. Lange, locker sitzende Kleidung – knöchellange Röcke, Hosen und lange Ärmel sowie ein Kopftuch für Frauen – sind sowohl für Männer als auch für Frauen die geeignete Kleidung. Das heißt, keine Shorts, Röcke (es sei denn, sie sind knöchellang), ärmellose Hemden, bedruckte T-Shirts oder durchsichtige oder enge Kleidung. In den meisten Moscheen steht für den Besuch traditionelle Kleidung (*Kandouras* und *Abayas* mit Kapuze) zur Verfügung. Die Schuhe müssen vor dem Betreten der Moschee ausgezogen werden.

Betreten der Moschee

Es gibt getrennte Gebetsbereiche für Männer und Frauen und getrennte Eingänge für beide. Sehr oft führt der Haupteingang zum Gebetsraum der Männer. In größeren Moscheen wie der Großen Scheich-Zayid-Moschee dürfen Frauen bei Führungen, die zwischen den Gebetszeiten stattfinden, die Hauptgebetshalle betreten.

Für Muslime ist es üblich, die Moschee mit dem rechten Fuß zuerst zu betreten; beim Verlassen geht der linke Fuß zuerst.

Foto-Tipps

Man darf die Fassade und das Innere der Moschee fotografieren, aber nicht die Gläubigen während der Waschung oder der Gebetszeit.

MOSCHEE AL FAROOQ OMAR BIN AL KHATTAB

Benannt nach Umar bin Al Khattab, einem engen Freund und Berater des Propheten Mohammed, war dies eine der ersten Moscheen, die Nicht-Muslimen in den VAE ihre Türen öffnete. Die ursprünglich 1986 erbaute Moschee (S. 94) wurde 2011 komplett neu gebaut, nachdem sie im Jahr zuvor abgerissen worden war. Bei den zweimal täglich stattfindenden Führungen stehen die atemberaubende Kunst und Architektur der Moschee im Mittelpunkt, die von der berühmten Blauen Moschee in Istanbul sowie von marokkanischer und andalusischer Kunst inspiriert ist. Außerdem gibt es ein islamisches Zentrum mit einer umfangreichen Bibliothek, in der die Besucher mehr über muslimische Kultur, Kunst und Wissenschaft erfahren können.

Wüstencamp bei den Beduinen

WIE… Die Wüste besuchen

Kein Besuch in den VAE ist komplett, ohne einige Zeit im Sand verbracht zu haben – schließlich sind mehr als 80% der Landesfläche Wüste. Weite Teile der trockenen Wüstenlandschaft erstrecken sich vom Arabischen Golf bis zum Empty Quarter und den Schotterebenen, die an das schroffe Hadschar-Gebirge im Osten grenzen. Ganz gleich, ob du den aufregenden Sport des Dune-Bashing ausprobieren, den nächtlichen Sternenhimmel bewundern oder die Gastfreundschaft der Beduinen kennenlernen möchtest – hier erfährst du, wie du das Beste aus deinem Wüstenabenteuer herausholen kannst.

Solo vs. Gruppentour

Ohne Erfahrung im Fahren und Navigieren in der Wüste ist eine Gruppentour die beste Option für Neulinge. Gruppenreisen bieten zudem Aktivitäten wie Sandboarding, Quad-Touren, Grillabende und Campingübernachtungen. Ein beliebtes Unternehmen für Wüstensafaris in Dubai ist Platinum Heritage Tours (platinum-heritage.com).

Beste Reisezeit

November bis April bleibt die beste Zeit für einen Besuch in der Wüste, da die Temperaturen tagsüber mild und nachts kühl und windig sind. Checke immer den Wetterbericht auf Sandstürme, bevor du dich auf den Weg in die Wüste machst – sie treten tendenziell häufiger auf, wenn der Winter in den Frühling übergeht.

Was tragen?

Je nach Jahreszeit kann sich das Wetter in der Wüste deutlich von dem in der Stadt unterscheiden. Locker sitzende Kleidung, ein Schal (zum Schutz vor Sonne, Sand und Wind) und Sandalen empfehlen sich von Mai bis Oktober. Von November bis April ist es ratsam, sich in mehrere Schichten zu kleiden und geschlossene Schuhe zu tragen, denn sobald die Sonne untergeht, sinken die Temperaturen im Winter.

Abenteuersport-Versicherung

Wer in der Wüste an aufregenden Aktivitäten wie ATVing oder Sandboarding teilnehmen möchte, sollte prüfen, ob seine Reiseversicherung Abenteuersportarten abdeckt.

DUNE-BASHING

Dune-Bashing ist ein beliebter Abenteuersport in den Vereinigten Arabischen Emiraten. An den Wochenenden sieht man oft Einwohner, die die Straße zwischen Dubai und Hatta entlangeilen, vorbei am Berufsverkehr, auf dem Weg in die Wüste, um auf Sanddünen wie „Big Red" zu fahren, einem atemberaubenden roten Wüstenstreifen mit einer der größten Dünen in der Region. Sie manövrieren ihre 4WD-Fahrzeuge mit hoher Geschwindigkeit über die hoch aufragenden Sanddünen – ein adrenalingeladenes Achterbahn-Erlebnis. Wer noch keine Erfahrung mit Offroad-Fahrten in der Wüste hat, sollte ein Wüstensafari-Paket buchen – viele Reiseveranstalter in den VAE bieten auch Dünenfahrten als Aktivität an.

SABINO PARENTE/SHUTTERSTOCK ©

Dune-Bashing

GEEPAS

STORYBOOK

Mit fünf Reportagen tief in den Alltag Dubais und Abu Dhabis eintauchen.

Dubai Creek (S. 57)

DIE GESCHICHTE VON DUBAI & ABU DHABI IN 15 ORTEN

Die Geschichte von Dubai und Abu Dhabi gleicht einer Saga von Ebbe und Flut. Sie handelt von fahrenden Beduinenstämmen, Perlentauchern und pulsierenden Handelszentren. Die Zeitreise beginnt mit antiken Siedlungen und gipfelt in den Wolkenkratzern, die heute das Bild des Landes prägen. Von Christabel Lobo

DER GRÜNDERVATER DER VAE, Scheich Zayid bin Sultan Al Nahyan, sagte einst, dass die Geschichte nichts als eine kontinuierliche Kette von Ereignissen sei, die die Zukunft mit der Vergangenheit verbindet: „Wer seine Vergangenheit nicht kennt, kann aus seiner Gegenwart und seiner Zukunft nicht das Beste machen."

Der Reiz, den das Land auf Reisende und Einwohner auswirkt, reicht lang zurück: Bis hin zu den Händlern, die auf den belebten Souks um Seide, Metalle und Gewürze feilschten, den Perlentauchern, dic dcn Tiefen des Meeres trotzten und den ehrgeizigen Herrschern, die ihre Vision von einer grünen Oase in die Wüste trugen. Die Menschen der Emirate blicken mit Stolz auf ihre Geschichte zurück, besonders auf den rasanten Aufstieg von der nomadischen Beduinenkultur zum leuchtenden Vorbild der Moderne. Selbst heute, wo das Land am Steilhang der Evolution steht, bleibt es seinen bescheidenen Wurzeln treu: Institutionen, Unternehmer und Kunstschaffende zeichnen gemeinsam ein ganzheitliches Bild der Reise von simplen Perlentaucher-Dörfern zu einem globalen Epizentrum von Handel und Tourismus.

1. Gräber am Jebel Hafeet

ZURÜCK IN DIE BRONZEZEIT

Am Fuße des Jebel Hafeet befinden sich über 500 bienenwabenförmige Gräber aus der Bronzezeit. Durch eine schlüssellochenge Eingangsnische gelangt man in die Grabkammern innerhalb der auffälligen Kuppeln. In ihnen entdeckt wurden Schmuck, Muscheln, Edelsteine wie Achat und Karneol, Kupferobjekte, Tontöpfe und Fischwirbel. Dänische Archäologen, beauftragt durch Scheich Schachbut bin Sultan, seiner Zeit Herrscher von Abu Dhabi, entdeckten die Stätte in den 1950er-Jahren. Die Entdeckung verhalf den VAE auf den Radar der Fachwelt, und es entstand ein Interesse an der Entfaltung von Leben und der Bedeutung von Seehandel auf der arabischen Halbinsel vor mehr als 5000 Jahren.

Mehr Infos auf Seite 184

2. Archäologische Ruinen von Jumeirah

EINER ANTIKEN HANDELSROUTE AUF DER SPUR

Die VAE mögen ein junges Land sein, doch die archäologische Stätte in Jumeirah zeigt, dass in der Region seit Jahrtausenden Menschen leben. Im Hintergrund bildet die Skyline von Dubai einen Kontrast zu den Ruinen. Es sind die Überbleibsel einer antiken Siedlung aus fünf Häusern, einer Moschee, einem Marktplatz und einer Karawanserei, gelegen an der Handelsroute zwischen Mesopotamien, Oman und dem fernen Osten. Das Besucherzentrum bietet Informationen über die Ausgrabung, bei der Kupfermünzen, glasierte Tonwaren, Steinwerkzeuge und Goldornamente gefunden wurden.

Mehr Infos auf Seite 94

3. Rub' al Khali – das Leere Viertel

BETRETE DIE UNBERÜHRTE WÜSTE

Rub' al Khali, oder auch das „Leere Viertel", ist die weltgrößte Sandfläche und erstreckt sich in den Jemen, nach Oman, Saudi-Arabien und die VAE. Mit geschätzt der Hälfte des Sandvolumens der Sahara ist es eine der am wenigsten erforschten Regionen der Erde. Historisch gesehen scheuten Menschen sein harsches Klima, jedoch hinterließen einige Beduinen ihre Fußabdrücke in dem heißen Sand. Erst Entdecker wie Bertram Thomas und Wilfred Thesiger entlockten ihm im frühen 20. Jh. seine Geheimnisse. Heute kann man nur eine kurze Fahrt von der Hauptstadt entfernt die atemberaubenden Dünen bewundern, von denen manche bis zu 250 m hoch werden: Ein Zeugnis der Herrlichkeit und der Gewalt der Natur.

Mehr Infos auf Seite 181

4. Qasr Al Hosn

WO KULTUR AUF GESCHICHTE TRIFFT

Im Qasr Al Hosn, dem ältesten Steingebäude Abu Dhabis, kann man einen Eindruck von der Stadt vor dem Öl bekommen. Ursprünglich um 1760 als Wachturm errichtet, um die knappen Wasserressourcen der Insel zu beschützen, wurde es zu einer Festung ausgebaut und entwickelte sich schließlich zu einer royalen Residenz, die die Al Nahyan-Familie bis 1966 ihr Zuhause nannte.

Das „Weiße Fort" Qasr Al Hosn wurde 2018 nach einer jahrzehntelangen Kernsanierung wiedereröffnet, durch die die Eindrucksvolle Außenfassade ihre traditionelle Schönheit zurückgewann – inklusive des Mechanismus, durch den das Gebäude von innen auch in heißen Sommertagen ohne Klimaanlage angenehm kühl bleibt.

Mehr Infos auf Seite 130

Qasr Al Hosn (S. 130)

5. Dubai Creek

DAS EPIZENTRUM DER WIRTSCHAFT

Die Lebensader der Stadt verhalf Dubai schon lange vor der Bildung der sieben Emirate zu Wirtschaftswachstum. Eine der frühesten Erwähnungen des Dubai Creek stammt von Gasparo Balbi, einem venezianischen Händler, der den Golf im 16. Jh wegen dessen Perlenreichtum besuchte.

Ein paar Jahrhunderte später ist der Dubai Creek ein wichtiger Knotenpunkt für Dubais Perlentaucher, Fischer, Händler und Werften. Abras, die günstigsten Verkehrsmittel der VAE, verkehren weiterhin zwischen Bur Dubai und Deira. 2016 wurde der Dubai Creek ausgeweitet, sodass er weiter ins Inland reicht und von dort aus zurück ins Meer.

Mehr Infos auf Seite 57

6. Abu Dhabi Corniche

SANDSTRAND & STADTLUFT

Von den bescheidenen Ursprüngen der Corniche als sandiger Küstenstreifen mit ein paar Barasti-Hütten ist wenig übrig: An der 8 km langen Promenade an der Nordwestküste der Hauptstadt gipfeln heute Moderne und Luxus. Wolkenkratzer und schicke Hotels bilden eine Szene für den Küstenstreifen, der über die Jahre hinweg an Größe und Luxus gewonnen hat.

Nach einem grundlegenden Umbau 2014 hat die Corniche nun fabelhafte Strände, makellose Gärten, Sitzgelegenheiten für alle und eine Promenade zum gemütlichen Radfahren und Schlendern. Hier erlebt man Abu Dhabis Wachstum hautnah und spürt dessen Vergangenheit ebenso wie dessen Zukunft.

Mehr Infos auf Seite 134

7. Al Ain Palace Museum

TRADITIONELLE ARCHITEKTUR

Die VAE vor den schillernden Wolkenkratzern kann man sich nur schwer vorstellen, im Al Ain Palace Museum kann man jedoch einen Eindruck der Zeit vor dem Öl erhalten. Das Gebäude wurde in den 1930er-Jahren errichtet und zeigt über acht Jahrzehnte Geschichte, ebenso wie Einblicke in die noch ältere Geschichte. Ursprünglich war es der Wohnsitz von Scheich Zayid bin Sultan Al Nahyan, der bis in die späten 1960er-Jahre hier lebte und dann nach Abu Dhabi umzog. Das restaurierte, zimtbraune Gebäude ist nun ein lebendiges Museum, denn es ist selbst ein hervorragendes Beispiel traditioneller Architektur und besteht aus Baumaterialiern wie Lehmziegeln und Palmwedeldächer.

Mehr Infos auf Seite 183

8. Historische Nachbarschaft Al Fahidi

LEBEN VOR DEN SIEBEN EMIRATEN

Al Fahidi ist eine perfekt konservierte Zeitkapsel, die von Dubais reicher Geschichte erzählt. Diese autofreie Enklave, auch als Al Bastakiya bekannt, liegt am Dubai Creek und bietet einen Blick auf das Leben zwischen der Mitte des 19. Jhs. bis zur Gründung der Emirate 1971. Zu den restaurierten Sandsteingebäuden, bedeckt mit Korallen und Palmwedeln, ausgestattet mit Sandel- und Teakholz, gehören auch die charakteristischen Barjeel-Türme (Windtürme), die aus den engen Gassen herausragen.

Seit ihrer umfassenden Renovierung in den 1980er-Jahren ist die Nachbarschaft ein Zentrum für Museen, Galerien und Kunstausstellungen. Sie zeugt von Dubais beharrlichen Bemühungen, sein reiches Erbe in einer immer schnelleren und dynamischeren Stadt zu bewahren.

Mehr Infos auf Seite 66

9. Etihad Museum

DER GEBURTSORT EINER NATION

Das Etihad Museum ist genau neben dem Union House in Dubai gelegen, wo der Staat 1971 gegründet wurde. Hier unterzeichneten die Gründerväter die Verfassung, um die Vertragsstaaten zu einer einzigen Nation zu vereinen. Auf dem Gelände befinden sich das sorgfältig restaurierte Union House und das beeindruckend-moderne Museumsgebäude, dessen rund gefaltetes Dach ein Blatt Papier versinnbildlicht und deren sieben Säulen den Schreibfedern gleichen sollen, mit denen die Verfassung unterzeichnet wurde.

Mehr Infos auf Seite 94

10. Burj Al Arab & Burj Khalifa

WILKOMMEN IM NEUEN DUBAI

Der Burj Al Arab und der Burj Khalifa sind prominente Merkmale der Skyline Dubais und versinnbildlichen das Wachstum der Stadt und die Transformation hin zu einem florierenden Weltzentrum für Handel, Finanzen, Logistik, Architektur und Tourismus. Das kultige Hotel im Burj Al Arab, eröffnet 1999, mit seiner ultraluxuriösen Inneneinrichtung und seinem, nach eigener Auskunft, Sieben-Sterne-Service stellt den unstillbaren Durst nach Überfluss zur Schau, der die DNA Dubais bildet. Ein Jahrzehnt später eröffnete Dubai sein neuestes architektonisches Juwel: den Burj Khalifa, das höchste Gebäude der Welt.

Mehr Infos auf Seite 78

11. Ras Al Khor-Tierschutzgebiet

EIN FEUCHTGEBIET IN DER WÜSTE

Die Tierwelt vor dem Hintergrund der schillernden Skyline und den rasanten Autobahnen Dubais macht Ras Al Khor zu einer einzigartigen Attraktion. 1985 eingeweiht und 2007 als Ramsar-Gebiet ausgezeichnet, bleibt Ras Al Khor ein wichtiges Habitat für über 170 Vogelarten, am auffälligsten davon der pinke Flamingo, der hier im Winter zu Hause ist. Der wuchernden Zivilisation Dubais zum Trotz ist das Tierschutzgebiet ein essenzieller Zwischenstopp auf der ostafrikanisch-westasiatischen Zugstraße, auf der Vögel gen Süden ziehen. Es gibt drei Aussichtsplattformen und Ferngläser, mit denen man die Tiere beobachten kann, ohne sie zu stören.

Mehr Infos auf Seite 87

12. Dubai Mall

KATHEDRALE DES KONSUMS

In einem Land, das für seine Rekorde bekannt ist, vom weltgrößten Wolkenkratzer bis zu menschengemachten Inseln, sind die Malls in den VAE keine Überraschung. Sie sind nicht nur Orte, wo man in Outlet-

Flamingos im Ras Al Khor-Tierschutzgebiet (S. 87)

Stores shoppen oder in den Food Courts essen kann, sondern sie haben auch Supermärkte, Apotheken, Banken, Restaurants und Kinos. Im Fall der Dubai Mall gibt es zur Ergänzung auch noch ein 10 Millionen Liter-Indoor-Aquarium und eine Eislaufbahn in olympischer Größe. Im Sommer bietet sie Schutz vor der Hitze und während Ramadan erlauben verlängerte Öffnungszeiten ein Scharia-konformes Einkaufserlebnis auch nach Mitternacht.

Mehr Infos auf Seite 38

13. Saadiyat Island

EINE INSEL DER KUNST UND KULTUR

Saadiyats Wandel von einem Fischerdorf zu einem globalen Kulturzentrum half Abu Dhabi, an die Spitze der Gespräche über Moderne in den VAE zu gelangen. Manarat Al Saadiyat dient der lokalen Bevölkerung seit 2009 als immersiver Kunstraum.

Das Louvre Abu Dhabi, ein architektonisches Meisterwerk von Jean Nouvel, fügt sich mit seiner visuell ansprechenden Kuppel nahtlos in die Wellenlandschaft ein, die es umgibt, und gilt daher als friedlicher Ort für Ruhe und Besinnung. Mit den Guggenheim- und dem Zayed National Museum, die beide 2025 eröffnet werden sollen, wird die Insel zu einem Gipfel für Kultur, Architektur und visionäre Entwicklung werden.

Mehr Infos auf Seite 162

14. Hatta Mountain-Reservat

EIN NATURWUNDERT

Lass dich nicht von der trockenen Wüstenlandschaft täuschen: In den VAE gibt es auch Gebiete wie das Hatta Mountain-Reservat, ein hübscher Ort in den Hatta-Bergen, 135 km südöstlich von Downtown Dubai, der seit Jahrtausenden bewohnt ist: Felsbilder von Tieren, Menschen und antiken Schriften zeugen von 3000 Jahren Zivilisation. Das bergige Terrain, das 2014 zum Naturreservat erklärt wurde, ist reich an Pflanzen, aber auch Tieren wie dem Arabischen Tahr (ein Paarhufer), der Stachelmaus und der Sandkatze. Landwirtschaft ist nach wie vor ein Eckpfeiler hier, auf mehr als 550 Farmen gedeihen Datteln, Zitrusfrüchte, Wildfeigen und Hirse.

Mehr Infos auf Seite 185

15. Mangroven von Abu Dhabi

VORREITER DER BIODIVERSITÄT

Mangrovenwälder sind geschickt im Umgang mit den Auswirkungen des Klimawandels und bieten einen sicheren Ort für Tiere, daher sind sie an der Küste Abu Dhabis überall verstreut: Im Emirat gibt es circa 70 km² Mangrovenökosysteme.

Innerhalb der Stadtgrenzen findet sich der Mangrove National Park, ein stiller, 19 km² großer Wald, der Seeschildkröten, Dugongs, Delfinen und über 60 Vogelarten, darunter Flamingos und Reihern, ein Zuhause bietet.

2020 öffnete der Jubail Mangrove Park seine Pforten, hier erlebt man von Rangern geführte Touren über das riesige Promenaden-Netzwerk; auf einer Kajak-Tour bekommt man noch mehr Eindrücke.

Mehr Infos auf Seite 159

STREETFOOD & DIE STADT

Streetfood ist die inoffizielle Weltsprache der VAE und verbindet die mehr als 200 Nationalitäten, die hier heimisch sind. Von Christabel Lobo

ESSEN UND GEMEINSCHAFT sind in den VAE untrennbar miteinander verbunden. Von den ersten südasiatischen und europäischen Ausgewanderten Mitte des 20. Jhs. bis zur Weltstadt mit 9,28 Millionen Einwohnenden Stand heute diente Essen als wichtiges soziales Bindeglied, das die hiesige Küche mit internationalen Gewürzen und Aromen durchwebt und ein Gefühl von Beständigkeit in einem unbeständigen Land schafft.

Da mehr als drei Viertel der Bevölkerung aus Ausgewanderten besteht, haben sich die VAE zu einer wahrhaft kosmopolitischen Gemeinschaft entwickelt. Dubai und Abu Dhabi wurden zu gastronomischen Zielen, in denen sich Weltreisende aus allen Ländern treffen und experimentieren.

Hier, am Schnittpunkt dreier Kontinente, treffen Kulturen aufeinander und verschmelzen miteinander, was zu einer einzigartigen Küche führt, die ebenso vielfältig ist wie die Bewohner:innen des Landes.

Typisch VAE

Am besten erkundet man die einzigartige Esskultur von Dubai und Abu Dhabi indem man in die pulsierende Streetfood-Kultur im Herzen der Stadt eintaucht.

In den Lokalen beider Städte werden Köstlichkeiten aus den benachbarten Golfstaaten wie dem Oman und auch aus Indien und von den Philippinen angeboten, die einen Einblick in die multikulturelle Vielfalt der Bevölkerung geben. Die schnörkel-

Im Uhrzeigersinn von oben links: Gewürzsouk (S. 51), Dubai; Bur Dubai Souq (S. 70); Schawarma-Verkäufer; Karak Chai

losen Lokale werden überwiegend als reine Imbissbuden betrieben und zeigen, welch hohen Stellenwert die Convenience-Kultur im Land hat. Die Angestellten stammen aus Südindien (hauptsächlich aus Kerala) und können problemlos zwischen Arabisch, Hindi, Englisch, Urdu und sogar Russisch umschalten.

Ein Eiersandwich, *Rigag* (hauchdünnes Fladenbrot aus den Emiraten) oder flockige, mit Käse gefüllte *Parotta* nach Kerala-Art und eine zerbröselte Packung Chips aus dem Oman können viel mehr sein als nur ein sättigender, preiswerter Snack. Am beliebtesten ist die allgegenwärtige 40 Jahre alte Kartoffelchips-Marke „Chips Oman". Die knusprigen Chips sind leicht scharf, recht würzig und ziemlich salzig und bekannt für ihren charakteristischen Geschmack und die dazugehörige Portion Nostalgie.

Bestellt man das kultige Gericht, das schon ab 5 Dhs zu haben ist, schmeckt man, wie vielfältig das Leben hier ist. Seine Ursprünge mögen teils indisch, teils omanisch, teils aus den Emiraten sein, aber am Ende ist es ein typisches Gericht für die Gegend.

Die alte Gewürzroute

Archäologische Ruinen in den VAE vermitteln ein Bild vom Leben in der Region vor der Entdeckung des Erdöls und der Vereinigung der sieben Emirate. In Jumeirah weisen die Überreste eines Haltepunkts von Karawanen aus der Zeit der Abbasiden-Dynastie darauf hin, dass eine Fernhandelsroute durch die Stadt führte, die die blühenden Zivilisationen Mesopotamiens (des heutigen Irak) mit dem Fernen Osten verband.

Weihrauch, Töpferwaren und Kupfer wanderten von den arabischen Volkswirtschaften nach Osten, während Seide und Gewürze aus China und Südostasien nach Westen gelangten, oftmals über den indischen Subkontinent. Die Händler zogen nicht immer nur vorbei; viele ließen sich hier nieder und brachten Kochtechniken und Zutaten mit, die die lokale Küche prägten und veränderten.

Die jahrhundertealten Einflüsse aus anderen Kulturen schmeckt man noch heute in beliebten einfachen Gerichten. Gewürze wie Kardamom, Koriandersamen, Kreuzkümmel, Zimt, Muskatnuss, Nelken und Safran gelten heute als Grundgewürze in der Küche der Emirate, was auf die uralte Handelstradition in den lokalen Häfen zurückzuführen ist.

Bestellt man eine Portion *chebab*, schmeckt man, wie verschiedenste Gewürze aus aller Welt Einzug in die hiesige Küche gehalten haben. Eine kleine Portion kostet bei der beliebten Kette Luqaimat and Chebab aus Abu Dhabi nur 11 Dhs. Die Pfannkuchenversion aus den Emiraten wird aus einem Hefeteig zubereitet und mit Kardamom und Kurkuma vom Subkontinent sowie Safran aus dem Iran gewürzt. Oft wird Chebab zum Frühstück serviert, während des Ramadan mit *dibs* (Dattelsirup), Käse und Honig.

Karak-Chai-Kultur

Der oft als „inoffizielles Nationalgetränk" bezeichnete Karak Chai ist ein Grundnahrungsmittel der Bewohner der Emirate und von Ausländern gleichermaßen. Der süße und cremige Tee mit Kardamom geht auf den südasiatischen Masala Chai zurück, der während des Ölbooms in den 1960er-Jahren mit indischen Auswanderern in die Vereinigten Arabischen Emirate kam.

Heute gibt es überall in den Emiraten winzige Teeläden, in denen erfahrene *Chaiwallas* ihre heiß begehrten Kreationen aus Tee, Kondensmilch, Zucker und einer geheimen Gewürzmischung zubereiten. Das Wort „karak" heißt auf Hindi „stark" oder „hart".

Der dampfend heiße Tee wird den ganzen Tag über genossen und bringt Menschen zusammen. Oft sieht man Kollegen, die morgens vor der Arbeit zu dem billigen Grundnahrungsmittel für 1 Dhs greifen, oder junge Freunde, die sich spätabends treffen und bequem vom Auto aus an einem Glas frisch gebrühten Karak nippen.

Ähnlich wie anderes Streetfood ist Karak Chai zu einem wesentlichen Bestandteil der Kultur des Landes geworden und zeigt, wie die Streetfood-Szene der VAE die kulinarischen Einflüsse des großen ausländischen Bevölkerungsanteils aufgenommen hat. Die Straßen sind ein kulinarisches Kaleidoskop von Shawarma-Ständen und philippinischen Panaderias bis hin zu indischen *Chaiwallas* und libanesischen Bäckereien.

Und in einem Land, das für seine luxuriösen Feinschmeckerrestaurants und extravaganten, in Goldfolie eingewickelten Gerichte bekannt ist, ist Streetfood viel mehr als nur ein günstiger Snack oder Getränk. Es steht für die Vielfalt des Lebens hier in den VAE.

GEBAUTE GESCHICHTEN

Die architektonische Landschaft der VAE ist geprägt von zahlreichen verschiedensten Stilen, was sinnbildlich für das schnelle Wachstum und den Wandel des Landes steht. Von Christabel Lobo

SCHAUT MAN über die moderne Architektur des Landes hinaus – zu der einige der höchsten Wolkenkratzer der Welt, breite Autobahnen und hochmoderne Flughäfen gehören – entdeckt man eine Vielfalt an architektonischen Stilen, die jeweils stellvertretend sind für das schnelle Wachstum der VAE seit ihrer Gründung im Jahr 1971.

1960er-Jahre: Zeit des Wandels

Ein Besuch des Al-Ain-Palasts in Abu Dhabi versetzt die Besucher zurück in die Zeit vor der Entdeckung des Erdöls in der Hauptstadt im Jahr 1958. Das Gebäude aus den 1930er-Jahren im Adobe-Stil ist ein hervorragendes Beispiel für die lokale Bautechnik mit Palmdächern, zentralen Innenhöfen und den charakteristischen *Barjeel* (Windtürmen), die in den unbarmherzigen Sommermonaten in der Wüste eine natürliche Klimatisierung bieten.

Abgesehen von Stammesscheichs und wohlhabenden Kaufleuten lebten die meisten Menschen in Abu Dhabi in *Barasti*-Häusern aus Palmwedeln. Frischwasser und Strom gab es nicht. Doch mit dem neuen Reichtum aus Öleinnahmen und dem Beginn der Herrschaft von Scheich Zayid bin Sultan Al Nahyan blühte die Wirtschaft von Abu Dhabi auf – es wurden neue Schulen eröffnet, Banken gegründet, Hotels und Wohnungen gebaut.

Mit der raschen Modernisierung in dieser Dekade kamen Ströme von Einwandernden aus Asien, Europa, Afrika und der umliegenden arabischen Welt ins Land, die die Masterpläne und Infrastruktur für die Stadt entwickeln sollten.

Die einheimischen Herrscher beauftragten ausländische Architekten und Planer mit der Gestaltung von Gebäuden, die Modernität und Wohlstand symbolisieren sollten. Das Ergebnis war eine Mischung aus funktionalen Betonbauten, die sich an den internationalen Designtrends der Zeit orientierten, und Projekten nach Kundenwünschen, die für eine aufkommende nationale Identität standen.

Ende der 1960er-Jahre begannen sich die Skylines sowohl in Dubai als auch in Abu Dhabi zu verändern. Der Grundstein für die Hochhäuser und typischen Bauwerke, für die das Land heute bekannt ist, wurde gelegt.

Die Moderne der 1970er-Jahre

In den 1970er-Jahren hatten sich ausländische Architekturbüros und Bauunternehmen in den VAE niedergelassen. Moderne und internationale Architekturstile ersetzten nun schnell die traditionellen. Infolgedessen wurden Bauvorschriften geändert

 Oben links: Al Ain Palace; oben rechts: Museum of the Future (S. 80), Dubai

und sowohl in Dubai als auch in Abu Dhabi entstanden mehrstöckige Betongebäude.

Regierungsgebäude, Wohnsiedlungen und Geschäftshäuser wurden mit modernen Fassaden gestaltet, die sich durch geometrische Formen mit scharfen Winkeln und einfache Designs auszeichneten. Ein markantes Beispiel aus dieser Zeit und zugleich einer der ersten Wolkenkratzer an der Sheikh Zayed Road ist das Dubai World Trade Centre.

Die regionale Moderne erblüht

In den 1980er-Jahren durchlebte die Architektur in den VAE eine interessante Phase: Laut aktuellen regionalen Gesetzen mussten Gebäude nun arabische und islamische Elemente enthalten.

Verschlungene Arabesken, Kalligrafie, Kuppeln und symmetrische Bögen wurden in immer mehr zeitgenössische Bauwerke integriert, wodurch ein einzigartiger regionaler moderner Stil entstand, der über Jahrzehnte Bestand hatte. Typische Beispiele sind die Große Scheich-Zayid-Moschee von und der Emirates Palace.

Diese bewussten Bemühungen der Regierung, dem Land eine einzigartige nationale Identität zu verleihen – eine Identität, die sich ihrer islamischen Wurzeln besinnt und gleichzeitig das hohe Modernisierungstempo des Landes unterstreicht – führte zu einem unverwechselbaren Stil, der heute für die Architektur der VAE charakteristisch ist.

Futuristische Fassaden

In die Fassade des Museums der Zukunft sind die Worte von Scheich Mohammed bin Rashid Al Maktoum, dem Herrscher von Dubai, eingraviert: „Die Zukunft gehört denen, die sie sich vorstellen, gestalten und ausführen können." Das Konzept eines ultramodernen architektonischen Wunderwerks ist Dubai und den Vereinigten Arabischen Emiraten im Allgemeinen nicht fremd. Seit dem kometenhaften Aufstieg der Stadt vom bescheidenen Perlentaucherdorf zur Weltmetropole hat sie sich immer wieder selbst übertroffen.

Das Museum der Zukunft ist ein Beispiel für diesen kühnen Geist. Die markante Form des Gebäudes, das einer Avantgarde-Skulptur ähnelt, sticht an der Sheikh Zayed Road hervor und symbolisiert Dubais Vision eines globalen Zentrums der Innovation.

Fährt man nach Süden nach Saadiyat Island in Abu Dhabi, trifft man auf noch mehr architektonische Wahrzeichen, die von renommierten internationalen Architekten wie Jean Nouvel und Frank Gehry entworfen wurden und in einigen Fällen noch im Bau sind. Der 2017 eröffnete Louvre Abu Dhabi verbindet moderne Architekturtechniken mit Motiven der arabischen Kultur. Sein Wahrzeichen ist das gitterartige Kuppeldach, das von den verwobenen Palmenblättern inspiriert ist, die traditionell für Dächer in den Emiraten verwendet werden.

Im Jahr 2025 sollen u. a. das Guggenheim-Museum von Frank Gehry, das Zayed National Museum des britischen Architekturbüros Foster + Partners und das Abu Dhabi Performing Arts Centre von Zaha Hadid Architects eröffnet werden.

Die Vielfalt erhalten

Der Reiz einer Stadt liegt in ihrer architektonischen Vielfalt, und davon haben sowohl Dubai als auch Abu Dhabi genug. Doch der rasche Aufstieg des Landes von einer Wüste zur globalen Drehscheibe hat zu drastischen Veränderungen in der architektonischen Landschaft geführt, in der Altes abgerissen wird, um Platz für Neues zu schaffen.

Um das reiche architektonische Erbe der VAE zu bewahren, fotografiert der Stadttypologe Hussain AlMoosawi aus den Emiraten seit 2013 die charakteristischen Fassaden des Landes. Sein Instagram-Account (@hugraphy) dient als visuelles Symmetrieraster und lädt Besucher dazu ein, die überraschende Vielfalt an architektonischen Stilen zu entdecken, die die Gebäude in den VAE prägen, teilweise sogar innerhalb des gleichen Blocks.

Die Erhaltung ist ein wesentlicher Schritt, um die Kultur, Geschichte und Erinnerungen einer Stadt für die kommenden Generationen lebendig zu halten und das Gleichgewicht zwischen Verlassenheit und Erneuerung wiederherzustellen. Im Jahr 2016 verabschiedete Abu Dhabi das Gesetz zum Schutz des kulturellen Erbes, um die architektonischen und urbanen Räume der Stadt zu schützen.

Bemerkenswerterweise erzählt die Architektur der VAE die Geschichte des Landes, die von rasantem Wachstum und Wandel geprägt ist. Die Vielfalt der Bauwerke und Stile von restaurierten traditionellen Gebäuden im alten Dubai bis hin zu hoch aufragenden futuristischen Wolkenkratzern spiegelt eine Nation wider, die Ehrfurcht vor ihrer Vergangenheit mit einer kühnen Vision der Zukunft verbindet

PERLEN, ÖL & FORTSCHRITT

Die Geschichte der Wirtschaft der Emirate schlängelt sich von perlenreichen Küsten zu öligen Dünen, bis hin zu deren aktuellem Status als Weltzentrum für Handel, Tourismus und Innovation.
Von Christabel Lobo

VON ARCHÄOLOGISCHEN FUNDEN wissen wir, dass die Region und ihre Menschen eine entscheidende Rolle in der Geschichte gespielt haben. Die Perlentaucherei, die vor über 7000 Jahren begann und der Ölboom im 20. Jh. waren nur Vorboten der wirtschaftlichen Entwicklungen, die folgen sollten.

Das Navigieren in dieser historischen Landschaft, die von tief verwurzelten sozialen, politischen und kulturellen Komplexitäten durchzogen ist, ist kompliziert. Die VAE sind daran allerdings nicht gescheitert: Ganz im Gegenteil, sie sind daraus mit einem Lebensstandard und einer wirtschaftlichen Stabilität hervorgegangen, die im Nahen Osten ihresgleichen suchen.

Der Perlenhandel

Hinweise deuten darauf hin, dass das Gewerbe mit den Perlen schon vor 8000 Jahren eine Rolle in der Region spielte. Schon die Mesopotamier handelten weltweit mit den Perlen, und auch in den Emiraten fand man Handelspartner zwischen dem Antiken Rom, Indien und China.

Der Perlenhandel entwickelte sich im 19. und 20. Jh. zur wirtschaftlichen Basis in

Unten links: Ölraffinerie in Dubai; unten rechts: Fischer auf der Suche nach Perlen

vielen Küstengebieten am Golf. Für Abu Dhabi und Dubai bedeutete dies rasches Wachstum, auch dadurch, das Scheich Maktum bin Hascher den Hafen von Dubai 1901 zur Freihandelszone erklärte – ein verlockendes zollfreies Angebot für indische und persische Händler, die bis heute im Dubai Creek und den umliegenden Souks die Oberhand haben.

Die Perlenfischerei war ein Knochenjob, der von einer Kombination aus gutem Wetter und ruhiger See abhängig war. Von Juni bis September gab es meist die besten Bedingungen für den *Ghous Al Kabir*, den großen Tauchgang: Monatelang stachen die Crews tagtäglich in hölzernen Dau-Booten in der Morgendämmerung in See.

Ausgestattet wurden die Taucher nur mit einem *fettam* (einer Nasenklammer aus Schafsknochen oder Schildkrötenpanzer) und dem *dean*, einem Stoffbeutel, der um den Hals getragen wurde, um die gesammelten Austern zu transportieren: Die Arbeit war also alles andere als sicher. Mit dem *zubail*, einem Seil mit einem Stein am Ende, befestigt am Bein des Tauchers, wurde dieser schneller zum Meeresgrund gezogen.

Schillernde Perlen, der hochgeschätzte Fang, wurden nach Glanz und Größe bewertet. In seinen Memoiren, *Pearling in the Arabian Gulf*, schreibt Saif Marzooq al-Shamlan, dass 1912 ein Jahr der Hochkonjuntur war, in dem die Dau-Boote von jeder Fahrt mit Hunderten von Perlen zurückkehrten – von diesem Exportgut lebte die ganze Region.

In den 1930er-Jahren geriet der Perlenhandel ins Straucheln, sowohl durch die Große Depression als auch durch die plötzliche Verfügbarkeit kultivierter Perlen aus Japan: Ab 1935 produzierte das Land knapp 10 Millionen Perlen pro Jahr. Einst blühende Perlentaucherzentren verkamen zu Geisterstädten, was dem Leben in der Region einen tiefen Schlag versetzte.

Die Entdeckung von Öl

Die Vertragsstaaten, wie man sie zu der Zeit meist nannte, begannen bald ihre Suche nach Öl. In den 1960er-Jahren wurde das erste Ölfeld in Abu Dhabi erschlossen. Sechs Jahre später folgte Dubai und verschaffte dem baldigen Staat einen Aufschwung. Neu geschaffener Reichtum durch Ölexporte verhalf den Emiraten nicht nur zur Modernisierung, sondern diente auch als Katalysator für die Gründung der Föderation im Jahr 1971.

In den nächsten zwei Jahrzehnten konzentrierte sich das Land darauf, neue Infrastruktur zu errichten, in Bildung zu investieren und andere kritische Wirtschaftssektoren herauszubilden. Diese rasche Entwicklung auf der Basis von Öl half, den Status der VAE als eine der reichsten Nationen der Erde zu verstetigen.

Heute haben die VAE die sechstgrößten Öl- und die siebtgrößten Gasreserven der Welt: Geschätzt 96 % seiner Ölfelder liegen im Emirat Abu Dhabi. Stetige Tiefstände bei den Ölpreisen, der russische Angriffskrieg gegen die Ukraine und die sich verschlimmernde Klimakrise deuten jedoch klar auf die Notwendigkeit zur Diversifizierung der Geldquellen des Staates hin.

Wirtschaftliche Diversifizierung

Der Zwang zur Diversifizierung führte zu einem kompletten Umbau der lokalen Wirtschaft. Die Tage, in denen man voll auf Öl gesetzt hatte, sind längst gezählt. Stattdessen schmiedete die Führung der VAE Pläne, Wachstum in Sektoren wie Tourismus, Immobilien, Fertigung und Finanzen zu generieren. Heute macht die Industrie abseits des Öls über 95 % des BIPs von Dubai aus.

Im Zuge des globalen Trends hin zu einer grüneren Wirtschaft setzt das Land inzwischen mehr auf erneuerbare Energien und nachhaltige Technologien. Initiativen wie Smart City-Projekte, digitale Transformation und die Herausbildung einer technisch kompetenten Arbeiterschaft sind unentbehrlich auf dem Weg, ein Global Player in der IT-Branche zu werden.

Bei der Enthüllung der ‚We the UAE 2031'-Vision im Jahr 2022 wurden weitere Pläne, die Wirtschaft zu transformieren, angestoßen. Die oberste Priorität für das nächste Jahrzehnt ist Wachstum, so soll das BIP auf 3 Billionen Dhs ansteigen und Nicht-Öl-Exporte, Außenhandel und Tourismus boomen. Am 50. Jahrestag des Staates erinnerte der Vizepräsident, Scheich Muhammad bin Raschid Al Maktum, daran, dass „der Aufbau eines Staates, eines vereinten Volkes, einer Heimat für alle" vielleicht als Traum begonnen habe, die VAE jetzt jedoch den größten Staaten der Erde ebenbürtig seien.

DIE LEINWAND EINER NATION

Die Kunst- und Kulturszene der Vereinigten Arabischen Emirate ist das pulsierende Herz des Landes und spiegelt durch Themen wie Identität, Nomadentum und Vergänglichkeit das alltägliche Leben einer nicht ansässigen und vielfältigen Bevölkerung wider. Von Christabel Lobo

KUNST spielt in den VAE seit Jahrhunderten eine zentrale Rolle. Von der Entdeckung uralter Felszeichnungen im Hajar-Gebirge bis hin zum zeitgenössischen Kulturzentrum in Saadiyat Island in Abu Dhabi ist die einzigartige Kunst des Landes ein Zeugnis seiner flüchtigen und sich ständig wandelnden Bevölkerungsstruktur.

In Kunstgalerien wie Third Line und Carbon 12 in Dubais pulsierender Alserkal Avenue und Manarat Al Saadiyat und Warehouse421 in Abu Dhabi wird definiert, was es bedeutet, in den VAE Kunst zu schaffen und Künstler:in zu sein.

Volkskunst

Die Staaten an der südlichen Küste des Persischen Golfs dienten im 19. und frühen 20. Jh. hauptsächlich als eine Stammesgesellschaft. Während westliche Kunstformen nicht alltäglich waren, so hatte die Region doch ihre eigenen einzigartigen künstlerischen Ausdrucksformen, die eng mit den vielseitigen kulturellen Traditionen und dem Alltagsleben verwoben waren.

Die mündliche Überlieferung hatte in den Emiraten einen hohen Stellenwert und diente als wichtigstes Mittel, um Geschichten zu erzählen und historische Ereignisse von einer Generation zur nächsten weiterzugeben. Insbesondere die Nabati-Dichtung spielte eine wichtige Rolle bei der Vermittlung von Emotionen, der Bewahrung des kulturellen Erbes und um Themen der Gesellschaft in der Region zu transportieren.

Traditionelle Volkstänze und -musik wie *Ayyalah* und *Al-Harbiya* waren wichtige künstlerische Ausdrucksformen, die oft mit Gesang und Poesie einhergingen. Bei den bildenden Künsten standen Disziplinen des Kunsthandwerks wie Weben, Töpfern und Metallarbeiten im Vordergrund.

Zeitgenössische Kunst

Im 20. Jahrhundert begann eine Überlappung der traditionellen Kunstformen mit globalen Kunstbewegungen, wodurch ein Stilmix entstand, der sich mit Identität – sowohl der eigenen als auch der nationalen –, Vergänglichkeit und Nomadentum befasste.

Anhand von Ausstellungsbroschüren von Künstler:innen der VAE, die im 20. Jahrhundert Pionierarbeit leisteten, sieht man, dass Fotografie, Malerei und Bildhauerei die wichtigsten traditionellen Kunstformen waren. Die wenigen Kunstausstellungen, die es gab, fanden oft in Privatwohnungen und anderen flüchtigen kreativen Orten statt.

 Oben links: Sharjah Biennial; oben rechts: Manarat Al Saadiyat (S. 169)

Doch erst ein Jahrzehnt später gewannen Kunstinitiativen an Bedeutung, zunächst mit der Gründung der Emirates Fine Arts Society im Jahr 1980 und dann mit der Sharjah Biennal im Jahr 1993.

Wegweisende zeitgenössische Künstler wie Hassan Sharif begannen, Themen zu ergründen, die mit der sich wandelnden Realität der VAE zusammenhingen: von gesellschaftlichen Veränderungen infolge der Urbanisierung und den Auswirkungen des Ölbooms bis hin zur neuen Identität der VAE nach Erlangung der Unabhängigkeit im Jahr 1971.

Zurück in die Jetztzeit: Die technologischen Fortschritte der Jahrtausendwende werden von den Künstler:innen des 21. Jhs. in der Region mit ganzem Herzen aufgegriffen – aufstrebende einheimische Kunstschaffende wie die Brüder Talal und Ziad Al Najjar vereinen in ihren Werken nahtlos traditionelle mit digitalen Medien.

Sharjah

Die Sharjah Biennal zieht seit dreißig Jahren internationale Künstler:innen, Kurator:innen und Besuchende an. Unter der Leitung der Sharjah Art Foundation werden auf der Biennale Arbeiten aus aller Welt präsentiert.

Im Laufe der Jahre haben sich die Ausstellungen von traditioneller Kunst hin zu zeitgenössischen Ausdrucksformen verlagert, u. a. durch Galerieausstellungen, Kunstinstallationen und Theater-und Filmvorführungen rund um Identität und Kultur im 21. Jh.

Dubai

Mit der Eröffnung des Zentrums für Moderne Kunst Tashkeel im Jahr 2008 veränderte sich die Kunst- und Kulturlandschaft Dubais. Das von Latifa bint Maktoum bin Rashid Al Maktoum ins Leben gerufene Tashkeel setzte neue Maßstäbe für Kunst und Künstler:innen in den VAE. Es war das erste gemischtgeschlechtliche, frei zugängliche Kunstzentrum, das nicht nur das Zugehörigkeitsgefühl der kreativen Gemeinschaft Dubais förderte, sondern auch einen Raum mit ungemein großen Möglichkeiten für Kunstschaffende bot.

20 Minuten südlich des Stadtzentrums von Dubai liegt Al Quoz, ein düsteres Industrieviertel, in dem sich ein bekanntes Kunst- und Kulturzentrum der Stadt befindet, Alserkal Avenue. In dem 4600 Quadratmeter großen Kulturviertel gibt es Künstlerateliers, einheimische Unternehmen und Kunstgalerien, in denen regionale und internationale Kunst ausgestellt wird, darunter zwei, die eine wichtige Rolle bei der Entwicklung der zeitgenössischen Kunstszene der Stadt gespielt haben: Third Line und Carbon 12. Beide liegen im Herzen von Al Quoz und tragen seit rund 20 Jahren dazu bei, die Kunstszene der VAE zu dynamisieren, indem sie eine Bühne für Diskurse, Kreativität und interkulturellen Austausch bieten.

Neben diesen aufkeimenden Kulturzentren gibt es Orte wie Bayt Al Mamzar, wo die Kunst die Gemeinschaft antreibt und andersherum. Das wunderschön restaurierte einstöckige Haus in Al Mamzar wurde 2021 von Khalid und Gaith Abdulla eröffnet, zwei Brüdern und Mäzenen der lokalen Kunstszene. Einst lebte deren Großmutter in dem Haus, das heute zwei Hauptfunktionen hat: Zum einen ist es ein sich entwickelnder Gemeinschaftsraum für Kunst mit einer Galerie, einem Co-Working-Space, einer Bibliothek und Künstlerateliers. Zum anderen strahlen die restaurierte Fassade und die Innenräume eine nostalgische Anziehungskraft aus, die heute zwischen den Wolkenkratzern und dem Glamour in der Neustadt Dubais nur noch schwer zu finden ist.

Abu Dhabi

Die Kunst in den VAE ist nicht mehr auf traditionelle Formen beschränkt, sondern verkörpert den zukunftsorientierten Geist des Landes und eine globale, integrative Vision. Das aufstrebende Kunstangebot in Saadiyat Island in Abu Dhabi ist ein perfektes Beispiel für diesen fortschreitenden Wandel. Der erste Kunst- und Kulturraum, der 2009 im Kulturviertel von Saadiyat eröffnet wurde, war Manarat Al Saadiyat. Der weitläufige Raum, dessen Name übersetzt „Ort der Erleuchtung" bedeutet, hat es sich zum Ziel gemacht, durch ganzjährige Kunstausstellungen, Performances, Filmvorführungen und Workshops eine kreative Künstlergemeinschaft in der Hauptstadt zu fördern und zu unterstützen.

Von der Bewahrung der Volkskunst der Beduinen bis hin zu avantgardistischen Kunstinstallationen – im Spektrum des künstlerischen Ausdrucks der VAE spiegelt sich eine Nation wider, die Respekt für Kultur und ihr Erbe mit einer fortschrittlichen Perspektive verbindet und so ihre kreative Zukunft gestaltet.

REGISTER

Karten **000**

F

G

H

I

J

K

L

M

Karten **000**

HINTER DEN KULISSEN

Verantwortlicher Redakteur
Zara Sekhavati

Produktion
Joel Cotterell, Kate James

Layout
Virginia Moreno

Kartografie
Valentina Kremenchutskaya

Kartengrundlagen
© Lonely Planet
© OpenStreetMap http://openstreetmap.org/copyright

Redaktionsassistenz
Peter Cruttenden, Andrea Dobbin

Layoutassistenz
Mazzy Prinsep

Cover
Hannah Blackie

Dank an
Ronan Abayawickrema, Sofie Anderson, Andrea Dobbin, Karen Henderson, Ania Lenihan, Darren O'Connell

„Nichts kühlt an einem heißen Sommertag besser ab als ein Rose Namlet, ein sprudelndes Getränk, das in den VAE in den 1970er-Jahren beliebt war."

NATASHA AMAR

„Mein am besten investierter Dirham war für die Überquerung des Dubai Creek mit einem Abra. Die charmanteste Art zu reisen."

SARAH HEDLEY HYMERS

„Die Fülle an Flora und Fauna in den einzigartigen Mangroven Abu Dhabis ist schlichtweg außergewöhnlich."

CHRISTABEL LOBO

„Als ich das erst Mal eine Nacht unter den Sternen in der arabischen Wüste verbrachte, wusste ich, dass ich meinen happy place gefunden habe."

HAYLEY SKIRKA

LINKS: SERGII FIGURNYI/SHUTTERSTOCK ©, RECHTS: ALI A SULIMAN/SHUTTERSTOCK ©

ÜBER DIESES BUCH

Lonely Planet Global Limited
Digital Depot, Roe Lane (off Thomas Street)
Digital Hub
Dublin 8
D08 TCV4
Ireland

Verlag der deutschen Ausgabe:
MAIRDUMONT
Marco-Polo-Str. 1
73760 Ostfildern

www.lonelyplanet.de, www.mairdumont.com, lonelyplanet-online@mairdumont.com

Dubai & Abu Dhabi
4. deutsche Auflage August 2024, übersetzt von *Dubai & Abu Dhabi 11th edition*, March 2024, Lonely Planet Global Limited

Deutsche Ausgabe © Lonely Planet Global Limited, August 2024
Fotos © wie angegeben 2024

Printed in Poland

Redaktion und Satz: Verlagsbüro Wais & Partner, Stuttgart – Meike Diekmann, Birgit Ender, Maximilian Göbel, Juliane Hansen, Julia Kant, Bea König, Max Maucher

Übersetzung: Anne Cappel, Sonja Hofmann, Britt Maaß, Gabriela Huber Martins, Max Maucher, Svenja Tengs, Carina Wurzinger

MIX
Papier | Fördert gute Waldnutzung
FSC® C018236
FSC www.fsc.org

Dieses Buch wurde auf FSC® zertifiziertem Papier gedruckt. FSC® ist ein internationales Zertifizierungssystem für nachhaltigere Waldwirtschaft. Das Holz für dieses Papier kommt aus Wäldern, die verantwortungsvoller bewirtschaftet werden.